Mehrsprachige Kommunikation in der Stadt

AF209197

Waxmann Verlag GmbH
Steinfurter Straße 555, 48159 Münster
info@waxmann.com

Mehrsprachigkeit

herausgegeben von
Wilhelm Grießhaber und Jochen Rehbein

Band 37

Waxmann 2013
Münster / New York / München / Berlin

Angelika Redder, Julia Pauli, Roland Kießling,
Kristin Bührig, Bernhard Brehmer, Ingrid Breckner,
Jannis Androutsopoulos

Mehrsprachige Kommunikation in der Stadt

Das Beispiel Hamburg

Waxmann 2013
Münster / New York / München / Berlin

Bibliografische Informationen der Deutschen Nationalbibliothek
Die Deutsche Nationalbibliothek verzeichnet diese Publikation in
der Deutschen Nationalbibliografie; detaillierte bibliografische
Daten sind im Internet über http://dnb.d-nb.de abrufbar.

Die Beiträge dieses Bandes wurden einem Review-Verfahren unterzogen./
The contributions of this volume have been reviewed.

Mehrsprachigkeit, Bd. 37

ISSN 1433-0792
ISBN 978-3-8309-2965-9

© Waxmann Verlag GmbH, Münster 2013
Postfach 8603, 48046 Münster

www.waxmann.com
info@waxmann.com

Umschlaggestaltung: Pleßmann Kommunikationsdesign, Ascheberg
Idee Umschlag und Logo: Ivika Rehbein-Ots
Satz: Sven Solterbeck, Münster

Gedruckt auf alterungsbeständigem Papier,
säurefrei gemäß ISO 9706

Printed in Germany

Vorwort

La forme d'une ville change plus
vite, hélas! que le coeur d'un mortel.

Charles Baudelaire

Große Städte waren immer und sind heute in noch stärkerem Maße Orte, an denen Fremde auf engem Raum zusammenkommen und miteinander umgehen. Mobilität, Anonymität und Individualisierung sind wichtige Stichwörter für die Charakterisierung des städtischen Lebens, das den Einzelnen in der Masse untergehen lässt und ihn dadurch zur Entfaltung des Besonderen zwingt, diese ihm aber auch erlaubt. Bunter, vielfältiger und abwechslungsreicher ist das urbane Leben daher als das Leben auf dem Land, wo man sich kennt und einander nicht ausweichen kann, weswegen der Konformitätsdruck größer und die Durchsetzung normativer Verhaltensregeln einfacher ist als im städtischen Milieu.

Die frei machende Stadtluft atmen im Zeitalter der Superdiversität nicht nur Menschen, die aus verschiedenen Provinzen stammen, sondern zunehmend Migranten aus fernen Ländern, die das Schicksal verschlagen oder die Suche nach dem guten Leben in die Stadt gezogen hat. Der homogenisierenden Wirkung der durch infrastrukturelle Bedingungen, Zeitraster und die Durchstrukturierung von Schule, Arbeit, Konsum, Freizeit und Siechtum bestimmten städtischen Lebensweise wird dadurch eine heterogenisierende Kraft entgegengesetzt, die den über Jahrhunderte in Europa entstandenen Nationalstaat in mancher Weise konterkariert. Sie hat den großstädtischen Alltag im Laufe des letzten halben Jahrhunderts tiefgreifend verändert, indem sie der Vielfalt der Stadt eine zusätzliche Dimension hinzugefügt hat.

Denn die Migranten kommen zwar meist mit nur wenig, aber nicht ganz ohne Gepäck, und das, was sie mitbringen, ist ihnen oft sehr wertvoll. Für viele gehört dazu die Sprache ihrer Heimat. Aus der Mehrsprachigkeitsforschung ist seit langem bekannt, dass sich Menschen verschiedener Nationalitäten und Ethnien bezüglich der Loyalität zu ihrer Muttersprache, ihrer Insistenz, sie in der Fremde zu benutzen und der Bereitschaft, sie an ihre Kinder weiterzugeben, stark voneinander unterscheiden, wie sich auch die aufnehmenden Gemeinschaften in ihrer diesbezüglichen Toleranz unterscheiden. Unabhängig jedoch von individuellen Entscheidungen der Sprachenwahl und trotz der von Zygmunt Bauman treffend diagnostizierten „Mixophobie", sind durch die wachsenden Migrationsströme der letzten Jahrzehnte in vielen Städten neue mehrsprachige Milieus entstanden. War die Beherrschung und Verwendung mehrerer Sprachen im Alltag früher ein Kennzeichen des in den Großstädten beheimateten Kosmopolitismus und der sozialen Elite, die ihn repräsentierte, ist die Mehrsprachigkeit in der Stadt heute in viel stärkerem Maße in unteren sozialen Schichten verbreitet. Hiermit und mit der Stadt als Handlungsraum, in dem „kommunikative Kontakte in face-to-face-Begegnungen der Stadtbewohner stattfinden", beschäftigt sich dieses Buch, das Hamburg unter dem Gesichtspunkt mehrsprachiger Handlungspraktiken analysiert und vor dieser Folie eine Komparatistik für Großstädte auf mehreren Kontinenten entwirft.

Dabei geht es nicht nur um die empirisch fundierte Beschreibung eines neuen Zustands, in dem der Geltungsanspruch der einen Nationalsprache wenn nicht unbedingt explizit in Frage gestellt, so doch auf mancherlei Weise unterlaufen wird, sondern um die Analyse eines komplexen Prozesses, der die Suche und das Aushandeln neuer Formen des sprachlichen Umgangs beinhaltet. Durch die Untersuchung neuer Varietäten, Vermischungen, Entlehnungen, Anpassungen und Erweiterungen kommunikativer Handlungsmuster sowie sozialer und psychischer Dispositionen bezüglich der Identifikation mit und Einstellung zu der Vielfalt der Sprachen des städtischen Milieus leistet die Wissenschaft einen Beitrag zum besseren Verständnis dieser neuen Formen urbaner sprachlicher Vielfalt im Rahmen nationalsprachlicher Einheitlichkeit.

Studien, wie sie in diesem Buch vorgelegt werden — Studien zu Seniorenheimen, Wohnarrangements, der Konsumsphäre, dem physischen und virtuellen öffentlichen Raum — lassen erkennen, dass die Mehrsprachigkeit in viele Bereiche vordringt, in denen man sie bislang wenig zur Kenntnis genommen hat. Für die Gesellschaft und ihre Institutionen entstehen dadurch jedoch neue Herausforderungen, auf die sie sich im Interesse eines gerechten und möglichst konfliktfreien Zusammenlebens einstellen müssen.

Mehrsprachigkeit im urbanen Raum ist also ein Forschungsgegenstand von nicht nur akademischem Interesse. Es betrifft einen wichtigen Aspekt in unserer sich so rapide verändernden Lebenswelt, den wir nur mit Hilfe empirischer Untersuchungen hoffen können zu verstehen, wie sie hier präsentiert werden und denen noch viele andere folgen müssen.

Tokyo, im Juli 2013

Florian Coulmas

Inhalt

Abstracts

Julia Pauli, Lena Egetmeyer, Ráhel Meisel, Susanne Lea Radt: *Senior Migrants in Hamburg. Linguistic and Cultural Diversity in Senior Residences and other Old-Age Livelihoods.*

A central consequence of today's high levels of global mobility and transnational migration is an increasing number of migrants retiring and aging in their host countries and not their countries of origin. Caring for culturally, linguistically, ethnically and economically more and more diverse groups of senior citizens has thus become a central challenge for many European societies. This applies to both private and institutionalized care. Based on a questionnaire of 65 senior residences located in the city of Hamburg we want to describe how this emerging linguistic and cultural diversity is being perceived and handled. This systematic data will then be supplemented with three in-depth case studies, i.e. elders from Chile who came to Germany as political refugees in the 1970s, elderly Hispanic women living in Hamburg and virtual discussions on old-age care for their parents in an internet forum used by Turkish migrants. Here we will scrutinize the following questions: Where do migrants plan to retire and age? Is a move into a mainly German-speaking old-age home being considered by migrants? How important are multiculturalism and multilingualism in this respect for migrants?

Ingrid Breckner, Kristin Bührig, Nima Dafateri-Moghaddam: *Multilingualism as an Access to Urban Everyday Life: The Case of Housing.*

The article is based on results of a pilot study focused on the relevance of language for the access to urban housing space. It is an interdisciplinary effort to discover analytical interfaces of urban sociology and linguistics. Beside literature referring to our topic we used as database narrative interviews about housing experiences of multilingual speakers. The analysis is concentrated on interferences between individual and societal multilingualism under shortage conditions and their effects on societal participation. Concluding we discuss further research perspectives referring to the interplay of institutions and their communicative practices in the context of housing in given urban sociological frame conditions.

Kristin Bührig, Angelika Redder: *Praxeogram and Patterns of Speech Action: Methods of Analyzing Multilingualism.*

The paper introduces two ideas which in the present volume are used in a couple of chapters to investigate urban multilingual communication: the concepts of ,praxeogram' and of ,speech action patterns'. Both concepts have been developed within an action theory of language so as to be able to take into consideration the structure of institutional ‚action spaces' and societal paths of action, which are used to attend to standard constellations.

Angelika Redder, Claudio Scarvaglieri: *Multilingual Interactions in the Consumption Sphere: A Snack Bar and a Supermarket.*

Multilingual communication in snack bars and restaurants of ethnic style on the one hand and comparable supermarkets and shops on the other hand are empirically investigated for the urban district of Hamburg-St. Georg. The client's linguistic preferences turn out to be the guide-line for the agent's offer of language choices, such as Turkish or even Kurdish in a Kurdish snack bar. If there is no hint for preferences the German language will be used as a vehicular language. For ongoing non-institutional, homileïc discourse several heritage languages can be noticed. By means of action formats and script-like praxeogram-analysis the distribution of multilingual communication is localized systematically. Differences between written, textual multilingualism as gate-openers for these institutions of the consumption and circulation sphere and the performed multilingual discourse within the institutional settings can be described. Multilingual agents turn out to play an active part in shaping and even stimulating the multilingual resources up to the development of societal multilingualism in the inner centre of such institutions – complementary to what could be found in administrative or medical institutions.

Ruth Pappenhagen, Angelika Redder, Claudio Scarvaglieri: *Multilingual Practices in Public Spaces in Hamburg: Visible and Audible.*

Our paper analyzes multilingual practices in public spaces in Hamburg. We first give a brief overview on the contemporary sociolinguistic discussion about societal multilingualism that describes societal multilingualism as linguistic diversity. We then present methods designed to capture societal multilingualism and to make multilingual practices accessible for linguistic analysis. One of these methods is „linguistic landscaping", which we use not only in the traditional manner, but also with substantial additions to include the communicative process in which public signs are used. To compensate for the neglect of spoken language in linguistic landscaping, we introduce the approach of „linguistic soundscaping". Linguistic soundscaping uses methods from acoustics, sociology, ethnography and linguistics to document and describe spoken multilingual communication. Through linguistic soundscaping, we document which languages people use orally, where they use them and for which purposes. Overall the paper describes different kinds of multilingual practices and their functional value for concrete communication in multiple languages.

Jannis Androutsopoulos, Yin Feng Hsieh, Joanna Kouzina, Reyhan Şahin: *Networked Multilingualism on Facebook: Three Hamburg Case Studies.*

This paper presents findings from a small-scale case study of multilingual communication on a social networking site, Facebook, by six young people from three ethnic backgrounds (Greek-German, Taiwanese-German and Turkish-German). Theoretically, the study draws on the notion of ‚networked multilingualism‘, which argues that digital multilingual practices are shaped by three sets of constraints: the mediation of written language by digital technologies, the participants' orientation to networked audiences, and their access to network resources. Empirically, the study is based on three sets of ethnographically collected data that comprise Facebook profile pages with a timespan of twelve months per user and interviews with the profile owners. We examine participants' language practices on their profile pages in terms of the ways they negotiate language choice within communicative events. Comparing the six users allows us to interpretively assess the range of linguistic diversity that can manifest itself on Facebook profile pages as well as similarities and difference across individuals and groups. The findings suggest that the use of resources from more than one language is the default case for these participants. However, the majority of their posts are monolingual. German is their quantitatively preferred language, followed by either their respective heritage language (Greek, Chinese or Turkish) or English, which is regularly used by almost all participants. Moreover, we found regular differences in language choice between initiative and responsive contributions and a number of code-switching instances across as well as within posts. The sociolinguistic profiles of the six participants are remarkably individualised due to socio-biographical circumstances and differing lifestyle orientations. This suggests that predictions of linguistic behaviour based on ethnic background only are not likely to be accurate with regard to networked communication.

Bernhard Brehmer, Roland Kießling, Angelika Redder: *Towards a Comparative Approach to Urban Multilingualism.*

This contribution develops a framework for the comparison of urban multilingualism across different cultures and societies at different points in time, relating more specifically to urban spheres of consumption and circulation of goods. The comparative point of reference is couched into a functional model of language. Multilingual practice is therefore analyzed for its linguistic forms in relation to communicative purposes underlying them. As a central analytical tool the praxeogram is tested for its utility in application to the comparison of multilingual practice in cities such as Hamburg, Kiev and Yaoundé, which are taken to represent distinct macrolinguistic configurations, i.e. traditional monolingualism (Hamburg), politically determined switch of the official language (Kiev) and postcolonial urban multilingualism (Yaoundé).

Jannis Androutsopoulos, Ingrid Breckner, Bernhard Brehmer,
Kristin Bührig, Roland Kießling, Julia Pauli, Angelika Redder

Facetten gesellschaftlicher Mehrsprachigkeit
in der Stadt – kurze Einleitung

Wie mehrsprachig ist Hamburg heute? Dieser Frage gingen wir von 2009–2012 als eine interdisziplinäre Gruppe von sieben Wissenschaftlerinnen und Wissenschaftlern im Rahmen der Hamburger Landesexzellenzinitiative LiMA („Linguistic Diversity Management in Urban Areas") nach.[1] Dieser Band präsentiert die Ergebnisse unserer Zusammenarbeit.[2]

Unterschiedliche Aspekte gesellschaftlicher Mehrsprachigkeit in urbanen Räumen werden darin auf verschiedenen Ebenen thematisiert. Auf der Makroebene steht die Verbreitung, Funktionalität und Gewichtung von Sprachen in bestimmten städtischen Räumen im Vordergrund. Mehrsprachige Kommunikation in Institutionen wird auf der Mesoebene untersucht, während auf der Mikroebene das mehrsprachige Handeln zwischen Individuen und Gruppen, d. h. ihr Sprachgebrauch im gesellschaftlichen bzw. interaktionalen Zusammenhang beobachtet und beschrieben wird. Die Schwerpunktsetzung auf städtischer Mehrsprachigkeit geht einher mit einer Erfassung der diversen sprachlichen Erscheinungsformen und Auswirkungen von Migration und Mobilität. Die einzelnen empirischen Studien vergegenwärtigen, wie weitreichend und allgegenwärtig Mehrsprachigkeit, die sich in vielfältigen und heterogenen Erscheinungsformen manifestiert, in einer Großstadt wie Hamburg eine Realität ist. Gleichzeitig zeigen die folgenden Beiträge eine Bandbreite methodischer Zugänge zur Untersuchung gesellschaftlicher Mehrsprachigkeit auf.

Den theoretischen Rahmen der Beiträge bilden – neben Elementen aus den spezifischen Fachgebieten und Disziplinen: Soziolinguistik, Pragmatik, Ethnologie, Stadtsoziologie und Stadtgeographie – Aspekte der gegenwärtigen sprachwissenschaftlichen Diskussion um Mehrsprachigkeit. Zwar ist

---

1   Wir danken dem Land Hamburg sowie der Fakultät für Geisteswissenschaften der Universität Hamburg für ihre Unterstützung unserer Forschungsaktivitäten.

2   Die wissenschaftliche Mitarbeit von Claudio Scarvaglieri und Ruth Pappenhagen war für uns als LiMA-iNet2 (interdisziplinäres Netzwerk „Mehrsprachige Kommunikation im städtischen Raum"; Leitung: Angelika Redder, 11/2009–08/2013) von höchstem Wert. Ruth Pappenhagen danken wir für die aufwendige Letztkorrektur des Buches.

gesellschaftliche Mehrsprachigkeit ein etablierter Begriff (vgl. Clyne 1997), die Diskussion der letzten Jahre bringt jedoch tiefgreifende Neuerungen in empirischer wie theoretischer Hinsicht. Empirisch nimmt der Bedarf zu, neue sozio-kommunikative Prozesse zu erfassen, die mit den komplexen Wechselwirkungen von Migration, transnationaler Mobilität und digitaler Kommunikation zusammenhängen (vgl. das Konzept der Superdiversität unten). Theoretisch sind Bestrebungen zu verzeichnen, Einschränkungen früherer fachlicher Vorstellungen von gesellschaftlicher Mehrsprachigkeit zu überwinden. Erschöpfte sich noch zum Ende der 1990er Jahre die Erfassung gesellschaftlicher Mehrsprachigkeit auf die Aufzählung diverser Einflussfaktoren auf die Sprachenwahl (Clyne 1997) und kam erst allmählich, vor allem bei Lüdi (1996) und Krefeld (2004), die Dynamik der Migration kategorial mit in den Blick, so zielen gegenwärtige soziolinguistische Diskussionen auf einen neuen theoretischen Zugang ab, der durch einen Perspektivenwechsel vom Sprachsystem zu sprachlichen Praktiken geprägt ist. Programmatisch führt dies bei Clyne (2004) zu einer regelrechten „Agenda". Eine empirisch basierte, pragmatische Bestimmung der „multilingual communication", in welcher Mehrsprachigkeit real wird, liefern House & Rehbein (2004: 1f.). Die konzeptuelle Sichtung von Franceschini liegt in dieser Linie und forciert das Schlagwort des „discursive multilingualism" (2011: 346). Damit konvergiert eines der Ziele, welches wir uns als Arbeitsgruppe gesetzt hatten, nämlich die Entwicklung einer „discursive topography of multilingualism" im städtischen Raum (Redder 2013: 264).

Mit dem Perspektivenwechsel der soziolinguistischen Diskussion geht eine kritische Reflexion über den ideologischen Charakter des Konzeptes der historischen Einzelsprache(n) einher. Bei der vorwiegend qualitativ-ethnographischen Forschungsarbeit im Zeichen von *polylingualism, metrolingualism und translanguaging* geht es insgesamt darum, mehrsprachige Kommunikation von den Sprechern und ihren Praktiken her zu denken statt von den einzelnen beteiligten Sprachen (vgl. Jørgensen et al. 2011, Otsuji & Pennycook 2010, Li Wei 2011). Beispielsweise erfordert das Konzept der Metrolingualität (*metrolingualism*) ein Umdenken von der Frage „how distinct codes are switched and mixed" hin zur Frage „how language users manipulate the resources they have available to them" (Otsuji & Pennycook 2010: 241). Diese Zugänge sind insofern als post-strukturalistisch zu bezeichnen, als die Beschreibung sprachlicher Struktur (wie noch im Paradigma der Sprachkontaktforschung) und die Aufrechterhaltung von Grenzen zwischen Sprachsystemen (bzw. Einzelsprachen) von einer Hinwendung zu sprachlichen Praktiken und ihren

Ressourcen abgelöst werden. So plädiert Monica Heller für ein Verständnis von Sprache „as a set of resources which circulate in unequal ways in social networks and discursive spaces, and whose meaning and values are socially constructed within the constraints of social organizational processes, under specific historical conditions" (Heller 2007: 2). Die aktuelle Auseinandersetzung wendet sich kritisch gegen herkömmlich angenommene feste Bindungen zwischen Sprache, Raum und Nation; Konzepte wie Muttersprache und Fremdsprache werden als Beschreibungskategorien zurückgewiesen und als ideologische Konstrukte betrachtet. Vorab bestimmte Annahmen über Voraussetzungen, Kompetenzgrenzen, Authentizität und Legitimität mehrsprachigen Handelns (Wer gilt als mehrsprachig? Wem gehört eine Sprache?) werden vermieden. Stattdessen gilt der Erfassung von flexiblen, unbeständigen, marginalen und auch unerwarteten Beziehungen zwischen Sprache und Zugehörigkeit besonderes Augenmerk; bisher kaum beachtete Randbereiche mehrsprachiger Praxis wie *language crossing* und der Erwerb kleinster Elemente einer Sprache durch informelle Interaktion werden theoretisch und empirisch konturiert (Holmes & Stubbe 2004, Quist & Jørgensen 2007). Zugleich macht der Blick in die empirische Praxis multilingualer Kommunikation den Unterschied zwischen produktiver und rezeptiver Mehrsprachigkeit als Entwicklungsdimensionen nicht nur individueller, sondern auch gesellschaftlicher Mehrsprachigkeit erfassbar.[3] In ten Thije & Rehbein (2013) wird das kommunikative Konzept „*lingua receptiva (LaRa)*" entfaltet, demgemäß die Interaktanten ihre bevorzugte Sprache nutzen und jeweils vom anderen verstanden werden. Dieser Kommunikationsmodus stellt, komplementär zum Gebrauch einer Lingua Franca (Meierkord 2000; Meierkord & Knapp 2002), einen weiteren Weg zur Entfaltung gesellschaftlicher Mehrsprachigkeit dar, wie die EU-Politik sie programmatisch forciert (Ehlich & Redder 2008).

Aus diesem Forschungskontext heraus beleuchten die Beiträge im vorliegenden Band vier Dimensionen gesellschaftlicher Mehrsprachigkeit, die hier zusammenfassend vorgestellt werden sollen: Institutionalität, Urbanität, Medialität und Individualität.

---

3   Braunmüller führt dies früh für die Situation in Skandinavien aus und charakterisiert sie als „Semikommunikation" – bis hin zur „Endstation codemixing?" (2009).

1. Institutionalität

Da die meisten Facetten des spätmodernen Alltags institutionell strukturiert sind, legt die Erforschung von Interkulturalität und gesellschaftlicher Mehrsprachigkeit eine Schwerpunktsetzung auf institutionelle Kommunikation nahe (Bührig 2009). Lag der Fokus der individuellen Mehrsprachigkeitsforschung auf der Kompetenz von Individuen und der Analyse dyadischer Kommunikation (z. B. in der Familie), so fragt gesellschaftliche Mehrsprachigkeit nach der Rolle und Wertigkeit mehrsprachiger Praktiken und Repertoires in den institutionellen Prozessen, denen Menschen im Alltag begegnen bzw. die sie selbst handelnd prägen. Behörden, Krankenhäuser, Schulen und andere Bildungseinrichtungen sind längst als Orte gesellschaftlicher Mehrsprachigkeit bekannt und als Forschungsräume etabliert, Arbeitsplätze und Industrie noch vergleichsweise wenig (Kameyama & Meyer 2007; Meyer & Apfelbaum 2010). Dies liegt nicht zuletzt an der Zugänglichkeit des Feldes. Im Rahmen des zwölfjährigen Hamburger Sonderforschungsbereichs „Mehrsprachigkeit" sind zahlreiche empirische Analysen zum mehrsprachigen Handeln unter institutionellen Bedingungen gemacht worden – sei es im Zuge des (Ad-hoc-) Dolmetschens im Krankenhaus (z. B. Bührig & Meyer 2004) oder Übersetzens im Betrieb (Bührig & House 2004), sei es in unvermittelter Mehrsprachigkeit (Böttger 2004; Rehbein & Fienemann 2004). Der Transfer in die institutionelle Praxis ist in ersten Schritten umgesetzt (Bührig & Meyer, im Druck).

Im Folgenden werden weitere institutionell geprägte Handlungsräume wie Restaurant und Ladenverkauf (Redder & Scarvaglieri, in diesem Band) mit Blick auf die Lokalisierung und Funktionalisierung von Mehrsprachigkeit erschlossen sowie für komparative Stadtanalysen ausgebaut (Brehmer, Kießling, Redder, in diesem Band). Sprachanalytische Grundlage bieten die Konzepte des Praxeogramms und des Handlungsmusters (Bührig & Redder, in diesem Band). Auch ungezwungene Gespräche im Café oder Imbiss (Redder 2013; Redder & Scarvaglieri, in diesem Band) oder halböffentliche Dialoge auf Facebook (Androutsopoulos et al., in diesem Band) sind institutionell vorstrukturiert, selbst wenn in der praktischen Wahrnehmung der Beteiligten die privat-persönliche Qualität dieser Begegnungen überwiegen kann. Genauso ist der öffentliche Außenraum der Stadt institutionell geprägt, wenn nicht gar geregelt, beispielsweise bei der Sprachenwahl öffentlich sichtbarer Kommunikation, welche die „sprachliche Landschaft", die linguistic landscape (Shohamy & Gorter 2009) einer Stadt ausmacht (Pappenhagen, Redder, Scarvaglieri, in diesem Band). Mit Blick auf den Zugang und die Nutzung von Wohnraum

(Breckner, Bührig, Dafateri-Moghaddam, in diesem Band) kann von einem institutionellen Geflecht ausgegangen werden, innerhalb dessen bestimmte kommunikative Praktiken erforderlich sind. Erfahrungen, die Wohnungssuchende in diesem Prozess machen, verdeutlichen das Spannungsfeld zwischen individueller und gesellschaftlicher Mehrsprachigkeit in unterschiedlichen Konstellationen der Wohnungssuche, was seinerseits künftig einem Vergleich unterschiedlicher Gesellschaften unterzogen werden könnte.

Die Institutionalität gesellschaftlicher Mehrsprachigkeit kommt in den Beiträgen dieses Bandes aus zwei Perspektiven zum Tragen. Zum einen wird untersucht, wie einzelne Institutionen auf die zunehmende gesellschaftliche Mehrsprachigkeit reagieren bzw. wie mehrsprachige Klienten mit Organisationen wie Wohnungsunternehmen (Breckner, Bührig, Dafateri-Moghaddam, in diesem Band) oder Seniorenheimen zurechtkommen (Pauli et al., in diesem Band). Der Befund von Moyer (2011), dass öffentliche Einrichtungen auf mehrsprachige Verhältnisse nicht vorbereitet sind, kann generell bestätigt werden. Zu untersuchen sind in diesem Kontext nicht nur mündliche Interaktionen mit Klienten, sondern auch institutionelle Repertoires der Außenkommunikation, inkl. Anleitungen, FAQs, Informationsbroschüren usw. Zum anderen wird empirisch untersucht, wie kommunikative Praktiken der multilingualen Agenten einen neuen, multilingualen institutionellen Handlungsalltag erlauben, ja stimulieren – beispielhaft in der Sphäre der Warenzirkulation und Konsumtion (Redder & Scarvaglieri, in diesem Band). Diese Form der face-to-face-Kommunikation und insofern diskursiver Mehrsprachigkeit wird mit der textuellen (schriftlichen) Mehrsprachigkeit ins Verhältnis gesetzt, wie sie durch Beschilderungen und Warenauszeichnung oder Werbemaßnahmen materialisiert ist.

2.   Urbanität

Der Nexus von gesellschaftlicher Mehrsprachigkeit und Stadt ist nicht neu. Schon seit Anbeginn der modernen Soziologie gilt die Stadt als jener soziale Raum, der die Ausdifferenzierung von Sozialwelten mit ihren jeweils distinkten Lebensweisen genauso ermöglicht wie die Begegnung von Vertretern unterschiedlicher Lebenswelten. Ehlich (2011) fasst dies auch mit Blick auf Sprachen im Begriff des städtischen *„Divergenzintegral".* Großstädte – wie exemplarisch für London und New York dokumentiert – sind Zufluchts- und Konzentrationsorte für Migranten und Minderheiten sowie Gelenkstellen in der transnationalen Vernetzung diasporischer Populationen (vgl. auch

Saunders 2011). Aus sprachlicher Perspektive wird die Großstadt so zum Schauplatz der parallelen Existenz zahlreicher Einzelsprachen, die im jeweils eigenen Land oft den Status einer Amtssprache oder offiziellen Sprache, in einer fremden Großstadt aber den einer Minderheiten- bzw. Migrantensprache haben.

Für die Mehrsprachigkeitsforschung ist der urbane Raum insofern bedeutsam, als er Begegnungen der sprachlich-kulturellen Differenz ermöglicht, die sich auf die Ausdifferenzierung sprachlicher Repertoires und die Erprobung neuer kommunikativer Praktiken auswirken können. Das von Otsuji und Pennycook geprägte Konzept der Metrolingualität (*metrolingualism*) betrachtet die heutige Großstadt als einen Schlüsselort für die Herausbildung kreativer und „fließender" sprachlicher Praktiken, die „the authenticity and ownership of language" und die „one-to-one association among language, ethnicity, nation, and territory" hinterfragen (2010: 241). Zusammen mit anderen Mehrsprachigkeitsforschern spüren Otsuji und Pennycook diesen Praktiken in kleinen Momenten des urbanen Alltags nach. Rehbein (2010) hebt in seiner vergleichenden Diskussion von Barcelona, Istanbul und Hamburg die unterschiedlichen Kontaktbedingungen zwischen den je vorhandenen Sprachpotentialen hervor und macht die Ermittlung von „Ketten mehrsprachiger Kommunikation" im städtischen Handlungsraum zur empirischen Herausforderung, die hier im Sinne von Pilotstudien – besonders konzentriert auf den Hamburger Stadtteil St. Georg – angenommen wird, um die Mehrsprachigkeitspotentiale und ihre bereits vorhandene Realität aufzuzeigen. Auf dieser Basis entfalten Brehmer, Kießling, Redder (in diesem Band) eine konkrete Komparatistik zu den sprachpolitisch und multikulturell differenten Städten Kiew (top-down-Mehrsprachigkeit) und Yaoundé (bottom-up-Mehrsprachigkeit).

So lässt sich beispielsweise in Hamburg beobachten, dass Ghanaer muslimischen Glaubens türkische Wörter lernen, um in der türkischen Schlachterei ihres Viertels *Halal*-Fleisch bestellen zu können.[4] Die Handhabung von zwei externen Geschäftssprachen, Deutsch als stadtübliche Verkehrssprache und Türkisch im Sinne der warenspezifischen Kundenzentrierung und zugleich individuell beherrschte Zweitsprache in einem kurdischen Imbiss, dessen interne Sprache eben Kurdisch als Erstsprache der Agenten darstellt, kann als weiterer Beleg dafür gelten, dass in Hamburg gesellschaftliche Mehrsprachigkeit in actu zu beobachten ist (Redder & Scarvaglieri, in diesem Band). Auch Erstsprachler des Deutschen oder anderer europäischer Sprachen scheinen ein wenig Türkisch oder Portugiesisch als quasi-natürliche Folge ihres Um-

---

4   Das Beispiel ist Kasper Juffermans (Luxembourg) zu verdanken.

zugs in einen Bezirk Hamburgs mit hohem Migrantenanteil zu erlernen und zu praktizieren. Vergleichbares geschieht bei der Anwendung von migrantischen Prestigesprachen wie Italienisch oder Französisch für Standardhandlungen in Restaurants oder an Marktständen, auch wenn die Bedienenden diese Sprachen gar nicht als Erstsprachen sprechen (Redder 2013). Selbst wenn in solchen städtischen Interaktionen Deutsch die dominante Kommunikationssprache bzw. Verkehrssprache darstellt, sofern es sich um Sprecher mit unterschiedlichen Hintergründen handelt, übt die Übernahme von Elementen aus anderen Sprachen eine wichtige „kommunitäre Funktion" (in der Terminologie von Ehlich 2007, Kap. B7) aus und dient nicht zuletzt als symbolischer Hinweis von Offenheit und Flexibilität. Neue Repertoire-Konzepte sind erforderlich, um die sprachlichen Auswirkungen solcher Begegnungen zu erfassen, insbesondere ihren hochgradig individualisierten Charakter und die Einschränkung der jeweils angeeigneten Ressourcen (Blommaert & Backus 2012).

Die Charakteristik von Stadt als genuinem gesellschaftlichen Ort von Mehrsprachigkeit potenziert sich unter den heutigen Bedingungen zunehmender globaler Mobilität und Transnationalität. Unter dem Stichwort „*superdiversity*" ist ein in letzter Zeit einflussreicher sozial-anthropologischer Ansatz bekannt, der Großstädte (am Beispiel Londons) als Schauplätze einer noch nie da gewesenen Diversität beschreibt (Vertovec 2007; Blommaert & Rampton 2011). Superdiversität bezeichnet nach Vertovec eine neue Größenordnung ethnischer Diversität, die durch gesteigerte Migration und Mobilität in Großbritannien bzw. Nord-West-Europa in den letzten Dekaden entstanden ist. Während die Faktoren der Superdiversität als solche[5] nicht neu sind, treten sie Vertovec zufolge heutzutage in einer exzeptionellen Größenordnung und Verdichtung hervor, wodurch früher stabile bzw. überschaubare Strukturen migrationsbedingter Diversität destabilisiert werden. Während Vertovec selbst kaum auf sprachliche Faktoren eingeht (bis auf die Feststellung, dass Superdiversität die Anzahl der in Weltmetropolen gesprochenen Sprachen rapide steigen lässt), sind seine Ideen unter Soziolinguisten auf fruchtbaren Boden gestoßen. So stellen Blommaert und Rampton (2011) fest, dass gesellschaftliche Superdiversität mit einem Verlust an Vorhersagbarkeit der Verwendung

---

5   Dazu gehören u.a. Herkunftsland bzw. -kultur, Migrationskanäle, der Rechtsstatus der Migranten, ihr Humankapital und Zugang zum Arbeitsmarkt, Lokalität, Transnationalität sowie die Reaktion der lokalen Institutionen und der einheimischen Bevölkerung, die ihrerseits durch frühere Erfahrungen mit Migranten geformt sind (Vertovec 2007: 1049).

und Funktionen verschiedener Sprachen im urbanen Raum einhergeht und außerdem Fragen nach der sprachlichen Sozialisation von Menschen und der Entwicklung neuer soziolinguistischer Ordnungen in superdiversen Umgebungen hervorbringt.

Superdiversität und verwandte Konzepte, insbesondere Transnationalismus und Kosmopolitismus, bergen allerdings auch die Gefahr, zu sehr neue kreative Potentiale des (sprachlichen) Handelns zu fokussieren und dabei emergente sowie vorhandene Ungleichheiten und Exklusionen zu übersehen.[6] Denn wie Blommaert und Rampton (2011: 8) richtig feststellen, führt sprachliche Superdiversität auch dazu, dass nicht alle gleichermaßen am Diskurs beteiligt sind, beteiligt werden sollen oder sich beteiligen können. Insofern muss ein Verständnis von städtischer Superdiversität auch berücksichtigen, welche Personen und Gruppen in welchen sozialen Kontexten ausgeschlossen oder nur teilweise eingeschlossen werden. Seit den Arbeiten des Ethnologen Barth (1969), auf die sich auch Blommaert und Rampton beziehen, haben zahllose Studien die Dynamiken sozialer Ex- und Inklusion analysiert, die durch die Konstruktion und Verhandlung kultureller Identitäten entlang bestimmter Grenzen und Grenzmarker entstehen.[7] Sprachideologien, Sprachpolitik und auf ihrer Grundlage institutionell erzwungene sprachliche Praktiken sind in diesem Kontext besonders wirkmächtige Markierungen indexikaler Ordnungen (Dick 2011; Parkin 1977) und prägen so Inklusions- wie Exklusionsprozesse unterschiedlicher Sprecherinnen und Sprecher (Busch 2013: 80–125).

Diese Erkenntnisse sind auch für die Strukturierung des vorliegenden Bandes von erheblicher Bedeutung. Wie unsere empirischen Beispiele zeigen, ist die gelebte Praxis der Hamburger Mehrsprachigkeit sowohl von neuen Dynamiken der Exklusion wie auch von kreativen Überwindungen sprachlicher Barrieren und Rahmen gekennzeichnet. Zum Beispiel analysieren Breckner et al. (in diesem Band) in ihrem Beitrag die immensen Probleme und teils rassistischen Stereotypen, mit denen Migrantinnen und Migranten bei der Wohnungssuche in Hamburg konfrontiert sind. Auch der Beitrag von Pauli et al. (in diesem Band) zur Wahrnehmung von und dem Umgang mit mehrsprachigen Hamburger Seniorinnen und Senioren verdeutlicht, dass Mehrsprachigkeit nicht nur als Chance und Ressource, sondern auch als Be-

---

6 Vgl. z. B. die Debatten zu Kosmopolitismus (Sonderband der Zeitschrift *Social Anthropology*, Wardle 2010) und Transnationalismus (Waldinger & Fitzgerald 2003).

7 Die Konstruktion sozialer Gruppen entlang ethnischer Dimensionen ist allerdings nur eine mögliche Variante. Andere zentrale Dimensionen sind etwa Geschlecht und soziale Schicht.

drohung und Problem im städtischen Kontext verhandelt wird. Im Gegensatz zu diesen eine Exklusion nachzeichnenden Arbeiten zeigen die Beiträge von Brehmer et al. (in diesem Band) wie auch von Androutsopoulos et al. (in diesem Band) die kreativen und positiven Seiten der sich entwickelnden (sprachlichen, städtischen) Superdiversität. Dementsprechend haben wir die Beiträge auch entlang eines Kontinuums angeordnet. Während die Beiträge von Breckner et al. wie auch Pauli et al. einen eher skeptischen Blick auf die tatsächliche Umsetzung von Mehrsprachigkeit und Multikulturalität werfen, bieten die Beiträge von Redder & Scarvaglieri sowie Pappenhagen, Redder, Scarvaglieri (in diesem Band) eine eher neutrale und beschreibende Perspektive der zunehmend sichtbar werdenden Mehrsprachigkeit in der Stadt. Die beiden letzten Beiträge des Bandes (Brehmer, Kießling, Redder und Androutsopoulos et al.) sollen dann das Potential mehrsprachiger Kommunikation im geographisch und kulturell differenten physischen wie im ortsübergreifend virtuellen urbanen Raum beleuchten.

3. Medialität

Die aktuelle Mehrsprachigkeitsforschung überwindet die Einschränkung auf gesprochene (*face-to-face*) Kommunikation, die lange Zeit als zentrale Modalität gesellschaftlicher Mehrsprachigkeit betrachtet worden ist. Modalität und Medialität mehrsprachiger Kommunikation sind sowohl als empirisch beobachtbare Prozesse als auch theoretisch ins Zentrum der Aufmerksamkeit gerückt. Mehrsprachiges Handeln dehnt sich immer mehr in die (private und öffentliche) Schriftlichkeit hinein aus, allerdings in asymmetrisch verteilten Formen und Normen. Beispielsweise führt die Umorientierung nationalstaatlicher Institutionen auf heterogene Bevölkerungsgruppen und mehrsprachige Klienten immer häufiger zur Produktion von Informationsmaterial in diversen Minderheitensprachen, doch folgen solche Texte einer Norm der doppelten Einsprachigkeit,[8] sofern für sie die Replikation der relevanten Inhalte in mehreren voneinander separierten Sprachen konstitutiv ist. Im Ergebnis bleibt jede einzelne Fassung einer bestimmten Broschüre in sich einsprachig.

---

8 Jørgensen et al. (2011: 32) definieren die Norm des doppelten (oder mehrfachen) Monolingualismus wie folgt: „Persons who command two (or more) languages should at any given time use one and only one language, and they should use each of their languages in a way that does not in principle differ from the way in which monolinguals use that same language."

Texte bzw. Diskurse, die Ressourcen aus mehreren Sprachen kreativ integrieren und kombinieren, sind vielmehr in anderen Handlungsfeldern zu finden, unter anderem in der sprachlichen Landschaft (Scarvaglieri, Redder, Pappenhagen im Druck; Pappenhagen, Redder, Scarvaglieri, in diesem Band) und der vernetzten digitalen Kommunikation (Androutsopoulos et al., in diesem Band). Mehrsprachige Kommunikation in diesen Handlungsfeldern ist oft visuell ausgestaltet, so dass die Auswahl und Kombination sprachlicher Mittel hier als Ressource des kommunikativen Designs fungiert. Daher situiert sich ihre Analyse an der Schnittstelle von Mehrsprachigkeits- und Multimodalitätsforschung (Sebba 2013).

Vor allem die Ausbreitung digitaler Kommunikationsformen in den letzten zwanzig Jahren stellt die herkömmliche Beschränkung gesellschaftlicher Mehrsprachigkeit auf direkte gesprochene Kommunikation radikal in Frage. Virtuelle (d. h. nicht physische) Räume stellen nicht nur eine Erweiterung der Schauplätze für mehrsprachige Kommunikation dar, sondern führen auch zur Umstrukturierung ihrer pragmatischen Rahmenbedingungen und semiotischen Erscheinungsformen. Digitale sprachliche Praktiken (etwa in Foren oder Sozialen Netzwerken) stellen nicht einfach eine Reproduktion alltäglicher Sprachgebrauchsnormen, sondern eine Rekontextualisierung derselben innerhalb der sozialen und institutionellen Bedingungen digitaler Kommunikation dar (vgl. Androutsopoulos et al., in diesem Band). Spezifisch vernetzte Mehrsprachigkeit ist durch spielerische und poetische Formen der Sprachverwendung (im Sinne von Roman Jakobson) gekennzeichnet, die sich an Normen des Alltags anlehnen, sie überwinden und überhöhen.

4. Individualität

Die aktuelle Diskussion um gesellschaftliche Mehrsprachigkeit signalisiert schließlich auch eine Hinwendung zum Individuum, wenn auch unter anderen Vorzeichen als eine kompetenzzentrierte Bilingualismusforschung. Angesichts der hochgradig ausdifferenzierten Erfahrungen und Kommunikationsnetzwerke in einer von Migration und Mobilität geprägten Welt verliert die früher in der Soziolinguistik zentrale Gemeinschaftlichkeit ihre Prägekraft, und Individualität wird gewissermaßen neu entdeckt. So gehen zum Beispiel neuere Zugänge zur Beschreibung sprachlicher Repertoires nicht mehr von der „Community" aus, sondern vom Individuum, anstelle der gemeinschaftlich bedingten Beständigkeit heben sie die Flexibilität und Veränderlichkeit sprachlicher Repertoires sowie die individuellen Lernprozesse, die zu ihrer

Erweiterung bzw. Umstrukturierung führen können, wozu auch die Aneignung neuer Kommunikationstechnologien beiträgt (Blommaert & Backus 2012; Brizić 2013).[9] Auch in den sogenannten Sozialen Netzwerken ist Individualisierung ein institutionell-technologisch forciertes Prinzip der Selbstdarstellung, das empirisch mit der sprachanalytischen Beobachtung einher geht, dass sprecherspezifische Besonderheiten aufs Ganze betrachtet mehr ins Gewicht fallen als gruppen- oder ethnienspezifische Gemeinsamkeiten (vgl. Androutsopoulos et al. und Breckner et al. in diesem Band). Nicht zuletzt wirkt die Individualsierung mehrsprachiger Praktiken auch als Korrektiv gegen pauschale, von außen auf die Sprecher herangetragene Erwartungen über die „typische" sprachliche Performanz einzelner sozialer Gruppen.

Trotz der ohne Frage wichtigen Kritik an essentialisierenden Gruppenkonstruktionen und der Betonung individueller Handlungsfreiheit, ist hier aber wiederum zu berücksichtigen, dass Individuen weiterhin in Gruppen interagieren bzw. Gruppen zugeschrieben werden. Dabei spielen, wie schon im Abschnitt zur Urbanität angemerkt, verschiedene Formen der Ex- und Inklusion, insbesondere auch sprachlicher Natur, eine wesentliche Rolle. Diese Bandbreite spiegelt sich auch in unseren Beiträgen und in der Strukturierung der Beiträge wider. Während die Beiträge von Breckner et al. sowie Pauli et al. verdeutlichen, wie einschneidend Handlungsfreiheiten von Individuen weiterhin durch von ihnen nicht oder kaum zu beeinflussende Strukturen (z. B. Stereotypen, Institutionen) beeinflusst werden, zeigen die Beiträge von Androutsopoulos et al. und Brehmer et al. Kontexte und Räume, in denen es zu entgrenzenden neuen Formen mehrsprachigen Handelns kommt.

Mit den von uns in den Blick genommenen Dimensionen gesellschaftlicher Mehrsprachigkeit hoffen wir, an die aktuelle Mehrsprachigkeitsdiskussion anschließen zu können und zugleich Potenziale für weiterführende Forschungen zu den einzelnen Dimensionen anzuregen. Zum anderen sind die genannten vier Dimensionen so gewählt, dass auch Anschlüsse für weitere, auch komparative Analysen monolingualer Kommunikation (sofern es die in Reinform überhaupt noch gibt) deutlich werden. Dass wir mit den Dimensi-

---

9 „In a super-diversity context, mobile subjects engage with a broad variety of groups, networks and communities, and their language resources are consequently learned through a wide variety of trajectories, tactics and technologies, ranging from fully formal language learning to entirely informal ‚encounters' with language. These different learning modes lead to very different degrees of knowledge of language, from very elaborate structural and pragmatic knowledge to elementary ‚recognizing' languages, whereby all of these resources in a repertoire are functionally distributed in a patchwork of competences and skills." (Blommaert & Backus 2012: 1)

onen die Einbettung mehrsprachiger Praktiken in gesellschaftliche Kontexte verdeutlichen und als notwenige Forschungsfrage verfolgen, hängt schließlich mit dem Bestreben zusammen, die Belange mehrsprachiger Kommunikation auch Entscheidungsträgern des öffentlichen Lebens nahe zu bringen.

Literatur

Androutsopoulos, J., Hsieh, Y. F., Kouzina, J., Şahin, R. (in diesem Band). Vernetzte Mehrsprachigkeit auf Facebook: Drei Hamburger Fallstudien.

Barth, F. (1969). Introduction. In F. Barth (ed.), *Ethnic Groups and Boundaries,* 9–39. London: Allen & Unwin.

Blommaert, J., Backus, A. (2012). Superdiverse Repertoires and the Individual. (Tilburg Papers in Cultural Studies, 24). http://www.tilburguniversity.edu/research/institutes-and-research-groups/babylon/tpcs/

Blommaert, J., Rampton, B. (2011). Language and Superdiversity. *Diversities,* 13(2), 1–21.

Böttger, C. (2004). Genre-mixing in business communication. In J. House & J. Rehbein (eds.), *Multilingual communication,* 115–132. Amsterdam: Benjamins.

Braunmüller, K. (ed.) (2009). *Convergence and divergence in language contact situations.* Amsterdam: Benjamins.

Breckner, I., Bührig, K., Dafateri-Moghaddam, N. (in diesem Band). Mehrsprachigkeit als Zugang zum städtischen Alltag – das Beispiel Wohnen.

Brehmer, B., Kießling, R., Redder, A. (in diesem Band). Praxis städtischer Mehrsprachigkeit – exemplarische Ansätze einer Komparatistik.

Brizić, K. (2013). Grenzenlose Biografien und ihr begrenzter (Bildungs-)Erfolg. Das Thema der sozialen Ungleichheit aus der Perspektive eines laufenden soziolinguistischen Forschungsprojekts. In A. Deppermann (Hrsg.), *Das Deutsch der Migranten,* 223–244. Berlin: Mouton de Gruyter.

Busch, B. (2013). Mehrsprachigkeit. Wien: facultas.

Bührig, K. (2009). Interpreting in hospitals – starting points for cultural actions in institutionalized communication. In K. Bührig, J. House & J. D. ten Thije (eds.), *Translational action and intercultural communication,* 115–178. Manchester: St. Jerome Publ..

Bührig, K., House, J. (2004). Connectivity in translation: transitions from orality to literacy. In J. House & J. Rehbein (eds.), *Multilingual communication,* 87–114. Amsterdam: Benjamins.

Bührig, K., Meyer, B. (2004). Ad hoc-interpreting and the achievement of communicative purposes in specific kinds of doctor-patient discourse. In J. House & J. Rehbein (eds.), *Multilingual communication,* 43–62. Amsterdam: Benjamins.

Bührig, K., Meyer, B. (im Druck). *Transferring linguistic knowledge into institutional practice.* Amsterdam: Benjamins.

Bührig, K., Redder, A. (in diesem Band). Praxeogramm und Handlungsmuster als Methoden der Mehrsprachigkeitsanalyse.

Clyne, M. (1997). Multilingualism. In F. Coulmas (eds.), *The Handbook of Sociolinguistics*, 301–314. Oxford: Blackwell.

Clyne, M. (2004). Towards an agenda for developing multilingual communication with a community base. In J. House & J. Rehbein (eds.), *Multilingual Communication*, 19–42. Amsterdam: Benjamins.

Dick, H. P. (2011). Language and Migration to the United States. *Annual Review of Anthropology*, 40, 227–40.

Ehlich, K. (2007). *Sprache und sprachliches Handeln*. 3 Bände. (= Bd. I: Pragmatik und Sprachtheorie; Bd. II Prozeduren des sprachlichen Handelns; Bd. III: Diskurs – Narration – Text – Schrift), Berlin: Mouton de Gruyter.

Ehlich, K. (2011). Stadt/Sprachen/Spektrum. Von den sprachlichen Folgen der „Globalisierung" im urbanen Raum. In D. Läpple, M. Messling & J. Trabant (Hrsg.), *Stadt und Urbanität im 21. Jahrhundert*, 131–145. Berlin: Kulturverlag Kadmos.

Ehlich, K., Redder, A. (2008). Mehrsprachigkeit und Europa – sprachen- und bildungspolitische Dilemmata. In A. Redder & K. Ehlich (Hrsg.), *Mehrsprachigkeit für Europa – sprachen- und bildungspolitische Perspektiven*. Osnabrücker Beiträge zur Sprachtheorie, 74, 5–20.

Franceschini, R. (2011). Multilingualism and multicompetence: a conceptual view. *The Modern Language Journal*. Volume 95, issue 3, 344–355.

Heller, M. (2007). Bilingualism as ideology and practice. In M. Heller (ed.), *Bilingualism: a social approach*, 1–22. London: Palgrave Macmillan.

Holmes, J., Stubbe, M. (2004). Strategic code-switching in New Zealand workplaces: scaffolding, solidarity and identity construction. In J. House & J. Rehbein (eds.), *Multilingual Communication*, 133–154. Amsterdam: J. Benjamins.

House, J., Rehbein, J. (2004). What is „multilingual communication"? In J. House & J. Rehbein (eds.), *Multilingual Communication*, 1–17. Amsterdam: Benjamins.

Jørgensen, J. N., Karrebæk, M. S., Madsen, L. M., Møller, J. S. (2011). Polylanguaging in Superdiversity. *Diversities*, 13(2), 23–37.

Kameyama, Sh., Meyer, B. (2007) (Hrsg.), *Mehrsprachigkeit am Arbeitsplatz* (Forum Angewandte Linguistik). Frankfurt/M.: Lang.

Krefeld, Th. (2004). *Einführung in die Migrationslinguistik*. Tübingen: Narr.

Li, W. (2011). Moment analysis and translanguaging space: discursive construction of identities by multilingual chinese youth in Britain. *Journal of Pragmatics*, 43, 1222–1235.

Lüdi, G. (1996). Multilingualism through migration: a comparison of internal and external migrant communities in Switzerland. In M. Hellinger & U. Ammon (eds.), *Contrastive Sociolinguistics*, 103–133. Berlin: Mouton de Gruyter.

Meierkord, Ch. (2000). Interpreting successful lingua franca interaction. An analysis of non-native-/non-native small talk conversations in English. In K. Pittner & A.

Fetzer (Hrsg.), *Neuere Entwicklungen in der Gesprächsforschung.* Linguistik online, 5, 1/00.

Knapp, K., Meierkord, Ch. (eds.) (2002). *Lingua Franca communication.* Frankfurt/M.: Lang.

Meyer, B., Apfelbaum, B. (eds.) (2010). *Multilingualism at work. From policies to practices in public, medical and business settings.* Amsterdam: Benjamins.

Moyer, M. G. (2011). What is multilingualism? Agency and unintended consequences of multilingual practices in a Barcelona health clinic. *Journal of Pragmatics*, 43 (5), 1209–1221.

Otsuji, E., Pennycook, A. (2010). Metrolingualism: fixity, fluidity and language in flux. *International Journal of Multilingualism*, 7(3), 240–254.

Pappenhagen R., Redder, A., Scarvaglieri, C. (in diesem Band). Hamburgs mehrsprachige Praxis im öffentlichen Raum – sichtbar und hörbar.

Parkin, D. (1977). Emergent and stabilised multilingualism: polyethnic peer groups in urban Kenya. In H. Giles (ed.), *Language, ethnicity and intergroup relations*, 185–210. New York: Academic press.

Pauli, J., Egetmeyer, L., Meisel, R., Radt, S. L. (in diesem Band). Ältere MigrantInnen in Hamburg. Sprachliche und kulturelle Diversität in Senioreneinrichtungen und anderen Alter(n)swelten.

Quist, P., Jørgensen, N. J. (2007). Crossing – negotiating social boundaries. In P. Auer & L. Wei (eds.), *Handbook of multilingualism and multilingual communication*, 371–389. Berlin: Mouton de Gruyter.

Redder, A. (2013) Multilingual communication in Hamburg – a pragmatic approach. In P. Siemund, I. Gogolin, M. E. Schulz & J. Davydova (eds.), *Multilingualism and language diversity in urban areas. Acquisition, identities, space, education*, 257–286. Amsterdam: Benjamins.

Redder, A., Scarvaglieri, C. (in diesem Band). Verortung mehrsprachigen Handelns im Konsum-Bereich – ein Imbiss und ein Lebensmittelgeschäft.

Rehbein, J. (2010). Sprachen, Immigration, Urbanisierung – Elemente zu einer Linguistik städtischer Orte der Mehrsprachigkeit. In P. Comellas & C. Lleó (Hrsg.), *Recerca i gestió del multilingüisme. Algunes propostes des d'Europa – Mehrsprachigkeitsforschung und Mehrsprachigkeitsmanagement*, 81–116. Münster: Waxmann.

Rehbein, J., Fienemann, J. (2004). Introductions. Being polite in multilingual settings. In J. House & J. Rehbein (eds.), *Multilingual Communication*, 227–275. Amsterdam: Benjamins.

Saunders, D. (2011). *Arrival City – the final migration and our next world.* Toronto: Alfred A. Knopf.

Sebba, M. (2013). Multilingualism in written discourse: an approach to the analysis of multilingual texts. *International Journal of Bilingualism*, 17(1), 97–118.

Shohamy, E., Gorter, D. (eds.) (2009). *Linguistic landscape: expanding the scenery.* New York: Routledge.

ten Thije, J. D., Rehbein, J. (eds.) (2013). Lingua Receptiva. *Special Issue of the International Journal of Multilingualism*.

Vertovec, S. (2007). Superdiversity and its implications. *Ethnic and Racial Studies*, 30(6), 1024–1054.

Wardle, H. (2010). A cosmopolitan anthropology? *Social Anthropology*, 18(4), 381–388.

Waldinger, R., Fitzgerald, D. (2003). Transnationalism in Question. *American Journal of Sociology*, 109(5), 1177–1195.

Julia Pauli, Lena Egetmeyer, Ráhel Meisel, Susanne Lea Radt

Ältere MigrantInnen in Hamburg. Sprachliche und kulturelle Diversität in Senioreneinrichtungen und anderen Alter(n)swelten

Zusammenfassung

Eine immer deutlicher werdende Folge globaler Mobilität ist das Phänomen alternder MigrantInnen, die nach Ende ihrer Berufstätigkeit in den jeweiligen Einwanderungsländern in Rente gehen. So gewinnt die Herausforderung, ältere Menschen mit unterschiedlichen kulturellen, sprachlichen, ethnischen und ökonomischen Hintergründen bei zunehmender Gebrechlichkeit angemessen zu versorgen, an gesellschaftlicher Bedeutung. Dies gilt sowohl für den privaten Bereich der Familie als auch für institutionelle Kontexte, vor allem für Senioreneinrichtungen. Im Artikel wird zunächst am Beispiel der Stadt Hamburg ein Überblick über die Wahrnehmung von und den Umgang mit sprachlicher und kultureller Diversität in 65 stationären Senioreneinrichtungen gegeben. Die hieraus resultierenden strukturellen Erkenntnisse werden dann anhand von drei ethnographischen Fallstudien, die sich mit verschiedenen Herkunftsgruppen und sozialen Situationen beschäftigen, vertieft und verdichtet: Es geht zunächst um chilenische SeniorInnen, die in den 1970er Jahren als politische Flüchtlinge nach Deutschland kamen, weiter um ältere hispanoamerikanische Frauen, die heute in Hamburg leben, und schließlich um drei thematisch passende Diskussionen in einem von türkischen MigrantInnen genutzten Internetforum. Diese drei Fallstudien beschäftigen sich mit zentralen Fragen, die sich ältere MigrantInnen, unabhängig ihrer Herkunft, meistens früher oder später stellen müssen: In welchem Land möchte ich meinen Lebensabend verbringen? Käme für mich eine in der Regel deutschsprachige Senioreneinrichtung in Frage? Welche Rolle spielen dabei Mehrsprachigkeit und Multikulturalität?

1. Einleitung: Alter(n), Migration und Mehrsprachigkeit in der Ethnologie und der Soziolinguistik[1]

Älterwerden ist oft „nada simpático", nichts Angenehmes oder Sympathisches, wie es einer der von uns befragten chilenischen Migranten formuliert hat. Die Schwierigkeiten, die mit dem Älterwerden etwa aufgrund zunehmender körperlicher Gebrechlichkeit einhergehen, betreffen früher oder später unabhängig von Geschlecht, Sprache, ethnischer Herkunft oder Klasse alle Menschen. Allerdings ist das Älterwerden gerade für Menschen mit Migrationsgeschichte(n) oft besonders herausfordernd, da neben den generellen und alle betreffenden Problemen spezifische Erfahrungen und Entscheidungen hinzukommen, die sich nur für Menschen dieser Gruppe stellen. In diesem Zusammenhang ist etwa die Frage der Rückkehr in das Herkunftsland eines der zentralen Themen.

In unserem Beitrag möchten wir sowohl aus institutioneller als auch aus individueller Perspektive untersuchen, mit welchen unterschiedlichen Problemen sich ältere MigrantInnen, ihre Familien und ausgewählte Senioreneinrichtungen in diesem Kontext konfrontiert sehen, welche Lösungen sie dafür jeweils finden und welche Aspekte auch als Chance wahrgenommen werden. Am Beispiel der Stadt Hamburg thematisieren wir einerseits die Wahrnehmungen von und den Umgang mit den Chancen und Problemen sprachlicher und kultureller Diversität in 65 stationären Senioreneinrichtungen. Andererseits nähern wir uns ethnographisch drei unterschiedlichen Lebens- und Alter(n)swelten an: Chilenischen SeniorInnen, die als politische Flüchtlinge nach Deutschland kamen, älteren hispanoamerikanischen Frauen aus dem Hamburger Raum und mehreren virtuellen Diskussionen in einem von türkischen MigrantInnen genutzten Internetforum.

Die Untersuchung variierender Alter(n)swelten aufgrund von Migration und transnationalen Lebensstilen steht innerhalb der Ethnologie und mit ihr benachbarten Disziplinen wie der Soziolinguistik noch am Anfang. Dies erklärt sich unter anderem damit, dass das Phänomen älterer MigrantInnen erst seit einigen Jahren überhaupt als relevanter Untersuchungsgegenstand in den

---

1 Wir möchten uns bei allen Hamburger Senioreneinrichtungen bedanken, die uns mit ihren Antworten unterstützt haben. Den InformantInnen der drei Fallstudien möchten wir ebenfalls für ihre Zeit und Hilfe danken. Die Kommentare und Anmerkungen aller MitarbeiterInnen des iNet 2 innerhalb LiMAs waren ebenfalls sehr hilfreich. Besonders bedanken möchten wir uns bei Angelika Redder und Roland Kießling für ihre intensive Lektüre unseres Beitrags.

Sozial-, Sprach- und Kulturwissenschaften wahrgenommen wird. Zwar hat es immer schon Wanderungsbewegungen gegeben. Aber erst der rapide Anstieg der internationalen Migration nach Ende des Zweiten Weltkriegs, bedingt und gefördert durch eine zunehmende globale Vernetzung aufgrund neuer Technologien und Medien, Kommunikations- und Transportmittel, globaler Märkte und internationaler Finanzströme (Appadurai 1996: 3.4; Vertovec & Cohen 1999: 13), hat dazu geführt, dass es heute sehr viele Menschen gibt, die ihren Lebensabend nicht in ihrer Herkunftsregion verleben. Diejenigen Individuen, die sich verstärkt seit den 1960er Jahren zur Auswanderung entschlossen und sich längerfristig oder permanent im Aufnahmeland niederließen, stehen heute an der Schwelle zum Alter. Damit gehen der Rückzug aus dem Arbeitsleben und zahlreiche mögliche Rollenveränderungen einher. Der Themenkomplex Alter und Migration als aktuelles Phänomen rückt vor allem in Einwanderungsländern, wie Deutschland, Großbritannien, den skandinavischen Ländern oder den USA, in den Vordergrund und wirft zahlreiche neue Fragen auf, etwa nach angemessenen Modellen kultursensibler Pflege, kulturell variierenden Altersbildern, den Verpflichtungen der oft transnational lebenden Familien und generell der Bedeutung von Alter(n) im Migrationskontext (Baldassar et al. 2007; Bolzmann et. al 2006; Gardner 2002; Lamb 2002; Pauli & Bedorf 2012; Wettich 2007).

Zwar sind die (oft auch mehrsprachigen) Alter(n)swelten von MigrantInnen bisher kaum Thema der Ethnologie wie auch der Soziolinguistik gewesen. Allerdings sind Teilaspekte des Phänomens durchaus schon intensiver innerhalb dieser wissenschaftlichen Disziplinen untersucht worden. Die kulturelle Konstruktion von Alter und Altern ist innerhalb der Ethnologie ein wichtiges Forschungsfeld (Cohen 1994; Dracklé 1998; Sokolovsky 2009; Van Eeuwijk & Obrist 2006). Wann ein Mensch als alt definiert wird und sich selbst so definiert und welche Implikationen dies hat, ist nicht nur durch biologische und chronologische Voraussetzungen festgelegt, sondern variiert je nach kultureller Vorstellung und den politischen, ökonomischen und historischen Besonderheiten, die eine Gesellschaft konstituieren. Die Mehrzahl der migrationsethnologischen und -soziologischen Studien, die sich mit Alter im Zusammenhang mit Migration nach Europa oder in die USA befassen, definiert Alter anhand bestimmter gesellschaftlicher Rollen und Funktionen, die ein Mensch innehat und erfüllt (Angel & Angel 1998; Lamb 2002; Lamb 2009; Wilmoth 2001). Die zentralen Indikatoren resultieren hier aus der Position in Beruf und Familie: Ist eine Person im Ruhestand, hat bereits erwachsene Kinder und gegebenenfalls Enkelkinder, wird sie üblicherweise als „alt" eingestuft. Diese Definition spiegelt die in der westlichen Welt konventionelle, sowohl offizielle als auch im öffentlichen Bewusstsein verankerte Eingrenzung der Lebensphase Alter, deren Beginn bei Anfang bis Mitte sechzig liegt, wider (Warnes & Williams 2006). Auf diese Studien aufbauend konzeptualisieren auch wir MigrantInnen als ‚älter‘, wenn sie sich dieser sozialen Markierung nähern und/oder sich in dem Lebensabschnitt befinden, der zwischen dem Austritt aus dem Berufsleben und dem Tod liegt (Böck & Dieckmann 1998: 60). Die Statusveränderung, die mit dem Beenden einer Erwerbstätigkeit einhergeht, eröffnet für viele MigrantInnen, mehr noch als für andere RentnerInnen, die Möglichkeit eines grundlegenden Rollenwechsels, da sie oft auch die Frage nach der nun unter Umständen wieder freieren Wahl des Lebensmittelpunktes aufwirft.

Innerhalb der Soziolinguistik sind vor allem die Arbeiten von Florian Coulmas und Peter Backhaus zu nennen, die sich vor dem Hintergrund spezifischer demographischer Entwicklungen in Deutschland und Japan, wo historisch einmalig niedrige Geburtenraten mit einer immer älter werdenden Bevölkerung einhergehen, intensiv mit Alter und Altern als soziolinguistischer Variable auseinandergesetzt haben (Backhaus 2011a, b, c; Coulmas & Backhaus 2009; Coulmas & Lützeler 2011).[2] Nikolas Coupland, Justine Coupland und Howard Giles zeigen, wie Stereotypen hinsichtlich des Alters und älterer Menschen Sprachpraktiken beeinflussen und zu Exklusionen führen können (Coupland, Coupland & Giles 1991). Die Soziolinguistin Brigitta Busch stellt analog zu den hier formulierten Beobachtungen fest, dass das Interesse ihres Fachs an Fragen der Mehrsprachigkeit im Alter in den letzten Jahren stark zugenommen hat, da einerseits viele MigrantInnen in der Pflege tätig sind (vgl. z. B. Friebe 2011) und andererseits viele der seit den 1960er Jahren eingewanderten ArbeitsmigrantInnen am Ende ihres Erwerbslebens stehen (Busch 2013: 62). In ihrem Überblick zu „Language and aging in multilingual contexts" (de Bot & Makoni 2005) zeigen Kees de Bot und Sinfree Makoni, dass Mehrsprachigkeit im Alter oft entweder als Ressource oder Problem diskutiert wird, was auch auf die Debatten zu Spracherwerb und Mehrsprachigkeit zutrifft.

Auch die von uns untersuchten Hamburger Senioreneinrichtungen haben sich für unsere Studie intensiv mit der Frage auseinandergesetzt, ob sie Mehrsprachigkeit und Multikulturalität für ihren Kontext eher als ein Problem oder

---

2 Der Soziolinguist Reinhard Fiehler hat sich ebenfalls in zahlreichen Veröffentlichungen mit den Themen Alter(n), Sprache und Kommunikation auseinandergesetzt, z. B. Fiehler und Thimm (1998).

eher eine Chance sehen. Bevor wir einige zentrale Ergebnisse der explorativen Studie zu Hamburger Senioreneinrichtungen vorstellen, werden wir im folgenden Abschnitt zunächst unser methodisches Vorgehen zusammenfassen.

2. Ethnographische Annäherungen an Alter(n)swelten und Migration: Daten und Methoden

Um der Komplexität des Themas gerecht zu werden, kombinierten wir quantitative und qualitative Daten. Im Rahmen unserer Tätigkeiten innerhalb des iNet2 der Hamburger Landesexzellenzinitiative LiMA (Linguistic Diversity Management in Urban Areas) haben wir einerseits von März bis September 2012 65 Hamburger Senioreneinrichtungen hinsichtlich ihrer sprachlichen und kulturellen Diversität befragt (Pauli, Egetmeyer, Meisel & Radt 2013).[3] Andererseits untersuchten wir ausgewählte Facetten des Themas anhand von drei ethnographischen Fallstudien.

Innerhalb des Zeitraumes vom 1. März bis zum 15. September 2012 kontaktierten wir 162 Senioreneinrichtungen telefonisch (Pauli et al. 2013). Insgesamt nahmen 65 Heime an der Befragung teil. Der Kontaktaufnahme ging die Frage voraus, welche Kommunikationsform für die Befragung am geeignetsten sei. Dementsprechend wäre eine persönliche Befragung am besten für unsere Untersuchung gewesen. Jedoch zeigte sich nach den ersten Interviews und Gesprächen sehr schnell, dass HeimleiterInnen und -personal trotz relativ knapp gehaltenen Fragebogens kaum Zeit für eine Teilnahme an der Untersuchung hatten. Acht Heime lehnten die Befragung explizit aufgrund von Zeitproblemen ab. Die telefonische Befragung stellte somit im Endeffekt die bestmögliche Kontaktform dar, die nicht zu zeitaufwändig und durch das geführte Gespräch doch verhältnismäßig persönlich ist. Während der Befragung erhielten wir jedoch den Eindruck, dass sensible Daten über die BewohnerInnen wie auch über das Personal telefonisch nicht sehr gern weitergegeben werden und dass der Fragebogen den InformantInnen als vorliegendes schriftliches Dokument vertrauenserweckender erschien. Insgesamt bevorzugten 14 von 65 Heimen das schriftliche Ausfüllen des Fragebogens. Die weiteren 51 Heime beantworteten den Fragebogen telefonisch.

---

3   Für eine ausführliche Darstellung unseres methodischen Vorgehens, inklusive des von uns verwendeten Fragebogens, sowie aller Ergebnisse vgl. Pauli, Egetmeyer, Meisel & Radt (2013).

Die von uns bevorzugten AnsprechpartnerInnen waren HeimleiterInnen oder PflegedienstleiterInnen, da diese befugt sind, Aussagen über die Einrichtung zu machen. Neben den schon genannten Zeitproblemen waren diese Personen aus mehreren Gründen schlecht zu erreichen: Manche Empfangsperson wollte uns nicht zur Heimleitung durchstellen. Außerdem befanden sich viele Angestellte in den Sommermonaten im Urlaub. Dazu kam der starke Zeitdruck, unter dem das Heimpersonal steht, der von fast jeder Heimleitung zumindest erwähnt wurde. Alles in Allem stellte die Erreichbarkeit grundsätzlich eine erste Hürde dar. Die Reaktion des Heimpersonals auf die Befragung war aber insgesamt sehr positiv und interessiert. Manche HeimleiterInnen waren erfreut, sich über dieses „sehr wichtige Thema" zu unterhalten. Eine andere Heimleitung wiederum empfand die Befragung als „Forschung an der falschen Ecke" – sie wies ausdrücklich darauf hin, dass ganz andere Probleme aktueller seien wie z. B. der Pflegefachkräftemangel. Außerdem seien „für diese Dinge überhaupt keine Gelder vorhanden." Trotzdem sei das Thema langfristig unabdingbar.

Auf die Vorstellung von ausgewählten Ergebnissen unserer Erhebung in Hamburger Senioreneinrichtungen folgen die drei qualitativ-ethnographischen Studien, die unterschiedliche Aspekte des Themas betonen.[4] Dies hängt auch mit den variierenden Migrationsgeschichten zusammen. Wie in der Soziolinguistik (etwa Busch 2013) spielt der biographische Ansatz auch in der Ethnologie eine zentrale Rolle (z. B. Myerhoff & Kaminsky 1992; Ochs & Capps 1996). Vor allem die beiden Fallstudien, die sich mit lateinamerikanischen MigrantInnen beschäftigen, arbeiten biographisch. Insgesamt muss allerdings betont werden, dass trotz vieler Gemeinsamkeiten zwischen Ethnologie und Soziolinguistik unsere Perspektive und unser Vorgehen ethnologisch sind. Die Ethnologie zeichnet sich vor allem durch ihre Untersuchungsmethoden aus: Es wird versucht, eine emische Perspektive einzunehmen und auch den Kontext der Informationen und InformantInnen in den Erkenntnisprozess mit einzubeziehen. Durch teilnehmende Beobachtung wird eine besondere Nähe aufgebaut, die es der/m WissenschaftlerIn ermöglicht, sich intensiv mit der Perspektive des/r Befragten auseinanderzusetzen.

Lena Egetmeyer befragte von Juni bis Dezember 2012 ältere ChilenInnen, die als politische Flüchtlinge nach Hamburg kamen. Viele von diesen

---

4   Bei allen drei qualitativ-ethnographischen Studien handelt es sich um Bachelorarbeiten, die am Institut für Ethnologie der Universität Hamburg unter Anleitung von Prof. Pauli von Lena Egetmeyer, Ráhel Meisel und Susanne Lea Radt geschrieben wurden bzw. noch geschrieben werden.

gelangten nach dem Militärputsch in Chile 1973 auf der Flucht vor Unterdrückung, Inhaftierung und Folter nach Deutschland. In Hamburg sind die ChilenInnen mit 1799 Personen (eingebürgert und nicht eingebürgert), laut dem Statistischen Amt für Hamburg und Schleswig-Holstein (2012) nach den BrasilianerInnen die zweitgrößte Bevölkerungsgruppe mit lateinamerikanischem Bezugsland. Insgesamt befragte Lena Egetmeyer je vier Frauen und Männer, die aus Chile nach Hamburg migriert waren. Der Leitfaden für diese halboffenen Interviews basierte auf einem ersten offenen Interview mit einem Schlüsselinformanten und auf Recherchen zum Thema Alter(n) in der Migration. Die InterviewpartnerInnen waren zum Zeitpunkt der Befragung zwischen 54 und 74 Jahre alt, einige von Ihnen bereits in Rente, andere noch nicht. Die Interviews fanden sowohl in Spanisch wie auch in Deutsch statt.

Auch Susanne Lea Radt legte ihren Schwerpunkt auf das Herkunftsgebiet Hispanoamerika[5], wobei sie sich besonders auf ältere Frauen im Hamburger Raum konzentrierte. Zwischen November und Dezember 2012 führte sie anhand eines vorher angefertigten Leitfadens drei mehrstündige, halboffene Interviews auf Spanisch mit zwei Chileninnen (Monica und Carmen, 55 und 64 Jahre) und einer Ecuadorianerin (Marisela, 66 Jahre alt)[6].

Ein ganz anderer Kontext wurde von Ráhel Meisel genauer untersucht. Auf der Suche nach einem Zugang zu verschiedenen Generationen türkischer MigrantInnen beschäftigte sie sich intensiv mit der deutschsprachigen virtuellen Plattform Turkish-Talk.com, die sich selbst als ein „Forum für den Meinungs- und Erfahrungsaustausch aller deutschsprechenden Türken, all ihrer Freunde und derer, die sich für sie interessieren" (Turkish-Talk.com 2012a) versteht. Im November 2012 initiierte sie in diesem Forum ein neues Thema mit offenen und geschlossenen Fragen über den Fall der Pflegebedürftigkeit bei Familienmitgliedern türkischer MigrantInnen und ihrer Kinder (Turkish-Talk.com 2012b). Die ausgelöste Diskussion umfasste eine Zeitspanne von einer Woche, wobei sich 37 Personen aktiv und passiv[7] beteiligten. Den eigenen Angaben der TeilnehmerInnen nach beteiligten sich 25 Frauen und zwölf Männer an der Gruppendiskussion, wobei sich die 27 aktiven TeilnehmerInnen innerhalb einer Spanne von einem bis zehn Beiträgen unterschiedlich oft äußerten. Den

---

5 Hispanoamerika umfasst alle mittel- und südamerikanischen, sowie karibischen Länder, in denen eine der Amtssprachen Spanisch ist.

6 Alle Namen sind Pseudonyme.

7 Aktive Beteiligung bedeutet in diesem Zusammenhang das direkte Äußern in Form eines Beitrages. Passive Beteiligung hingegen beschreibt das Danken anderer TeilnehmerInnen für spezifische Beiträge, womit Zustimmung ausgedrückt werden kann.

elf Altersangaben (zwischen 32 und 48 Jahre) nach gehören die NutzerInnen zu einer Generation, deren Eltern oder Großeltern von Pflegebedürftigkeit betroffen sein könnten. Der Türkeibezug der einzelnen TeilnehmerInnen ist an den Spitznamen, einigen türkischen Signaturen und an den Inhalten der Beiträge zu erkennen.

Bevor wir genauer analysieren, wie die von uns befragten Menschen mit Migrationshintergrund sich ihr eigenes oder auch das Älterwerden ihrer Eltern vorstellen und planen, werden wir im folgenden Abschnitt zunächst die Ergebnisse unserer explorativen Befragung der Hamburger Seniorenheime zusammenfassen.

3. Anders Altern? Erste Ergebnisse einer explorativen Studie sprachlicher und kultureller Diversität in Hamburger Senioreneinrichtungen

In unserer explorativen Untersuchung haben wir 65 von 162 Senioreneinrichtungen in Hamburg zu den Themen Alter, Migration und sprachliche/kulturelle Diversität befragt. Bei der Auswertung spielte neben konkreten Fakten und Zahlen auch die persönliche Einschätzung der Heimleitungen eine wichtige Rolle. Außerdem wurden die Konzepte und Leitbilder der jeweiligen Einrichtungen untersucht. Somit repräsentieren diese Daten eine institutionelle Sichtweise auf das Thema. Die Datenqualität ist daher auch stark abhängig vom Wissen und der Wahrnehmung der Heimleitungen, deren Angaben aufgrund der Heimgrößen von bis zu 250 BewohnerInnen verzerrt oder fehlerhaft sein können.

Knapp 19 Prozent der Hamburger Bevölkerung ist über 65 Jahre alt (Statistisches Amt für Hamburg und Schleswig-Holstein 2012). Von allen über 65-Jährigen BewohnerInnen Hamburgs haben fast 27 Prozent einen Migrationshintergrund, was bedeutet, dass sie mit einem anderen Bezugsland als Deutschland gemeldet sind. Wie aber die Angaben der Heimleitungen zeigen, leben trotz dieser prozentual relativ großen Gruppen bisher nur verhältnismäßig wenige SeniorInnen mit Migrationsgeschichte in stationären Senioreneinrichtungen. Dies zeigt auch die geringe sprachliche Diversität der BewohnerInnen und des Personals in der Mehrzahl der Senioreneinrichtungen.

Um den Begriff der sprachlichen Diversität zu operationalisieren, haben wir vier Kategorien sprachlicher Diversität gebildet. Bei der Auswertung dieser Daten muss beachtet werden, dass sie nicht die absolute Anzahl an Personen erfassen, die die jeweiligen Sprachen in den Einrichtungen sprechen.

Sie repräsentieren vielmehr die Anzahl der unterschiedlichen Sprachen, die in den Seniorenheimen nach Auskunft der Heimleitung gesprochen werden. Die erste Kategorie, die wir ‚monolingual' genannt haben, erfasst Senioreneinrichtungen, in denen ausschließlich Deutsch gesprochen wird. Eine niedrige sprachliche Diversität haben Einrichtungen, in denen neben Deutsch noch ein bis drei weitere Sprachen gesprochen werden. Von mittlerer sprachlicher Diversität sind Einrichtungen, in denen neben Deutsch noch vier bis sechs weitere Sprachen vertreten sind. Sprachlich sehr divers sind schließlich Einrichtungen, in denen sieben oder mehr Sprachen gesprochen werden. 55 der 65 untersuchten Einrichtungen (84,6 Prozent) sind entweder monolingual (22 Einrichtungen) oder es werden nur sehr wenige weitere Sprachen (33 Einrichtungen) gesprochen. Nur ein Seniorenheim weist eine hohe sprachliche Diversität auf und sechs Einrichtungen sind nach unserer Klassifikation von mittlerer sprachlicher Diversität. Zu drei Einrichtungen liegen leider keine Angaben vor.

Betrachtet man den Einzelfall der hoch diversen Einrichtung genauer, stellt sich heraus, dass es sich hierbei um eine durchschnittlich große Einrichtung handelt, die weder religiös ausgerichtet ist noch kultursensible Pflege, Interkulturalität oder MigrantInnen in ihrem Leitbild oder Konzept thematisiert. Unter den BewohnerInnen werden jedoch zehn, unter dem Personal sogar elf Sprachen gesprochen, die sich in beiden Gruppen decken[8]. Hinsichtlich aller anderen von uns untersuchten Senioreneinrichtungen haben wir ebenfalls einen Zusammenhang zwischen der sprachlichen Diversität bei BewohnerInnen und Personal festgestellt. Dementsprechend gibt es eine Tendenz, bei multikulturellen BewohnerInnen vermehrt multikulturelles Personal in einer Einrichtung anzustellen (Pauli et al. 2013: 4.1.i.). Die meistgesprochenen Sprachen des Personals decken sich weitgehend mit denen der BewohnerInnen. Diese Ergebnisse könnten darauf hindeuten, dass Heimleitungen in Einrichtungen mit sprachlich und kulturell vielfältiger BewohnerInnenschaft tendenziell gezielt mehrsprachiges Personal einstellen, um dadurch eine bessere Pflegequalität für BewohnerInnen zu ermöglichen.

Die Heimleitung der Einrichtung mit der höchsten sprachlichen Diversität steht einer multikulturellen und sprachlich diversen Bewohnerschaft „eher positiv" gegenüber und kann keine damit verbundenen Probleme nennen. Als spezifische Chance sieht sie die „gute Betreuung". Damit ist wahrschein-

---

8 Russisch, Polnisch, „Pakistanisch" (wahrscheinlich Urdu), Vietnamesisch, Englisch, Türkisch, Griechisch, Französisch, Spanisch, Dänisch (beim Personal kommt Persisch zu eben diesen Sprachen hinzu).

lich gemeint, dass auch für Menschen mit anderem sprachlichen und/oder kulturellen Hintergrund eine gute Betreuung gewährleistet werden kann, da auch das Personal sprachlich divers ist. Es wird angegeben, dass immer Gerichte ohne Schweinefleisch im Speiseplan angeboten würden und man den BewohnerInnen auf Wunsch in ihrer Muttersprache vorlese. Letzteres Angebot gibt ausschließlich diese Einrichtung an. Die (Nicht-)Thematisierung kultursensibler Pflege im Konzept deckt sich in diesem Fall also nicht mit dem gelebten Alltag: Auch, wenn dies nicht nach außen hin thematisiert wird, wird anscheinend dennoch auf die kulturspezifischen Bedürfnisse der Bewohner eingegangen.

Insgesamt zeigt unsere Auswertung der Schwerpunkte der Heime, die etwa in Form von Flyern und Webpages öffentlich zugänglich sind, dass die kultursensible Pflege derzeit bei den Seniorenheimen von niedriger Priorität ist. Nur eine Einrichtung nennt kultur- und sprachsensible Pflege als Schwerpunkt. Im Gegensatz dazu geben die anderen überwiegend medizinische oder an Krankheitsbildern orientierte Schwerpunkte an. Eine Heimleitung bestätigte diese Beobachtung mit der Aussage, dass man sich besonders durch spezifische Krankheitsbilder individuell auf die BewohnerInnen einlassen müsse, der kulturelle Hintergrund dann zweitrangig sei und bei der individuellen Pflege sowieso mit berücksichtigt werde. Das speziell an MigrantInnen gerichtete Angebot der Seniorenheime bezieht sich überwiegend auf die Verköstigung sowie fremdsprachige Medien. Hinsichtlich religiöser Praktiken ist ein großer Anteil der Heime auf das Christentum fokussiert; ausschließlich zwei Einrichtungen feiern auf Anfrage auch muslimische Feiertage und zwei weitere Heime kooperieren mit einem Imam.

Bei der Analyse der Einstellungen der Heimleitungen gegenüber Multikulturalität konnten wir eine Tendenz feststellen: Kulturelle Vielfalt wird eher als Belastung und Problem für den organisatorischen Rahmen der Heime wahrgenommen (Pauli et al. 2013: 3.3). Chancen sehen die HeimleiterInnen vor allem für die BewohnerInnen: Für sie bestünden durch die kulturelle und sprachliche Vielfalt Möglichkeiten der kulturellen Bereicherung und des gegenseitigen Lernens. Die Probleme werden in erster Linie bzgl. der Kommunikation, der Intoleranz unter den BewohnerInnen sowie der Versorgung und Betreuung gesehen.

In Bezug auf das Thema der Multikulturalität und der damit zusammenhängenden sprachlichen Diversität wiesen uns viele HeimleiterInnen darauf hin, dass ihrer Meinung nach viele MigrantInnen ihre Familienmitglieder länger zu Hause pflegten und eher ambulante Pflegedienste in Anspruch nähmen. Deshalb gäbe es auch keine große Nachfrage nach kultursensibler Pflege in vollstationären Seniorenheimen. Die kultursensible Pflege in ambulanten Pflegediensten wäre daher ein sehr interessanter Forschungsgegenstand für eine weitere Untersuchung. Um einen ganzheitlicheren und vollständigeren Einblick in das Thema zu erlangen, ist es des Weiteren wichtig, die Perspektive der MigrantInnen zu analysieren, und dabei ihre Nachfrage nach solchen Angeboten zu beleuchten. Der Einzug in ein Pflegeheim kann für alle Menschen, unabhängig ihres kulturellen Hintergrunds, eine schwierige Veränderung sein, denn er erfordert eine Umstellung und Anpassung an eine neue Umgebung, die möglicherweise einen Schritt aus dem familiären Umfeld bedeutet. Viele der ersten ArbeitsmigrantInnen, die in den 1960er Jahren nach Deutschland kamen, werden erst in zehn bis 15 Jahren im pflegebedürftigen Alter ankommen. Erst dann wird sich herausstellen, welche Entscheidungen diese Personengruppe bzgl. der Gestaltung ihres Lebensabends treffen wird. Abhängig davon werden sich stationäre Pflegeeinrichtungen in Deutschland dann vermehrt auf BewohnerInnen mit multikulturellem und -lingualem Hintergrund einstellen müssen. Die Perspektive der MigrantInnen und ihrer Familie wird in den folgenden Abschnitten anhand von drei ethnographischen Fallstudien genauer in den Blick genommen.

4. Ethnographische Fallbeispiele

4.1 Alter(n) und Exil: Politische Dimensionen des Alterns bei älteren ChilenInnen

In unserer Untersuchung der Hamburger Senioreneinrichtungen fanden sich keine BewohnerInnen chilenischer Nationalität. Zwar sprachen in sechs Prozent der Einrichtungen die BewohnerInnen und in elf Prozent der Einrichtungen das Personal auch Spanisch, aber die Gruppe der älteren ChilenInnen ist unseren Daten nach keine, die stationäre Einrichtungen bereits in Anspruch genommen hätte. Dies deckt sich mit den Ergebnissen der von Lena Egetmeyer durchgeführten Befragung ehemaliger politischer Flüchtlinge aus Chile. Diese selbst betonen die Wichtigkeit der Unterscheidung verschiedener Arten von Flüchtlingen im Kontext der chilenischen Migration. Dabei benennen sie mindestens zwei verschiedene „Gruppen": Die politischen Flüchtlinge, die direkt nach dem Putsch oder bis circa 1975 kamen, und die wirtschaftlichen Flüchtlinge, die erst später und während der Diktatur migrierten. Ein zentraler Unterschied zwischen diesen Gruppen sei, dass „die

Militärs in irgendeiner Form unsere chilenische Vorstellung teilweise zerstört haben! Weil sie uns in dieser Form behandelt haben!".[9] (Carlos, 05.09.2012). Es geht also um Erfahrungen von Gefangenschaft, Folter und Ausweisung, die nur die in dieser Hinsicht als „politisch" bezeichnete Flüchtlinge gemacht haben. Einen weiteren zentralen Unterschied[10] zwischen verschiedenen chilenischen Flüchtlingsgruppen machen ihre divergierenden Interessen aus: „Ein Charakteristikum, ein fundamentaler Unterschied sind die Interessen. Wenn ich Pedro anrufe oder er mich, dann ist das, um eine politische Information zu übermitteln. Wenn ich mich mit jemandem der anderen Gruppe treffe, reden sie über Fußball, über was weiß ich, über die und die TV-Serie in Chile, was darin passiert ist, wer gestorben ist … etc. Themen, die mich nicht interessieren. Genauso, wie sie sich nicht für Politik interessieren" (Fernando, 6.12.2012).

Diese Abgrenzung wird intern auch kritisiert: „Ich sehe die Unterscheidung, die oft die Chilenen machen, leider, oder ich hab das auch gemacht damals, zwischen politischem und Wirtschaftsflüchtling, finde ich, ist schon eine Abwertung" (Dora, 13.11.2012). Die politischen seien keineswegs die „besseren" Flüchtlinge, und diese Kategorisierung sei eine inkonsequente Haltung, die den Prinzipien, für die man in Chile kämpfte, widerspreche. Zudem übernehme man damit den Diskurs der restriktiven Ausländerpolitik in Deutschland. Man muss also unterscheiden, in welchem Kontext dieser Begriff des politischen Flüchtlings benutzt wird. Denn trotz der Kritik habe es „eventuell eine Bedeutung gehabt zu den damaligen Zeiten, weil wir, die politischen Flüchtlinge, sind auch in politischen Gruppen geblieben und haben gemeinsam und zusammen gearbeitet und eventuell andere Chilenen, die gekommen sind aus anderen Gründen, man wusste nicht auf welcher Seite die stehen" (Dora, 13.11.2012). Die Abgrenzung der politischen Flüchtlinge von anderen chilenischen MigrantInnen ist insofern wichtig, als Erstere sowohl vor, während als auch nach der Flucht andere Arten von Erfahrungen gemacht haben, die alle Einfluss auf den Verlauf ihres Lebens hatten. Die Personen, die hier betrachtet werden, teilen diese Erfahrungen. Sie teilen außerdem den Lebensumstand, dass sie in der ersten Zeit in Hamburg in einem Übergangslager zusammengewohnt haben:

„Das war eben die erste Zeit und das, denke ich, ist sehr entscheidend, was da läuft und wir waren eben alle, hatten einen gemeinsamen Nenner, dass

---

9 Alle Zitate wurden von Lena Egetmeyer aus dem Spanischen ins Deutsche übersetzt.
10 Die beiden genannten Unterschiede liefern die Definition von „Politischer Flüchtling", die hier gemeint ist. Es ist nicht die aufenthaltsrechtliche Kategorisierung gemeint.

wir irgendwie das Land verlassen mussten, verfolgt waren und hier auch die politische Arbeit weiter gemacht haben. Wir haben uns im Laufe der Jahre alle auseinander gelebt, jede geht ihren Weg" (Dora, 13.11.2012).

Manche der Befragten haben, wie dieses Zitat veranschaulicht, nun wenig Kontakt miteinander und sehen sich nur noch auf Beerdigungen, andere hingegen verbindet eine enge Beziehung. Sie bezeichnen einander als Vertraute, als politische Geschwister. Bezogen auf die Gegenwart betonen sie, dass sie sehr unterschiedliche Lebensentwürfe, Gedanken, Geschichten und Bezugspersonen haben. Sie seien „todos individuos", alle Individuen (Carlos, 5.10.2012). Genauso wie ihre Lebensentwürfe und -entwicklungen sind auch ihre Pläne für das Alter divers. Allerdings lassen sich bestimmte Muster erkennen.

Die Pläne für das Alter stehen alle in einem Spannungsfeld zwischen einerseits dem Wunsch, mit der so genannten Herkunftsfamilie (*family of orientation* (Murdock 1949: 13)), also der Familie, in die ein Individuum hinein geboren wird, zu leben, und andererseits dem Bedürfnis, die Eigenfamilie (*family of procreation* (Murdock 1949: 13)), d. h. die Familie, die ein Individuum selber gründet, nicht zu verlassen. Denn der größte Teil der Herkunftsfamilie lebt in Chile, während der selber gegründete Teil der Familie in Deutschland lebt. Mit letzterer haben die Befragten die vergangenen fast 40 Jahre zusammengelebt. Zu der Familie in Chile waren zunächst aufgrund der Militärdiktatur nur sporadische Kontakte und später lediglich, aufgrund der bestehenden Arbeits-, finanziellen und Familienverhältnisse, kurze Aufenthalte (ca. vier Wochen/Jahr oder alle zwei Jahre im Schnitt) möglich. Dieses Spannungsfeld brachte ein Interviewpartner folgendermaßen auf den Punkt: „Dort sind wichtige Teile meiner Familie, meine Geschwister. Meine Schwester ist in Serena. Das heißt in Chile habe ich zwei Geschwister und in Deutschland zwei Kinder. Wo bleibe ich? Aber das bereitet mir keinen Konflikt! Das ist für mich kein Konflikt. Das war für mich kein Konflikt." (Pedro, 4.10.2012).

Auf die Nachfrage, warum ihm diese Zerrissenheit der Familie zwischen zwei Kontinenten keine Probleme bereite, erwidert er: „Das Exil, die Folter eingeschlossen [...], hat nur eine politische Erklärung. Es ist ein Problem des Herzens, es ist ein Problem, das sich rationalisieren lässt. Sodass die Nostalgie, die Emotionen nur durch die Ohnmacht hervorkommen. Aber diese Gefühle verwandeln sich durch den politischen Nutzen zu rationalen Elementen" (Pedro, 04.10.2012).

Aufgrund des politischen Bewusstseins, dass die eigene Migration eine Erklärung und Begründung hat, werden das Leid und die Gefühle, die mit

Migration einhergehen können, verstanden und rationalisiert.[11] Es ist also kein Zwiespalt, sondern eine Art von Spannungsfeld, in dem sich die Befragten bereits seit vielen Jahren bewegen und mit dem sie umzugehen verstehen. Für das Alter hat es dennoch eine große Bedeutung. Denn beide familiären Pole haben ihre eigene Anziehungskraft, welche die Entscheidungen und Pläne für das Alter beeinflussen. Interessanterweise haben die befragten Frauen diesbezüglich klare Prioritäten zugunsten ihrer selbst gegründeten Familie gesetzt und wollen lediglich für Besuche nach Chile zurück, während die Männer ein stärkeres Bedürfnis danach empfinden, eine längere Zeit in Chile zu leben oder „am Ende der biologischen Schiene dort zu verweilen" (Pedro, 10.02.2013) und sich dort, zumindest für die Zeit, die sie seither dort verbringen konnten, „wie zuhause fühlen" (Fernando, 06.12.2012).

Männer wie auch Frauen verbinden mit dem Alter eine Lebensphase, in der man pflegebedürftig wird, eine Zeit, die „nada simpático", nicht angenehm oder sympathisch erscheint und in der man nicht mehr „Herr des eigenen Lebens ist" (Fernando, 10.12.2012). Man stört und wird zu einer Last. Die selbst gegründete Familie hat zwar als emotionales Konzept Einfluss auf die Wünsche und Pläne, wird aber völlig von pflegerischen Verantwortungen oder Abhängigkeiten freigesprochen. Die Befragten wünschen ihr eigenes Ideal der Selbstbestimmung auch ihren Kindern, was sich darin ausdrückt, dass sie niemals zu einer Last für ihre Kinder werden oder von ihnen abhängig sein wollen[12]. Die Familie kümmert sich um die sozialen und emotionalen Bedürfnisse der „Älteren", während Institutionen und dem Staat pflegerische und materielle Verantwortung zugesprochen werden. Für die Begleitung und Pflege der Älteren werden Seniorenheime also positiv gesehen und kommen dafür in Frage, erwünscht werden sie aber nicht. Gewünscht wird vielmehr ein gesundes Leben bis zum Schluss – oder eben ein etwas kürzeres Leben. Denn mit dem Seniorenheim werden „Anonymität" und die „Aufgabe des eigenen Lebens" assoziiert. Das Seniorenheim steht also symbolisch, genauso wie die erzwungene Migration, die Diktatur und Abhängigkeit, im Widerspruch zu dem bisherigen selbstbestimmten Leben.

Die Sprache ist ein Werkzeug zur Wahrung dieses selbstbestimmten Lebens. Denn sie ist die Grundlage für die Kenntnis und das Einfordern der

---

11 Eine ähnliche Einstellung bemerken auch Anne Betten und Miryam Du-nour (1995) in ihrer Befragung deutsch-jüdischer ExilantInnen in Israel.

12 Ein starker Ausdruck dessen ist auch die Wahl eines anonymen Grabes. Damit entfällt auch die möglicherweise für die Kinder belastende Verpflichtung, das Grab zu besuchen und zu pflegen.

eigenen Rechte, was eine wichtige Komponente der Unabhängigkeit ist. Dies war in der Vergangenheit genauso wichtig wie es heute noch ist: „Ich musste dringend unabhängig sein, ich selbst sein; und nicht andere Leute stören zu müssen, um meine Sachen zu erledigen. (Denn) das irritierte mich sehr. Meine einzige Möglichkeit war, die Sprache zu lernen und ich fing an, sie zu studieren und so viel ich konnte zu lernen" (Ana, 10.10.2012). Unabhängig sein wird mit „Ich-selbst-sein" gleichgesetzt. Die Sprache als „solamente medio de comunicación", lediglich ein Kommunikationsmedium (Fernando, 10.12.2012), ermöglicht damals wie heute die Realisierung eines selbstbestimmten Lebens. Deshalb haben auch alle in einem Maße Deutsch gelernt, dass sie sich differenziert artikulieren und alles verstehen können. Zwei Gespräche wurden sogar auf Deutsch gewünscht und es wird betont: „Oftmals fällt es mir leichter, Deutsch zu reden als Spanisch" (Jorge, 09.10.2012). Die Sprache wurde in keinem Fall als Begründung der Pläne im Alter genannt und man kann daraus schließen, dass die Deutschkenntnisse nach fast 40 Jahren Aufenthalt, Arbeit und Familienleben in Deutschland kaum mehr Einfluss auf die Entscheidung zwischen Deutschland und Chile haben. Denn genauso wie im Spanischen haben die Befragten im Deutschen gelernt, sich auszudrücken, ihre Rechte einzufordern und so ein selbstbestimmtes Leben zu führen.[13]

4.2 Einblicke in Lebenswelten und -pläne hispanoamerikanischer Seniorinnen in Hamburg

Obwohl Frauen im Vergleich zu Männern sowohl hinsichtlich ihres absoluten Anteils an der über 65-Jährigen Hamburger Bevölkerung wie auch hinsichtlich der Gruppe der über 65-Jährigen MigrantInnen in der Mehrheit sind (Statistisches Amt für Hamburg und Schleswig-Holstein 2012), leben nur sehr wenige ältere hispanoamerikanische Frauen im Hamburger Raum. Nur 0,26 Prozent der über 65-Jährigen weiblichen Bevölkerung der Hansestadt sind hispanoamerikanischer Herkunft. Auch wenn die im Folgenden vorgestellten Frauen also keine sehr große Gruppe repräsentieren, stellen ihre Lebensverläufe und Alterspläne nichtsdestotrotz eine wichtige Ergänzung zu den bisherigen Ergebnissen dar, vor allem hinsichtlich möglicher geschlechtsspezifischer Dimensionen des Alter(n)s in der Migration.

---

13 Hier zeigt sich auch, dass die deutsche Sprache für die betrachteten chilenischen MigrantInnen nicht nur eine teleologische Funktion, sondern darüber hinaus auch eine kommunitäre Funktion hat (zu den Funktionen von Sprache vergleiche auch die Beiträge von Bührig und Redder und von Brehmer, Kießling und Redder in diesem Band).

Keine der drei interviewten Frauen (Carmen, 64, und Monica, 55 Jahre, beide aus Chile, sowie Marisela, 66 Jahre, aus Ecuador) beherrschte bei ihrer Ankunft die deutsche Sprache. Heute hingegen sprechen sie alle fließend Deutsch. Wie auch im Fall der von Lena Egetmeyer untersuchten chilenischen politischen Flüchtlinge haben alle drei Informantinnen sowohl in ihren Herkunftsländern als auch in Deutschland Familie.

Interessanterweise fallen die Antworten auf die Frage, in welchem Land man alt werden wolle, sehr verschieden und überwiegend deutlich aus: Monica sagt, ihr größter Wunsch sei es, nach Chile zurückkehren und dort altern und sterben zu können: „Mein Wunsch ist es nach Chile zu reisen, dort zu leben. Drei Monate dort, drei Monate hier, um Zeit mit der Familie zu verbringen. Das wäre schön." (Monica, 05.12.2012).[14] Carmen hat sich schon entschieden, auf jeden Fall in Deutschland bei ihrer Tochter und den Enkeln zu bleiben: „Für den Urlaub, (...) aber nicht um dort zu leben. Was soll ich denn dort, ich habe doch mein Leben hier!" (Carmen, 14.12.2012). Sie betont jedoch auch: „Ich mag es lieber, Spanisch zu sprechen. (...) Weil ich es besser verstehe, weil es mehr Gefühle ausdrückt... (...). Ich mag es lieber, es ist halt meine Sprache. Aber ich lebe nun so viele Jahre hier, dass es halt... man muss sich an alles gewöhnen." (Carmen, 14.12.2012). Nur Marisela schwankt sehr zwischen den beiden Polen und beschreibt: „Wenn ich hier bin, sehne ich mich nach meinem Land. (...) Und wenn ich dann dort bin, möchte ich wieder her kommen. Das macht mich nervös, weil ich mich entscheiden muss. (...) Das ist mein Dilemma." (Marisela, 07.11.2012). Bei der Entscheidung, wo man altern möchte, spielen also mehrere Faktoren eine wichtige Rolle. Die drei Informantinnen stellen besonders die Menschen, mit denen sie sich in der letzten Lebensphase umgeben möchten, das gewohnte räumliche Umfeld und die (Mutter-)sprache heraus. Obwohl die Frauen alle fließend Deutsch sprechen und dies in teleologischer Funktion einsetzen können, spielt bei der Entscheidung, wo man alt werden möchte, die Sprache eine erhebliche Rolle: Wie aus Carmens o.g. Zitat hervorgeht, wird ihre Identität sehr über ihre Muttersprache Spanisch definiert, das für sie eine hohe kommunitäre und emotionale Funktion hat und eng mit ihrem Herkunftsland und allem, was sie damit assoziiert, verbunden ist.

Ein weiterer wichtiger Faktor bei der Entscheidung, wo man die letzten Jahre seines Lebens verbringen möchte, ist der finanzielle Aspekt. Monica wäre schon längst nach Chile zurückgekehrt, wenn sie ihre deutsche Rente beziehen würde. Sie ist sehr krank und kann deswegen nicht mehr arbeiten,

---

14 Alle Zitate wurden von Susanne Lea Radt aus dem Spanischen ins Deutsche übersetzt.

was der Staat jedoch nicht anerkennt. Ein Prozess ist in Gange, in dem sich entscheiden wird, ob sie Anspruch auf Frührente hat. Der Ausgang dieses Verfahrens ist ausschlaggebend für Monicas Entscheidung, in ihre Heimat zurückzukehren: „Dort kann ich wenigstens leben. Hier lebe ich vom Staat. Ich will nicht vom Staat leben. Ich möchte nicht um Geld betteln. Aber das geht nicht. (...) Ich muss auf meine Rente warten. Weil ich ohne Geld nicht gehen kann. Meine Familie ist arm. (...) So kann ich dort nicht ankommen. Ich kann nicht! Auch ich habe meinen Stolz" (Monica, 05.12.2012).

Besonders wichtig bei der Entscheidung, wo man altern möchte, ist außerdem, wie und von wem man gepflegt werden möchte. Der entscheidende Unterschied, den alle Informantinnen zwischen dem hispanoamerikanischen und dem deutschen Pflegesystem hervorheben ist, dass es dort „no hay Heime", es also „keine Heime gibt, weil man das nicht bezahlen kann. (...) Das ist was für Reiche, es ist etwas Luxuriöses, in ein Heim zu gehen (...). Die Familie muss einen pflegen" (Carmen, 14.12.2012).

Die Antworten auf die Frage, wer idealerweise für die Pflege von alten Menschen verantwortlich sein sollte, fallen sehr unterschiedlich aus. Carmen findet zwar, dass es schöner ist, wenn einen die Familie pflegt, sagt aber, dass in Deutschland die Familien nicht viel Zeit für Kranke haben: „Hier gibt es viele Menschen, die alleine zu Hause sind und deswegen finde ich Heime auch gut. (...) Ich glaube, manchmal ist es besser in einem Heim zu sein, als allein zu Hause. Wenn du nicht raus kannst (...), ist es trauriger, zu Hause zu sein. Dort [im Heim] hast du Leute, kannst dich unterhalten. Oder was spielen..." (Carmen, 14.12.2012). Sie würde auch in ein Heim gehen, wenn ihre Tochter keine Zeit für die Pflege hätte. „Ich habe gesehen, dass es gar nicht so schlecht ist. Dort hat man ein Zuhause, ein Dach über dem Kopf, alles. Es kommen Krankenschwestern, die einem helfen, deswegen glaube ich, dass es besser im Heim ist, als allein zu Hause" (Carmen, 14.12.2012). Marisela ist ähnlicher Meinung wie Carmen. Sie sagt: „Ich glaube, es sollte der Staat sein [der verantwortlich ist], mit einer guten Pflege. Man muss verstehen, dass jeder Mensch, der gearbeitet (...) und in die Pflegeversicherung eingezahlt hat, ein Recht darauf hat. (...) Es geht ja um uns selbst, wenn wir alt sind, dann können wir nicht mehr auf uns achten, wie wir es sollten. (...) Die Alten sind wieder wie Babies." (Marisela, 07.11.2012). Marisela äußert jedoch auch ihre Skepsis gegenüber deutschen Pflegeheimen. Folgende Aussage zeigt das negative Bild, das sie von ihnen hat: „Aber wie geht man mit den Alten um! Wie geht man mit ihnen um, wenn der Inspektor grade nicht da ist. Wenn sie Kacka machen, setzt man sie auf die Toilette und danach in die Dusche, (...) und die Alten schreien, weil das Wasser nicht mal warm ist. (...) Es müssen Professionelle sein, die mit Seele und Herz dabei sind" (Marisela, 07.11.2012). Unter anderem aufgrund dieser Vorstellung möchte Marisela nicht in einem deutschen Pflegeheim altern. Sie sagt: „Ich glaube, dann kümmert sich mein Sohn um mich, er bringt mich dann nach Ecuador. Und dort habe ich meine Leute schon darauf vorbereitet. (...) Wenn ich schwer krank würde, würde ich zurückgehen. Denn dort ist meine Sicherheit. Dort werde ich schnell medizinisch versorgt. Und meine Familie ist auch da" (Marisela, 07.11.2012).

Monica hingegen hat eine deutlich andere Meinung bezüglich der Verantwortung für die Pflege alter Menschen: „Die Kinder. Nicht der Staat. (...) Das Problem ist, dass es in Deutschland nicht so ist" (Monica, 05.12.2012). Verbittert fügt sie – angesichts der differenten Wohn- und Familienstrukturen – hinzu: „Das Problem ist, dass [von meinen Kindern] alle ihre Familie haben. Sie haben ihre Kinder, sie haben ihre Probleme. (...) In Chile (...) ist das nicht so. Wenn die Oma nicht da ist, ist die Tante da; Wenn die Tante nicht da ist, dann die Enkelin. Hier nicht. Hier bin ich die einzige [aus meiner Kernfamilie], die wie eine Chilenin denkt, die anderen denken wie Deutsche." (Monica, 05.12.2012). Ihre Kinder würden sie nicht pflegen, vor allem nicht, wenn sie Alzheimer bekäme und alles vergesse. Also bleibe ihr nur die Option, zurück nach Chile zu gehen. „Wenn ich in ein Heim muss, bringe ich mich um, dort will ich nicht leben. (...) Nein, nein nein" (Monica, 05.12.2012), klagt sie.

Das negative Bild deutscher Seniorenheime scheint vor allem bei zwei der drei Hispanoamerikanerinnen vorherrschend zu sein. Aber auch Carmen würde nur in ein Heim gehen, wenn sie ansonsten allein wäre. Wie auch die von Lena Egetmeyer befragten ChilenInnen ziehen es die von Susanne Lea Radt interviewten hispanoamerikanischen Frauen vor, nicht in einer (deutschen) Senioreneinrichtung zu leben. Diese Ergebnisse passen zu der Tatsache, dass in nur sechs Prozent der Seniorenheime, die in der oben vorgestellten Studie befragt wurden, Spanisch gesprochen wird.

Eine ablehnende Haltung gegenüber Seniorenheimen lässt sich auch in der folgenden Studie von Ráhel Meisel feststellen, in der sie Internet-Diskussionen einer virtuellen Gruppe mit türkischem Migrationshintergrund analysiert hat.

4.3 „Eltern im Stich lassen!?": Virtuelle Diskussionen unter türkischen MigrantInnen zur Pflege im Alter

Altenheim, Hauspflege mit/ohne ambulanten Pflegedienst, Betreutes Wohnen, Tagespflege, Mehrgenerationenhäuser – es gibt viele Formen der Altenpflege, die in Deutschland wahrgenommen werden können. Welche Form jedoch passt am besten für türkische MigrantInnen mit potenziell variierenden sprachlichen und kulturellen Hintergründen? In einer Diskussion auf der deutschsprachigen Plattform Turkish-Talk.com im Jahr 2006 äußerte sich eine Teilnehmerin zu dem in dieser Zeit neu eröffneten, türkischen Altersheim[15] in Berlin: „[...] ein altersheim für türken find ich erlich (sic!) gesagt nicht gut... warum nicht für alle älteren menschen die hilfe brauchen [ein Altersheim einrichten] und eben mitarbeiter einstellen die türkisch sprechen(oder andere sprachen)"[16] (alkim, weiblich, 29 Jahre, 23.11.2006).

Neben ihrer Skepsis gegenüber einer Einrichtung, die ausschließlich für Menschen mit türkischem Migrationshintergrund konzipiert ist, betont alkim, dass sprachliche Vielfalt, unter anderem auch türkischsprechendes Personal, für sie in einem Seniorenheim wichtig sei. Ist sprachliche Vielfalt möglicherweise generell für türkische MigrantInnen ein wichtiges, wenn nicht sogar das wichtigste Kriterium bei der Wahl der Pflegeeinrichtung? Sechs Jahre später berichtet die gleiche Teilnehmerin von ihren besonders guten Erfahrungen gerade mit diesem Heim: „ich muss aber jetzt mal sagen das türkische altersheim in berlin (da war meine oma zum schluss drin) kann ich nur empfehlen, die pfleger sind so lieb, wie sie mit den alten menschen umgehen.... [...] wie liebevoll haben sie mich betreut als meine oma gestorben ist, haben uns bei der beerdigung geholfen...sogar 4 pfleger waren bei der beerdigung dabei...." (alkim, weiblich, 35 Jahre, 06.11.2012). Offensichtlich wurde diese Pflegeeinrichtung trotz anfänglicher Kritik für die Großmutter ausgewählt, wobei das sprachliche Pflegeumfeld wahrscheinlich ausschlaggebend für die Auswahl war.

Die positive Einstellung gegenüber Senioreneinrichtungen teilen jedoch nicht alle 37 DiskussionsteilnehmerInnen. Welche Pflegeform am angemessensten ist, wird von ihnen sehr unterschiedlich wahrgenommen. Ibobine lehnt Senioreneinrichtungen explizit ab, da ihrer Meinung nach die Pflege der Eltern eine Aufgabe der Kinder sei: „Wir Kinder, die genährt, erzogen, geleitet, betreut und geliebt wurden, sollen diejenigen, die unseren Weg in die Zukunft bereitet haben, im Stich lassen? Niemals!" (Ibobine, weiblich, 06.11.2012). Die Gleichsetzung des Seniorenheims als Zeichen des „Im-Stich-Lassens" ist ein typisches Motiv in dieser Gruppendiskussion von 27 aktiven Teilneh-

---

15 Der offizielle Name der Einrichtung ist heute das Pflegehaus Kreuzberg (siehe www.pflegehaus-kreuzberg.de).

16 Im Folgenden werden jegliche sprachliche Fehler in den Zitaten nur in dem Fall markiert, wenn die Fehler das Verständnis beeinträchtigen.

merInnen, von denen sich die Mehrheit ausdrücklich für die Hauspflege als Ideal ausspricht. Dabei stellt die moralische Verpflichtung gegenüber den Eltern die meistgenannte Begründung dar. Hauspflege wird allerdings aufgrund der hohen zeitlichen und finanziellen Belastung ebenfalls kritisiert. Sie sei neben einem Vollzeitjob kaum auszuführen und belaste zudem auch die intrafamiliären Beziehungen. Die Aufgabe der Arbeitsstelle würde wiederum zu finanziellen, nicht tragbaren Einbußen führen.

Sprachliche Aspekte werden ebenfalls von BefürworterInnen der Hauspflege thematisiert. Dabei steht besonders der Verlust der später im Leben erlernten Sprachen im Fall von Demenz im Zentrum: „Was mich traurig macht: Demenz... die Eltern, die alten Leute vergessen dann die Sprache, die sie hier gelernt haben... [...] und keiner hilft ihnen..." (Ibobine, weiblich, 06.11.2012).

Nach Ansicht der DiskussionsteilnehmerInnen beträfe dies besonders ältere MigrantInnen, da Demenzkranke während des Krankheitsverlaufs zuerst auf ihre Erstsprachen zurückfielen und ihre Zweit- und Fremdsprache(n) verlören. Umso wichtiger sei deshalb türkischsprachige Pflege. Das Zitat zeigt des Weiteren auch, dass die moralischen Erwartungen zwischen Eltern und Kindern auch an sprachliche Aspekte geknüpft sind, da Kinder ihre Eltern mit Sprachproblemen nicht „hilflos" und „im Stich lassen" sollten.

Neben der Sprache und dem Pflegerahmen sind weitere wichtige, im virtuellen Forum diskutierte Punkte der Wohnort (Türkei oder Deutschland), der Ort der Pflege (zu Hause, im Seniorenheim) und der Umfang der in Anspruch genommenen Hilfe (ambulanter Pflegedienst, Familie, keine Pflege von außen oder rechtzeitiger Selbstmord).

Die beschriebenen Pflegeerfahrungen der TeilnehmerInnen weisen allerdings auf eine Diskrepanz zwischen den persönlichen Idealvorstellungen und der Umsetzung der Pflege im Fall von Pflegebedürftigkeit hin. Mehrere Personen nahmen und nehmen Seniorenheime für ihre Verwandten in Anspruch, obwohl nur zwei Personen offen für diese Pflegelösung plädieren. Die Teilnehmerin alkim zeigt beispielhaft die Differenz zwischen idealtypischen Vorstellungen und Realität der für sie und ihre Familie angemessenen Altenpflege. Sie beschreibt ihre Erfahrungen mit ihrer an Demenz erkrankten Großmutter, die ihre Familie sehr stark in Anspruch genommen habe, bis sie in ein Heim gebracht wurde. Alkim zieht nach dieser Erfahrung das Fazit, dass sie als Alleinstehende keine Altenpflege leisten könne. Deshalb habe sie mit ihren Eltern besprochen, ab wann diese in ein Heim gehen würden. Dass dieser Schritt trotz Absprache sehr schwierig ist, zeigt folgende Äußerung: „klar ist es ein bitterer beigeschmack, seine elterrn von fremden zu pflegen....

aber, (haut mir nicht gleich alles was um die ohren) das personal, hat sich den beruf selber ausgesucht und muss sich dann auch nicht über volle hose ärgern....." (alkim, 06.11.12).

Alkim ist sich der normativen Erwartungen an sie als Tochter bewusst und kommuniziert dies durch den Einschub, um so auch eine potentielle Kritik vorwegzunehmen und zu kommentieren. Trotzdem empfindet sie „einen bitteren Beigeschmack" bei der von ihr anvisierten Lösung. Das Verhandeln normativer Erwartungen zwischen den älter werdenden MigrantInnen mit türkischem Migrationshintergrund und ihren Kindern steht im Zentrum der virtuellen Debatte. Sprachliche Aspekte und Mehrsprachigkeit sind dabei nicht allein ausschlaggebend, wohl aber zentral.

5.　Fazit und Ausblick

Kees de Bot und Sinfree Makoni haben auf die Parallelen zwischen der Debatte zu den Chancen und Problemen von Mehrsprachigkeit während des Spracherwerbs und der erst seit einigen Jahren geführten Auseinandersetzung zu den Grenzen und Möglichkeiten von Mehrsprachigkeit im Alter hingewiesen (de Bot & Makoni 2005). Mit unserem Beitrag haben wir sowohl aus institutioneller wie auch aus individueller Perspektive nachvollzogen, wie Sprache und Mehrsprachigkeit als Ressource oder Problem älterer Hamburger MigrantInnen und der sie (potentiell) Versorgenden wahrgenommen und verhandelt wird. Dabei ist es wichtig zu betonen, dass unser Ansatz ethnologisch und explorativ ist. Wir haben zwar versucht, soziolinguistische Ansätze zu reflektieren. Diese müssten aber in weiteren Untersuchungen noch stärker gerade in die Datenerhebung, etwa durch die Erhebung von Praxeogrammen (vgl. Bührig & Redder, in diesem Band), miteinbezogen werden.

Wie unsere explorative Untersuchung 65 stationärer Hamburger Senioreneinrichtungen zeigt, sind sich die meisten Einrichtungen des Themas durchaus bewusst. In ihren öffentlichen Selbstdarstellungen hingegen thematisieren sie Mehrsprachigkeit und Multikulturalität kaum. Direkt auf die Chancen und Probleme von Mehrsprachigkeit und Multikulturalität angesprochen, sehen die meisten HeimleiterInnen aufgrund antizipierter organisatorischer Schwierigkeiten für die Einrichtungen mehr Probleme als Chancen, wenn sich der Anteil an BewohnerInnen mit heterogenem sprachlichem und kulturellem Hintergrund erhöht. Jedoch wird auch betont, dass eine größere sprachliche und kulturelle Diversität für die BewohnerInnen bereichernd sein kann. Insgesamt basieren diese Diskurse und Wahrnehmungen (noch) auf sehr wenigen tatsächlichen Erfahrungen mit Mehrsprachigkeit und Multikulturalität. In der großen Mehrheit der Einrichtungen ist gelebte Mehrsprachigkeit kaum vorhanden. Noch wohnen nur sehr wenige ältere MigrantInnen in stationären Hamburger Senioreneinrichtungen.

Interessant ist an dieser Stelle allerdings, dass sprachliche Diversität von BewohnerInnen und Personal in einem Zusammenhang zu stehen scheinen. Je sprachlich diverser das Personal, umso sprachlich diverser ist auch die Bewohnerschaft einer Einrichtung. Dieser Befund kann in verschiedene Richtungen interpretiert werden. Zum Beispiel könnte das Ergebnis darauf hindeuten, dass sich Heimleitungen durchaus einer zunehmenden kulturellen und sprachlichen Diversität in ihren Einrichtungen bewusst sind und mit ihrer Personalpolitik darauf reagieren. Für solche Aussagen müssten aber weitere Daten erhoben werden, die etwa die sprachliche und kulturelle Diversität von Personal und Bewohnerschaft zu verschiedenen Zeitpunkten erfassen.

Ebenfalls weiter untersucht werden sollte das Zusammenspiel verschiedener Formen der Seniorenpflege und Seniorenbetreuung mit den variierenden Lebenswelten unterschiedlicher MigrantInnengruppen. Einige Heimleitungen haben darauf hingewiesen, dass die ambulante Pflege für viele Familien mit Migrationshintergrund attraktiver sei als ein permanenter Wechsel in eine stationäre Einrichtung. Es wäre daher sehr interessant in weiteren Studien zu untersuchen, in welchem Maße ambulante Pflegedienste von MigrantInnen in Anspruch genommen werden und in wieweit sich diese mit speziellen sprachlichen und kulturellen Angeboten auf diese Personengruppe einstellen. Wie zentral diese Frage tatsächlich ist, zeigen auch unsere ethnographischen Studien.

In dem von Ráhel Meisel analysierten Internetforum haben sich vor allem die Kinder älterer SeniorInnen mit türkischem Migrationshintergrund geäußert. Wie gezeigt werden konnte, ist es gerade für viele Töchter schwierig, den normativen Erwartungen ihrer Eltern nach Hauspflege zu entsprechen. Vor allem ambulante Dienste stellen hier sicher eine wichtige Alternative und Ergänzung zu stationären Einrichtungen einerseits und ausschließlich familiärer Pflege andererseits dar. Des Weiteren bieten solche Institutionen SeniorInnen die Möglichkeit, auch weiterhin mehrsprachig leben zu können. In stationären Einrichtungen wird befürchtet, dass dies weitaus weniger möglich ist. Wie unsere obigen Ergebnisse nahe legen, ist diese Befürchtung durchaus nicht unberechtigt.

Sprache und Mehrsprachigkeit scheinen in den beiden hispanoamerikanischen Fällen in anderer Form relevant zu sein, als dies für die Kinder der

SeniorInnen mit türkischem Migrationshintergrund gilt. Zunächst ist festzuhalten, dass Lena Egetmeyer und Susanne Lea Radt nicht die Kinder der älter
werdenden MigrantInnen, sondern die MigrantInnen selbst befragt haben.
Diese emische Sichtweise, d. h. die Sichtweise der unmittelbar Betroffenen,
zeigt, wie außerordentlich komplex sich das Älterwerden für MigrantInnen
darstellt. Eine Vielzahl von Überlegungen steht zum Teil miteinander im
Widerspruch und wird je nach variierenden Lebensumständen auch immer
wieder neu gedacht und entschieden. Dies zeigt zum Beispiel die ambivalen-
te Einstellung der von Susanne Lea Radt befragten hispanoamerikanischen
Frauen, die einerseits staatliche Einrichtungen nicht per se ablehnen, sich aber
andererseits kaum vorstellen können, in einer deutschen Senioreneinrichtung
zu leben. Vielmehr möchten sie mit ihrer Eigenfamilie, also ihren Kindern,
leben. Ähnlich argumentieren auch die von Lena Egetmeyer interviewten
ChilenInnen. Gerade die Chileninnen können sich eine Rückkehr nach Chile,
wo vor allem die Herkunftsfamilie lebt, nicht mehr vorstellen. Hier zeigt sich
unter Umständen auch ein genderspezifischer Aspekt des Älterwerdens in der
Migration: Migrantinnen möchten noch mehr als ihre Partner und Ehemän-
ner ihren Lebensabend mit oder in der Nähe ihrer Kinder und Enkelkinder
verleben. Dies hängt sicher auch damit zusammen, dass Großmütter nicht nur
gepflegt werden, sondern in sehr vielen Fällen selber zentrale soziale Unter-
stützungen übernehmen, etwa die Betreuung der Enkelkinder.

Lena Egetmeyers Studie weist allerdings noch auf einen weiteren Aspekt
des Älterwerdens in der Migration hin. Möglicherweise ist der Verlust der
Selbstbestimmung und Kontrolle für Menschen mit Migrationshintergrund,
die bereits sehr spezifische Erfahrungen in dieser Hinsicht durchleben mussten, besonders bedrohlich. Ein Indikator dafür sind die Aussagen der von
Lena Egetmeyer untersuchten politischen Flüchtlinge aus Chile. Wie sie zeigt,
ist das Beherrschen von mehreren Sprachen für die politischen Exilanten zentral. Nur so können Selbstbestimmung und Rechte gewahrt werden.

Mehrsprachigkeit im Alter wird folglich in allen drei ethnographischen
Fällen nicht nur als Ressource, sondern darüber hinaus auch als entscheidender Ausdruck der eigenen Handlungsfähigkeit, Identität und Biographie
verstanden. Die Angst vor dem Verlust sprachlicher Diversität im alltäglichen Lebensumfeld, den ein Wechsel in eine stationäre Senioreneinrichtung
zumindest häufig impliziert, ist für älter werdende MigrantInnen deshalb in
besonderem Maße problematisch und sollte unbedingt in zukünftigen Untersuchungen weiter thematisiert werden.

Literatur

Angel, J. & Angel, R. (1998). Aging Trends – Mexican Americans in the Southwestern USA. *Journal of Cross-Cultural Gerontology 13*, 281–290.

Appadurai, A. (1996). *Modernity at Large. Cultural Dimensions of Globalization.* Minneapolis: University of Minnesota Press.

Backhaus, P. (2011a). Introduction. In P. Backhaus (ed.), *Communication in Elderly Care. Cross-Cultural Perspectives*, xiii-xvii. London: Continuum.

Backhaus, P. (2011b). „Me Nurse, You Resident": Institutional Role-Play in Japanese Caring Facility. In P. Backhaus (ed.), *Communication in Elderly Care. Cross-Cultural Perspectives*, 129–144. London: Continuum.

Backhaus, P. (2011c). The Power of Adress: Age and Gender in Japanese Eldercare Communication. In F. Coulmas & R. Lützeler (eds.), *Imploding Populations in Japan and Germany. A Comparison.* Vol. 25. F., 361–372. International Comparative Social Studies. Leiden, Boston: Brill.

Baldassar, L., Vellekoop Baldock, C., Wilding, R. (2007). *Families Caring Across Borders. Migration, Ageing and Transnational Caregiving.* Basingstoke & New York: Palgrave Macmillan.

Betten, A., Du-nour, M. (1995). *Wir sind die Letzten. Fragt uns aus. Gespräche mit den Emigranten der dreißiger Jahre in Israel.* Gerlingen: Bleicher.

Böck, M., Dieckmann, U. (1998). „…wenn man mit der Zipfelmütze im Sessel sitzt." Bericht über eine Feldforschungsübung im Köln-Bonner Raum. In D. Dracklé (Hrsg.), *Alt und zahm? Alter und Älterwerden in unterschiedlichen Kulturen*, 57–75. Berlin: Dietrich Reimer Verlag.

Bolzmann, C. et al. (2006). What to Do After Retirement? Elderly Migrants and the Question of Return. *Journal of Ethnic and Migration Studies, 32*(8), 1359–1375.

Brehmer, B., Kießling, R., Redder, A. (in diesem Band). Praxis städtischer Mehrsprachigkeit – exemplarische Ansätze einer Komparatistik.

Bührig, K., Redder, A. (in diesem Band). Praxeogramm und Handlungsmuster als Methoden der Mehrsprachigkeitsanalyse.

Busch, B. (2013). *Mehrsprachigkeit.* Wien: Facultas.

Cohen, L. (1994). Old age: Culture and Critical Perspectives. *Annual Review of Anthropology, 23*, 137–158.

Coulmas, F., Backhaus, P. (2009). Aging and Language. *International Journal of the Sociology of Language, 200*, 5–10.

Coulmas, F., Lützeler, R. (2011). Population Implosion: Coping with the Unknown. In F. Coulmas & R. Lützeler (eds.), *Imploding Populations in Japan and Germany. A Comparison.* Vol. 25. F., 1–32. International Comparative Social Studies. Leiden, Boston: Brill.

Coupland, N., Coupland, J., Giles, H. (1991). *Language, Society & the Elderly.* Oxford: Blackwell.

de Bot, K., Makoni, S. (2005). *Language and Aging in Multilingual Contexts*. Clevedon: Multilingual Matters.

Dracklé, D. (1998). *Alt und zahm? Älter werden in unterschiedlichen Kulturen*. Berlin: Reimer.

Fiehler, R., Thimm, C. (Hrsg.) (1998). *Sprache und Kommunikation im Alter*. Opladen: Westdeutscher Verlag.

Friebe, J. (2011). Care for the Elderly and Demographic Change: Ageing and Migrant Nurses in the German State of North Rhine-Westphalia. In F. Coulmas & R. Lützeler (eds.), *Imploding Populations in Japan and Germany. A Comparison*. Vol. 25. F., 347–360. International Comparative Social Studies. Leiden, Boston: Brill.

Gardner, K. (2002). *Age, Narrative and Migration. The Life Course and Life Histories of Bengali Elders in London*. Oxford: Berg.

Lamb, S. (2002). Intimacy in a Transnational Era. The Remaking of Aging among Indian Americans. *Diaspora 11*(3), 299–331.

Lamb, S. (2009). *Aging and the Indian Diaspora. Cosmopolitan families in India and abroad*. Bloomington: Indiana University Press.

Murdock, G. (1949). *Social Structure*. New York: MacMillan.

Myerhoff, B., Kaminsky, M. (1992). *Remembered Lives: The Work of Ritual, Storytelling, and Growing Older*. Ann Arbor: University of Michigan Press.

Ochs, E., Capps, L. (1996). Narrating the Self. *Annual Review of Anthropology 25*, 19–43.

Pauli, J., Bedorf, F. (2012). *From Ultimogenitur to Senior Club. Negotiating certainties and uncertainties of growing older between rural Mexico and urban Chicago*. Unveröffentlichtes Manuskript. European Association of Social Anthropologists (EASA) Conference, 10.-13.7.12, Paris.

Pauli, J., Egetmeyer, L., Meisel, R., Radt, S. L. (2013). *Alter, Migration und Mehrsprachigkeit: Eine explorative Untersuchung Hamburger Senioreneinrichtungen*. http://www.ethnologie.uni-hamburg.de/de/personen/julia-pauli.html

Statistisches Amt für Hamburg und Schleswig-Holstein (2012). *Statistische Berichte. Bevölkerung in Hamburg am 31.12.2011*. URL http://www.statistik-nord.de/uploads/tx_standoccuments/A_I_S_1_j11_H_01.pdf [Zugriff am 22.12.2012].

Sokolovsky, J. (2009). *The Cultural Context of Aging*. Westport, Connecticut: Praeger.

Turkish-Talk.com (2012a). Willkommen. URL: http://www.turkish-talk.com [Zugriff am 12. Februar 2013].

Turkish-Talk.com (2012b). Was tun mit Oma? URL: http://www.turkish-talk.com/showthread.php?t=56845 [Zugriff am 12. Februar 2013].

Van Eeuwijk, P., Obrist, B. (2006). Einleitung. In P. Van Eeuwijk & B. Obrist (Hrsg.), *Vulnerabilität, Migration und Altern. Medizinethnologische Ansätze im Spannungsfeld von Theorie und Praxis*, 10–24. Zürich: Seismo-Verlag.

Vertovec, S., Cohen, R. (1999). Introduction. In S. Vertovec & R. Cohen (eds.), *Migration, Diasporas and Transnationalism*, XIII–XXVIII. Cheltenham: Aldershot.

Warnes, A. M., Williams, A. (2006). Older Migrants in Europe: A New Focus for Migration Studies. *Journal of Ethnic and Migration Studies* 32(8), 1257–1281.

Wettich, J. (2007). *Migration und Alter. Kulturelle Altersbilder im Wandel.* Saarbrücken: VDM Verlag Dr. Müller.

Wilmoth, J. M. (2001). Living Arrangements Among Older Immigrants in the United States. *The Gerontologist* 41(2), 228–238.

Ingrid Breckner, Kristin Bührig, Nima Dafateri-Moghaddam

Mehrsprachigkeit als Zugang zum städtischen Alltag – das Beispiel Wohnen

Zusammenfassung

Der Beitrag beinhaltet Ergebnisse einer Pilotstudie, die sich u.a. mit der Relevanz von Sprache für den Zugang zu städtischem Wohnraum beschäftigt. Es handelt sich um einen interdisziplinären Versuch, analytische Schnittstellen von Stadtsoziologie und Sprachwissenschaft zu eruieren. Als Datenbasis dienen – neben wenigen Veröffentlichungen zu diesem Themenkomplex – narrative Interviews zur Wohnungssuche und Wohnsituation mit mehrsprachigen Gesprächspartnern. Im Vordergrund der Auswertung steht die Frage nach Begegnungen von individueller und gesellschaftlicher Mehrsprachigkeit unter den Bedingungen einer Mangelsituation sowie deren Auswirkungen auf gesellschaftliche Teilhabe. Abschließend werden Perspektiven für die weitere Forschung skizziert, die u.a. das kommunikative Geflecht von Institutionen und ihrer konkreten kommunikativen Praktiken im Rahmen des Zugangs zum Wohnen unter Berücksichtigung der jeweils gegebenen stadtsoziologischen Rahmenbedingungen in den Blick nehmen.

1. Stadtentwicklung und Sprachenvielfalt in Hamburg

In vielen vor allem westdeutschen Großstädten besteht gegenwärtig eine ausgeprägte Wohnraumknappheit. Wesentliche Ursachen sind zum einen anhaltende Einwohnerzuwächse, die u.a. Städte wie Hamburg wegen ihres prosperierenden Arbeitsmarktes und attraktiver Ausbildungsangebote kennzeichnen (vgl. Braun 2011: 3f.). In Hamburg ist die Bevölkerungszahl seit den 1990er Jahren kontinuierlich gestiegen. Gleichzeitig erhöhte sich die Zahl der Haushalte in der Hansestadt von 916 Tausend im Jahr 1999 auf 1.005 Tausend am Ende des Jahres 2012, wodurch ein erheblicher Nachfragedruck auf dem Hamburger Wohnungsmarkt entstand (vgl. Statistisches Amt für Hamburg und Schleswig-Holstein 2013a: 14 und 30).

Von allen Hamburger Bürgern hatten seit dem Jahr 2005 stets gut ein Viertel einen Migrationshintergrund und verfügten daher vermutlich über unterschiedliche Sprachkenntnisse (vgl. Statistisches Amt für Hamburg und

Schleswig-Holstein 2013b: 3). Im Bundesgebiet beträgt dieser Anteil nur ein Fünftel der Bevölkerung, woraus ersichtlich ist, dass sich Personen mit Migrationshintergrund v.a. in Großstädten konzentrieren (vgl. Bruckner & Fuhr 2011: 188f.). Die Daten zur Zuwanderung nach Hamburg zeigen, dass der Bevölkerungszuwachs, nach mehreren Jahren einer Dominanz des Zuzugs aus dem Bundesgebiet, seit dem Jahr 2010 wieder überproportional aus dem Ausland erfolgt. Insgesamt lag der Wanderungsgewinn durch Zuzüge aus dem Ausland in Hamburg zwischen den Jahren 2000 und 2011 bei 31.741 Personen oder 29% der gesamten Bevölkerungszunahme von 108.618 Personen in diesem Zeitraum (vgl. Statistisches Amt für Hamburg und Schleswig-Holstein 2013a: 28). Ausgehend von einer durchschnittlichen Haushaltsgröße in Höhe von 1,8 Personen ergibt sich aus dem Bevölkerungszuwachs seit dem Jahr 2000 ein Mehrbedarf von 60.000 Wohnungen. Gebaut wurden in diesem Zeitraum jedoch nur 48.318 Wohnungen (vgl. Statistisches Amt für Hamburg und Schleswig-Holstein 2013a: 81). Folge davon ist ein wachsender Nachfrageruck und steigende Preise, insbesondere im Segment der günstigeren, noch nicht modernisierten Wohnungen, die bei anhaltend hoher Nachfrage und geringem Angebot teurer zu vermarkten sind.

Die Wohnungsknappheit wird in Hamburg – wie in anderen Großstädten – neben dem Bevölkerungszuwachs bei gleichzeitig unzureichendem Wohnungsneubau durch ein neues Phänomen verstärkt: Großstädtischer Wohnraum in attraktiven Lagen ist seit der Finanzkrise ab dem Jahr 2008 – aufgrund sinkender Zinsen und erodiertem Vertrauen in Banken – als Investitionsgut für Kapitalanleger aus dem In- und Ausland zunehmend von Interesse. Die Wohnraumknappheit manifestiert sich in solchen Großstädten vor allem in steigenden Immobilien- und Mietpreisen. Letztere sind in Hamburg zwischen den Jahren 2007 und 2011 um 28% angestiegen. Mancherorts wird die gegenwärtige Entwicklung sogar einer Wohnungsnot gleichgesetzt (vgl. Eichener 2012: 3f.). Zu den am stärksten von der Wohnraumknappheit betroffenen Bevölkerungsgruppen zählen Menschen mit Migrationshintergrund.

Aus dem Ausland zugewanderte Bürger verfügen im Vergleich zu Personen ohne Migrationshintergrund im Durchschnitt über ein geringeres Einkommen (vgl. Tucci 2011: 194) und können sich dadurch nur eine geringere Pro-Kopf-Wohnfläche leisten: Diese lag nach dem „Zweiten Integrationsindikatorenbericht" in den Jahren 2006 bzw. 2010 in Ballungsräumen mit mehr als 0,5 Mio. Einwohnern für die Bevölkerung ohne Migrationshintergrund bei knapp 54 qm und für die Bevölkerung mit Migrationshintergrund bei 44 qm (vgl. Die Beauftragte der Bundesregierung für Migration, Flüchtlinge und Integration 2011: 112). Außerdem zahlen Haushalte mit Migrationshintergrund in vielen Fällen trotz einer hinsichtlich Lage, Kosten und Ausstattung schlechteren Wohnungsversorgung höhere Mieten pro Quadratmeter als deutsche Haushalte, weil günstigere Wohnungen häufig nur an Personen ohne Migrationshintergrund vermietet werden (vgl. dies. a.a.O.: 116).

Zahlreiche Studien weisen darauf hin, dass Migranten bei der Wohnungssuche in deutschen Großstädten häufig diskriminiert werden: So zeigt eine empirische Arbeit am Beispiel des Berliner Wohnungsmarktes, dass der Zugang für türkischstämmige Migranten zu „besseren" Wohnquartieren faktisch unmöglich ist. Selbst in Quartieren mit einer hohen Konzentration von Migranten würden deutsche Bewerber deutlich bevorzugt (vgl. Senatsverwaltung für Integration, Arbeit und Soziales 2010). Diskriminierungen auf dem Wohnungsmarkt erfolgen laut einer Online-Befragung von Rottleuthner & Mahlmann (2011: 180) „ … wegen der ‚dunklen Hautfarbe', des ‚Migrationshintergrunds', des ‚muslimischen Glaubens' oder des ‚Kopftuchtragens'" (zit. nach: Die Beauftragte … 2012: 443). Die Untersuchung von Rödin & Özkan (2011) verweist darauf, dass sprachliche Merkmale bei der Arbeitssuche deutlich stärker ins Gewicht fallen als Merkmale der persönlichen Erscheinung. Dies wäre für den Zugang zum Wohnungsmarkt zu überprüfen.

Die räumliche Verteilung der Bevölkerung mit Migrationshintergrund in Hamburg verdeutlicht, dass ihr Zugang zu Stadtteilen mit hohem Nachfragedruck eingeschränkt ist und Segregation dadurch begünstigt (vgl. Abb. 1).

Lebten ausländische Zuwanderer bis in die 1990er Jahre noch vorwiegend in vergleichsweise zentralen Stadtgebieten, weil hier günstiger, noch nicht modernisierter Wohnraum zugänglich war, entsteht durch Erneuerung der Gebäude und Wohnungsneubau bei gleichzeitig wachsendem Interesse von einkommensstärkeren Haushalten für zentrale Wohnlagen ein zunehmender Verdrängungsdruck für all diejenigen, die sich selbst mit großfamiliären Sparguthaben kein Wohneigentum leisten können. Statistische Daten zu den Hamburger Stadtbezirken verweisen zwar nach wie vor auf überdurchschnittliche Anteile von Menschen mit Migrationshintergrund in den Bezirken Mitte und Harburg. Dies könnte sich jedoch ändern, wenn auch dort infolge von Wohnungsneubau und Modernisierung die Wohnkosten steigen.

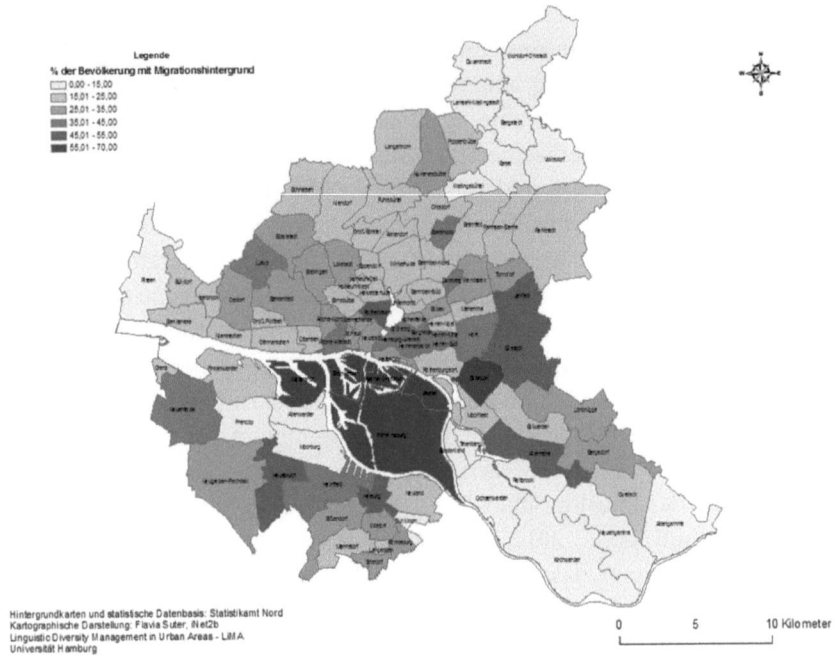

Abbildung 1: Bevölkerung mit Migrationshintergrund in Hamburg im Jahr 2011

Zusammenfassend betrachtet bestätigen die wenigen vorliegenden Befunde zur Wohnungsversorgung von Migranten in Hamburg und anderen deutschen Großstädten Ergebnisse der internationalen ‚housing'-Forschung, die den Zugang mehrsprachiger Personen (Migranten und minority groups) zu Wohnraum durch drei dominante Formen der Diskriminierung eingeschränkt sieht (vgl. Auspurg, Hinz & Schmidt 2011):

1) Exklusion: Verweigerung des Zugangs zu Wohnraum aufgrund ethnischer Merkmale;
2) Räumliche Segregation: Migranten bekommen nur dort Zugang zu Wohnraum, wo bereits andere Mitglieder ihrer Gruppe ansässig oder die Mieten – aufgrund vernachlässigter Wohnungsbestände – für sie bezahlbar sind;
3) Preisdiskriminierung: Migranten bezahlen für vergleichbare Wohnobjekte mehr Geld als Bevölkerungsgruppen ohne Migrationshintergrund.

Vor dem Hintergrund dieser Befunde ist davon auszugehen, dass der Zugang zu Wohnraum auch in Hamburg für alle Menschen sehr stark von dem verfügbaren Einkommen abhängt. Selbst genügend Geld schützt jedoch nicht zwangsläufig vor Wohnungsproblemen, insbesondere dann, wenn sich Wohnungssuchende nicht sicher in der Verkehrssprache Deutsch artikulieren können oder Anbieter sensibel auf Fremdes reagieren. Vorurteile gegenüber Fremdheit lassen sich durch gepflegtes und sicheres sprachliches Auftreten ggf. zerstreuen. Ängste vor Andersartigkeit sind hingegen in den diffizilen, durch Mangel und Konkurrenz geprägten Situationen der Suche und Nutzung von Wohnraum kaum auszuräumen oder zu überwinden. Insofern stellt sich die Frage, welche sprachlichen Praktiken im Handlungsfeld des Wohnens in unterschiedlichen Situationen der Suche und Nutzung sowie der Veränderung von Wohnstandorten eingesetzt werden und inwiefern sie die Wohnverhältnisse unterschiedlicher Bevölkerungsgruppen mit Migrationshintergrund beeinflussen.

2. Sprache und Wohnen

Sprachlich-kommunikative Praktiken sind mit Blick auf das Wohnen, sprich dem Zugang zu einem Miet- oder Kaufverhältnis bzw. der Bewältigung wohnspezifischer Lebenslagen, bislang nur sporadisch sprachwissenschaftlich untersucht worden. Neben der frühen, auf teilnehmender Beobachtung beruhenden Studie zum „kommunikativen Verhalten" von Arbeitsmigranten der 1. Generation auf dem Wohnungsamt im Rahmen des Heidelberger Forschungsprojektes „Pidgin-Deutsch" (1975) standen dabei vor allem zwei Bereiche im Vordergrund: Im Rahmen textlinguistischer Forschung wurden Immobilienanzeigen untersucht, wobei vor allem die Werbung für Wohnobjekte mit Blick auf den musterhaften Textaufbau (vgl. z. B. Dausendschön-Gay, Gülich & Kraft 2007, Sandig 2006), syntaktische Merkmale sowie die Nutzung bestimmter Abkürzungen, die aus Platz- und Kostengründung zur Anwendung kommen, Beachtung fanden (vgl. Fandrych & Thurmaier 2011, Sokolowski 2001, Sommerfeldt 1998). Die Verständlichkeit der Texte bzw. die Verstehbarkeit weiterer Schritte der Wohnungssuche sind bislang aus linguistischer Sicht nicht erforscht; Fandrych & Thurmaier (2011) konstatieren verstehensbezogen lediglich, dass die Abkürzungen für „Muttersprachler" besser zu verstehen sind als für „Nicht-Muttersprachler" (vgl. a.a.O.: 248).[1]

---

1 In der Ermittlung sprachlicher Bedarfe für Integrationskurse wird deutlich, dass Kursteilnehmerinnen und Kursteilnehmer sich vor allem eine Befähigung in der mündlichen Kommunikation mit der Nachbarschaft wünschen. Mit Blick auf schriftliche Dokumente wurden vorwiegend Briefe vom Vermieter sowie schriftliche Aufklärungen über ihre Rechte als Mieter benannt (vgl. Ehlich 2007).

Des Weiteren wurde im Rahmen der linguistischen Klassifizierung von ‚Texten' der „appellative" Charakter von Immobilienanzeigen diskutiert (Rolf 1993). Interessant für unseren Zusammenhang ist die spezifische ‚Nachgeschichte' (Rehbein 1977) von Immobilienanzeigen, nämlich die Reaktion auf Seiten von Rezipientinnen und Rezipienten, die auf der Suche nach Wohnraum sind. So untersucht z. B. Hausendorf (2000) ‚Zuschriften' auf Immobilienanzeigen und benennt folgende, typische Textbausteine: Interessensbekundung, Situationsbeschreibung, Selbstvorstellung, Wunschbekundung um Antwort sowie eine Angabe zur Erreichbarkeit (vgl. a.a.O.: 219ff.). Telefonische Reaktionen auf Immobilienanzeigen untersucht Selting (1988) und kommt zu dem Ergebnis, dass die von ihr untersuchten telefonischen Erstkontakte hinsichtlich der Gesprächsdynamik Unterschiede aufweisen, je nachdem, ob Studierende aus Deutschland oder aus dem Ausland mit den jeweils deutschen Vermietern telefonieren.

Mit Blick auf die Rolle kommunikativer Praktiken ist vor allem die Exklusion untersucht worden, die als eine Form der Diskriminierung einen der ersten Schritte im Prozess des Zugangs zu einer Mietwohnung betrifft, nämlich die Reaktion auf ein Wohnungsangebot, das mit der Bitte um einen Besichtigungstermin verbunden ist. Mehrere Studien zeigen, dass diese Kontaktaufnahme, die gegenwärtig vor allem in Form von E-Mail-Kommunikation realisiert wird, bei Schreiben von Absendern mit ausländisch klingenden Namen seltener beantwortet wird, dass Migranten als potentielle Mieterinnen und Mieter also bereits in einem ersten Schritt aussortiert werden (vgl. u.a. Carpusor & Lodges 2006 für die USA, Baldini & Frederici 2010 für Italien, Ahmed & Hammarstedt 2008 sowie Ahmed et al. 2010 für Schweden, Bosch et al. 2010 für Spanien, Planerladen 2007 und Auspurg, Hinz & Schmid 2011 für Deutschland sowie Horr 2011 zu abschlägigen Telefonaten).

Weitere Schritte der Wohnungssuche, die von diskriminierenden Praktiken betroffen sind, wurden bislang im Rahmen sogenannter ‚in-person audits' beobachtet (vgl. Yinger 1986, Galster 1990, Ondrich et al. 2000, Turner et al. 2002, Turner & Ross 2003 und Zhao 2005, Zhao et al. 2006), die in den USA durchgeführt wurden. In Deutschland haben Klink & Wagner (1999) sowie Horr (2011) vergleichbare Studien per Telefon durchgeführt. Ihre Untersuchungen zeigen, dass Tendenzen zur Diskriminierung einhergehen mit einem fremdsprachigen, (im US-amerikanischen Zusammenhang spanischen bzw. arabischen) Akzent der Wohnungsuchenden sowie den Bedingungen des regionalen Wohnungsmarktes.

Auch wenn den audit-Studien attestiert wird, wertvolle Einblicke in diskriminierende Verfahren der Wohnungsvergabe zu liefern, wird doch immer wieder der Vorwurf laut, erstens durch die Anwesenheit der beobachtenden Person verfälschte Ergebnisse zu bekommen und zweitens niemals vergleichbare Bewerberinnen und Bewerber finden zu können (vgl. Heckmann 1998, Pager & Shepherd 2008). Die housing-Forschung favorisiert daher experimentelle Untersuchungsdesgins nach dem Vorbild von Carpusor & Lodges (2006).

Ein zweiter Bereich der housing-Forschung, der Sprache bzw. Kommunikation berührt, ist die Rezeption der Kritischen Diskursanalyse vor allem Ende der 1990er Jahre. Zur Anwendung kommen die Arbeiten Norman Faircloughs (1992), in deren Rahmen unterschiedliche Dimensionen der gesellschaftlichen Einbettung von Texten und Diskursen thematisiert werden.[2]

Auch die sprachwissenschaftliche Forschung zu Wohnverhältnissen ausländischer Zuwanderer verweist nach den vorliegenden empirischen Befunden noch auf große Wissenslücken, sind doch die sprachlichen Praktiken, die den Zugang zu Wohnraum konstituieren bislang kaum zum Gegenstand der Forschung geworden. Ihre weitere Erforschung kann einen Beitrag zur Klärung der Frage besteieuern, warum die soziologischen Befunde zu den Wohnverhältnissen von Menschen mit Migrationshintergrund auch in demokratischen Gesellschaften noch immer auf dramatische Benachteiligungen dieser Bevölkerungsgruppe hindeuten.

3. Fragestellungen und Ziele

Vor dem Hintergrund der skizzierten Entwicklungen bestand das übergeordnete Ziel der Pilot-Studie darin, mehr über Wohnverhältnisse von Zuwanderern aus dem Ausland sowie über ihre Erfahrungen bei der Wohnungssuche zu erfahren, insbesondere mit Blick auf typische kommunikative Prozesse und die Rolle von Sprache in Prozessen der Wohnungssuche und Wohnungsnutzung innerhalb des Zugangs zum städtischen und gesellschaftlichen Alltag. Aus den Ergebnissen der Explorativstudie sollen konzeptionelle Anregungen für weitere Untersuchungen abgeleitet werden, welche in Verknüpfung sprachwissenschaftlicher und stadtsoziologischer Kompetenzen Wissensfortschritte

---

2   Einen Überblick über die Rezeption von Arbeiten aus der kritischen Diskursanalyse in der housing-Forschung, die sich in den 1990er Jahren vor allem mit der Analyse politischer und juristischer Texte beschäftigt, bietet Hastings (2010).

über den Zusammenhang zwischen Sprache und Wohnen ermöglichen und gesellschaftliche Handlungsperspektiven eröffnen. Konkret standen folgende Kernfragen im Mittelpunkt unserer Studie:

- Welche migrantenspezifischen Besonderheiten bzw. Herausforderungen existieren bei der Wohnungssuche? (K1)
- Welche Rolle spielen (deutsche) Sprachkenntnisse bei der Wohnungssuche, bei Kontakten mit Vermietern bzw. Verkäufern, im Wohnalltag oder bei wohnungsrelevanten Institutionen? (K2)
- Welche möglichen Handlungsanforderungen lassen sich aus den Erfahrungen der Migranten bei der Wohnungssuche und im Wohnalltag für wohnungsrelevante Akteure ableiten? (K3)
- Welche Auswirkungen haben Wohnerfahrungen von Migranten auf ihre Partizipation am städtischen Alltag? (K 4)

4. Datengrundlage

Zwischen Oktober 2011 und Dezember 2011 wurden insgesamt 22 Interviews, die im Durchschnitt zwischen 30 und 45 Minuten dauerten, durchgeführt. Die Interviews wurden auf Tonband aufgezeichnet und anschließend transkribiert. Dreizehn Interviews wurden in deutscher Sprache, die restlichen neun von Muttersprachlern in der Muttersprache der Gesprächspartner geführt und anschließend in die deutsche Sprache übersetzt. Dabei handelte es sich um Interviews mit Personen türkischer und iranischer Herkunft. Die in den Muttersprachen Türkisch und Farsi geführten Interviews waren besonders aufschlussreich, da die Interviewpartner in diesen Konstellationen ohne Hemmungen und Vorbehalte ihre Lebensperspektive und Wohnerfahrungen dargestellt haben. Vor allem bei den Gesprächspartnern mit iranischem Hintergrund hat sich der Einsatz eines Interviewers, der Farsi gesprochen hat, bewährt, da hier teilweise besonders dramatische Erlebnisse im Zusammenhang mit der Flucht aus dem Iran geschildert wurden.

Um einen authentischen und persönlichen Einblick in die Wohnverhältnisse der Interviewpartner zu erhalten, war es beabsichtigt, die Interviews möglichst in den Wohnungen der Interviewpartner zu führen. Dieses Ziel wurde – bis auf wenige Ausnahmen – auch erreicht. In einigen Fällen war dies jedoch nicht möglich, so dass die Interviews an anderen Orten (z. B. am Arbeitsplatz der Interviewpartner) geführt wurden.

Insgesamt wurden in unserer explorativen Zufallsstichprobe Personen bzw. Haushalte aus elf unterschiedlichen Ländern befragt. Sechs der Interviewpartner hatten einen iranischen, fünf einen türkischen und jeweils zwei einen georgischen und kolumbianischen Migrationshintergrund. Je eine Person bzw. ein Haushalt hatte einen afghanischen, ägyptischen, dänischen, kasachischen, litauischen, pakistanischen sowie russischen Hintergrund. Damit war ein breites Spektrum der in Hamburg relevanten Herkunftssprachen erfasst.

Sehr vielfältig waren auch die Migrationsbiografien, Bildungsniveaus und Altersgruppen der befragten Personen/Haushalte: Das Spektrum reichte dabei vom türkischen Gastarbeiter und dem iranischen Flüchtling bis zum ehemaligem russischen Stipendiaten und jetzigen Airbus-Ingenieur. Im Sample befanden sich z. B. Studenten bzw. Hochschulabsolventen, Ungelernte, Angestellte oder selbständige Unternehmer. Die Altersspanne der befragten Personen reichte von 18 bis zu 55 Jahren.

Als Wohnsitz gaben die Interviewpartner 14 verschiedene Hamburger Stadtteile an, darunter solche mit überdurchnittlichen Konzentrationen von Migranten im Zentrum und in Randlagen (z. B. St. Georg, Billstedt, Veddel, Bahrenfeld oder Altona-Altstadt) und solche in denen dieser Personenkreis eher unterrepräsentiert ist (z. B. Eimsbüttel, Winterhude, Alsterdorf, Bramfeld, Fuhlsbüttel, Lokstedt oder Uhlenhorst).

5. Manifestationen von Exklusion, räumlicher Segregation und Preisdiskriminierung in den empirischen Befunden der Pilotstudie

Die durchgeführte Befragung zeigt, dass die Mehrzahl unserer Interviewpartnerinnen und Interviewpartner Erfahrungen machen mussten, die sich mit den vorher erwähnten wissenschaftlichen Befunden zu unterschiedlichen Möglichkeiten von Diskriminierung vergleichen lassen (vgl. Auspurg, Hinz & Schmid 2011). Wir greifen diese Dimensionen als Kategorien für eine erste Auswertung unserer empirischen Befunde auf, um ihre Tragfähigkeit und gegebenenfalls erforderliche Präzisierungen auszuloten. Studien in denen das ‚Nicht Antworten' untersucht wird, konzentrieren sich z. B. vor allem auf Exklusion, die aus dem Erstkontakt per E-Mail resultiert. Unsere explorativen narrativen Interviews zeigen jedoch, dass unterschiedliche Möglichkeiten sprachlich verübter Diskriminierung den Prozess der Wohnungssuche prägen und dass Auswirkungen solcher Ausschlusspraktiken auf den Wohnungssuchenden und seine gesellschaftliche Teilhabe deshalb konzeptionell ins Blickfeld zu nehmen sind.

6. Exklusionserfahrungen

Das festgestellte Spektrum von Ausschlussrisiken, das wir aus den von uns geführten Interviews entnehmen konnten, umfasst verschiedene Varianten nicht gelingender Wahrnehmung von Entscheidungsträgern sowie Missverständnisse in Bezug auf das richtige Vorgehen bei der Wohnungssuche.

6.1 „Eindruck machen"

Unsere Interviewpartner sprachen in ihren Erfahrungsberichten u.a. Besichtigungstermine an, die im Anschluss an die Kontaktaufnahme mit Vermietern bzw. Hausverwaltungen einen weiteren Schritt (s.u. Abb. 2) darstellen. Während der Wohnungsbesichtigungen mussten sie die Erfahrung machen, dass sie in der Kommunikation mit Maklern nicht erfolgreich handeln konnten, etwa weil es ihnen nicht möglich war, einen (nachhaltigen) „Eindruck zu hinterlassen":

> *„Ich glaube, es ist sehr wichtig, einen persönlichen Kontakt zum Makler herzustellen, um einen Eindruck zu hinterlassen. Besonders, wenn es Massenbesichtigungstermine sind, ist das allerdings nicht immer möglich. Zwar kann man lange warten und darauf hoffen, dem Makler zwei Fragen zu stellen, aber einen echten Eindruck von deiner Persönlichkeit erhält er so nicht. Ohne eine solche persönliche Annäherung übergibt man einfach nur seine Unterlagen und das bringt meistens nicht so viel."*
> *(Studentin, Kolumbien)*

In einem weiteren Interview wird die Lehre geäußert, sich als wohnungssuchende Person ‚gut verkaufen' zu müssen, was trotz guter deutscher Sprachkenntnisse schwierig sei:

> *„Eine gute Freundin von mir spricht sehr gut, aber sie hat trotzdem keine Wohnung bekommen. Wobei Sprache allerdings extrem wichtig ist, ist das Sich-verkaufen-können auf dem Wohnungsmarkt. Wenn du dich wegen mangelnder Sprachkenntnisse nicht gut verkaufen kannst, dann kann das natürlich Schwierigkeiten bei der Wohnungssuche nach sich ziehen. Dann möchtest du vielleicht etwas Gutes sagen, aber du kannst es einfach nicht ausdrücken oder du wirst falsch verstanden. Es gibt Makler, die sind in diesem Zusammenhang dann geduldiger, und andere, die es nicht sind. Wenn du zum Beispiel sehr langsam und nicht fließend sprichst, dann hast du bestimmt Probleme. Diese Erfahrung habe ich auf dem Wohnungsmarkt gemacht. Dort sind die Leute begeistert, wenn man fließend Deutsch sprechen kann, obwohl du Ausländer bist und erst seit ein paar Jahren hier lebst. Es muss aber nicht in je-*

dem Fall so sein, dass der Makler mit deinen mangelnden Deutschkenntnissen nicht klarkommt. Im Zweifelsfall denke ich aber nicht, dass allein die Sprache auf dem Wohnungsmarkt ausschlaggebend ist, sondern hier mehrere Faktoren zusammenkommen." (Student, Georgien)

Auch der Auftrag an die eigenen Kinder, während einer Wohnungsbesichtigung zu dolmetschen und einen guten Eindruck zu hinterlassen, reicht nicht aus, um einen Makler davon zu überzeugen, ein geeigneter Mieter zu sein:

> *„Da unsere Mutter die Deutsche Sprache kaum beherrschte, sind wir ständig als Dolmetscher mitgegangen. Unsere Mutter hat uns ständig beauftragt mit den Maklern zu sprechen und einen guten Eindruck zu hinterlassen. Wir Kinder wussten jedoch nicht so richtig, wie wir den Makler überzeugen sollten. Die sprachliche Barriere und die unbekannte Mentalität der Deutschen war schon eine Hürde für einen 16-jährigen Jungen. Ich konnte auch nicht so richtig einschätzen, wie ernst ich genommen wurde. Manchmal hätte ich mir eine Person gewünscht, die uns bei der Suche helfen würde."* (AZUBI, Iran)

Die präsentierten Interviewausschnitte machen deutlich, dass es, so die Erfahrungswerte unserer Interviewpartnerinnen und Interviewpartner, wichtig ist, gut Deutsch zu sprechen. Aufschlussreich ist in diesem Zusammenhang, dass in den Interviews konkrete Zwecke benannt werden, die mit Hilfe des Deutschen zu bewältigen sind: nämlich, sich gegenüber anderen Teilnehmerinnen und Teilnehmern abzuheben, einen persönlichen bzw. einen guten Eindruck zu hinterlassen oder anders formuliert: sich gut zu verkaufen.

Anhand dieser knappen Skizze der Konstellation mehrsprachiger Wohnungssuche wird bereits deutlich, dass der Zugang zu Wohnraum aufgrund der Mangelsituation insgesamt als Situation des ‚Bewerbens' (so auch die Hinweise auf diverse Dos and Donts während einer Wohnungsbesichtigung, die seit einiger Zeit im Internet[3] zu finden sind) zu verstehen ist, in der es gilt, sich vor allem auch kommunikativ als geeigneter Bewerber auszuzeichnen. Mit Blick auf die bisherige diskursanalytische Forschung zu Bewerbungsgesprächen, die dem Zugang zum Arbeitsmarkt dienen, bedeutet dies, dass Wohnungssuchende einem Vermieter Ansatzpunkte für einen Entscheidungsprozess liefern müssen, der eine Prognose darüber enthält, ob der bzw. die Wohnungssuchende ein „geeigneter" Mieter ist (vgl. z. B. Birkner 2001,

---

3 Im Internet finden sich Angaben sowohl von Maklern (z. B. http://www.friendlymakler -landshut.de), von Mietervereinen, z. B. www. Mieterverein-hamburg.de, als auch von Ratgeberportalen (z. B. http://www.experto.de/verbraucher/immobilien/mieten-und. vermieten.de).

Grießhaber 1987, Kern 2000, Schilling 2001). Angesichts der in der sprachwissenschaftlichen Erforschung herausgearbeiteten Struktur von Entscheidungsfindungsdiskursen ist es daher nicht zufällig, dass in den Interviews davon die Rede ist, sich positiv darzustellen, einen (guten) Eindruck zu hinterlassen und sich positiv von dem Kreis der Mitbewerber abzuheben. Damit machen Formen der sprachlichen und persönlichen Selbstdarstellung einen Bereich kommunikativer Aufgaben von Wohnungssuchenden aus, die es im Einzelnen weiter zu untersuchen gilt.

6.2   Unklares Vorgehen

Eine zweite Form der Exklusion lässt sich darin erkennen, dass Wohnungssuchende unsicher sind, welches der richtige praktische Weg ist, um Zugang zu Wohnraum zu erlangen. Dies kann daran liegen, dass Absagen nicht begründet werden, wie uns eine Studentin wissen lässt:

> *„Oft wird auch nicht richtig erklärt, welche Unterlagen man genau braucht, um eine Wohnung zu finden. Man bekommt einfach eine Absage und weiß letztlich gar nicht genau, warum. Würde man es mir sagen, dann könnte ich vielleicht versuchen, genau daran zu arbeiten. Es wäre auch schön, wenn man mir sagen würde, was genau ich dann machen soll."* (Studentin Georgien)

Ein weiterer Student, ebenfalls aus Georgien, führt ebenfalls Unsicherheiten über das Procedere als Erschwernis der Wohnungssuche aus:

> *„Es wäre schön, wenn es eine Anlaufstelle für Ausländer gäbe, wo man seine Wohnungswünsche äußern könnte und wo einem bei der Wohnungssuche geholfen werden würde. Das ist unabdingbar, wenn man möchte, dass die Ausländer sich hier wohlfühlen. Dort sollte man den Ausländern auch erklären, welche Schritte man bei der Wohnungssuche eigentlich machen muss und wie die Suche abläuft. Als Ausländer weiß ich ja erst mal gar nicht, was ich genau alles machen muss. Was kommt, nachdem ich einen Besichtigungstermin durch das Internet vereinbart und mir die Wohnung angesehen habe? (...) Welchen Vertrag muss ich unterschreiben? Muss ich ihn unterschreiben? Welche Nachweise benötige ich? Vielleicht sagt er (Anm.: der Makler) es einem, aber man muss auch die rechtliche Seite kennen. Vielleicht muss ich einen bestimmten Nachweis gar nicht vorzeigen, auch wenn ein Makler mich dazu auffordert. Es sollte aufgezeigt werden, welche Unterlagen man genau braucht und wie man vorgeht. Einige haben vielleicht auch eine viel einfachere Vorstellung vom Wohnungsmarkt und denken, sie gehen einfach dorthin, bezahlen und bekommen eine Wohnung. In Georgien ist das ja auch viel einfacher. Man besichtigt die*

Wohnung, wird gefragt, ob man Arbeit hat und das war's. Als Student war es dort überhaupt nicht schwer, eine Wohnung zu mieten. Eine Kaution zahlt man dort auch nicht. Die einzigen Kosten, für die man sonst noch aufkommen muss, sind die Nebenkosten. Hier ist es ganz anders. Hier muss man ein paar 1.000 € vorlegen. Ich weiß nicht, woher ich es nehmen soll." (Student, Georgien)

Wenn Hinweise über das formale Procedere gegeben werden, haben diese teilweise auch widersprüchlichen Charakter:

„Es hat insgesamt vier Jahre gedauert bis wir unsere unbefristete Aufenthaltsgenehmigung erhielten und in eine normal Wohnung ziehen durften. Wir haben uns zunächst bei der SAGA gemeldet und wurden zu unterschiedliche Besichtigungen eingeladen, die jedoch zahlreich besucht waren. Es war ziemlich schwierig für uns, über diesen Weg eine Wohnung zu finden. Es hieß mal, es gehe um Dringlichkeit und man benötige einen Dringlichkeitsschein. Als wir dann mit dem Schein ankamen, hieß es wiederum, dass so ein Schein keinen Vorteil verschaffe. Es war schon eine verzweifelte Suche für uns, an der meine Mutter, meine ältere Schwestern und ich beteiligt waren." (AZUBI, Iran)

Vor allem der letzte Interviewausschnitt macht deutlich, dass es im Zuge einer Wohnungssuche erforderlich sein kann, Bescheinigungen unterschiedlicher Institutionen beizubringen und auch zu diesen in kommunikativen Kontakt zu treten, was oftmals ganz eigene Anforderungen und Schwierigkeiten in sich birgt.

7. Segregation und Preisdiskriminierung als Folge von Exklusionsprozessen

Im Zusammenhang mit der Frage nach der gesellschaftlichen Integration mehrsprachiger Personen ist das Wohnen bislang vor allem unter dem Problemkomplex der Segregation behandelt worden. Erfolglose Wohnungssuche führt dann zum Rückzug in städtische Räume, in denen durch Beziehungen oder Akzeptanz schlechterer Wohnbedingungen ein Wohnen entsprechend ihrem verfügbaren Einkommen möglich ist. Wie mehrfach berichtet, müssen auch Migranten mit höheren Einkommen notgedrungen Wohnorte in Stadtgebieten akzeptieren, in denen zugewanderte Bevölkerungsgruppen dominieren, weil sie als Fremde in anderen Stadträumen keinen Zugang zu Wohnraum bekommen, obwohl sie es sich leisten könnten. ‚Ausländerghetto‘, ‚Parallelgesellschaft‘ oder ‚Klein Istanbul‘ etablieren sich infolge solcher Segregationsprozesse schnell als Label entsprechender städtischer Lebenswelten (vgl. Bukow et al. 2007). Dadurch werden nicht nur die Gebiete stigmatisiert, sondern auch alle Menschen, die dort leben; denn eine Adresse in solchen Stadtgebieten kann den Zugang zu Wohnraum und Arbeit an anderen Orten zusätzlich erschweren. In von Migranten dominierten Wohngebieten bilden sich mit deren Wohnalltag auch spezifische Strukturen heraus: Geschäfte mit Produkten aus den Herkunftsländern, Treffpunkte für Männer, Frauen und Kinder im öffentlichen und gebauten Raum, Beschriftungen von Läden und Produkten, Namensschilder an Häusern, Nutzungen von Gärten, Balkonen und halböffentlichen Flächen innerhalb und im Umfeld des Hauses oder Mobilitätspraktiken. All diese äußeren Symbole prägen die Atmosphäre eines städtischen Lebensraumes, die für Außenstehende mehr oder weniger attraktiv wirkt. Hinzu kommt, dass das meist beengte Wohnen wenig Spielraum für die Entfaltung der Haushaltsmitglieder lässt: Es fehlt der Platz zum Lernen, Rückzug ist nur außerhalb der Wohnung möglich oder wenn die anderen Mitbewohner außer Haus sind, Freunde werden nur selten eingeladen, um Wohnarmut zu verbergen. Unter diesen Umständen entwickelt sich – gekoppelt mit der Erfahrung eines schwierigen Wohnungszugangs unter Mangelbedingungen auf dem Wohnungsmarkt – kaum Hoffnung auf ein besseres Leben und notwendige Zuversicht in eine mögliche Verbesserung der Wohnsituation. Wohnen hat also unmittelbare Auswirkungen auf die Handlungspraxis der Bewohnerinnen und Bewohner und damit auf die Möglichkeiten ihrer gesellschaftlichen Teilhabe. Dies zeigen auch die Überlegungen Ullrichs (2008), die sie zur medialen Qualität von Architektur formuliert: Dabei greift sie zurück auf Böhmes (2006) Konzept von Raum als „leibliche Anwesenheit", der konzentriert sei auf das Ich, am Körper orientierte Richtungen aufweise und durch Enge und Weite, durch festgelegte Möglichkeiten der Bewegung, durch Unterscheidungen von Helligkeit und Dunkelheit etc. geprägt sei. Der Gebrauch des leiblichen Raumes, das Bewohnen und Nutzbarmachen für die eigenen Bedürfnisse kann im Einklang mit den durch die Architektur vorgegebenen Bewegungs-, Verhaltensmustern und Lebensweisen stehen oder ihnen widersprechen oder auch eine kreative Erweiterung darstellen. […] Gebrauchen sei kein Verbrauchen von Bauwerken, sondern – so führt sie in Anschluss an Führ (2003) aus – ein Entwurf „neuer Handlungen, neuer Strukturen, neuer Narrationen" (ebd.).

Aber nicht nur ein genutzter, leiblicher Raum hat Auswirkungen auf die alltägliche Handlungspraxis, sondern gerade auch ein durch kommunikative

Praktiken verhinderter Zugang zu Wohnraum, wie wiederum einige Aussagen aus unseren Interviews verdeutlichen mögen.

7.1 ,Nicht Antworten' und mögliche Folgen

Das Nicht Antworten auf Zuschriften wurde in einer Reihe von Studien der housing-Forschung bereits thematisiert. An dieser Stelle seien die Äußerungen einer Interviewpartnerin angeführt, die das zermürbende Nicht Antworten auf ,Zuschriften' verdeutlichen:

> *„Von ungefähr 40 E-Mails, die ich an Makler, Wohnungsunternehmen und Privatpersonen geschickt habe, wurden mir nur drei beantwortet. Die anderen haben sich überhaupt nicht gemeldet, also auch keine Absage geschickt, obwohl ich mich in den E-Mails immer ausführlich erklärt habe. (...) Gestern und vorgestern habe ich wieder 20 E-Mails geschrieben, um neue Besichtigungstermine auszumachen. Geantwortet haben mir wieder nur zwei Leute."* (Studentin aus Georgien)

Das angeführte Nicht Antworten, dass im Sinne einer ,Unterlassung' als eigenständige Handlungsform verstanden werden kann (vgl. Rehbein 1977, Bührig 1996), erhält in seiner spezifischen Ausprägung eine besondere kommunikative Relevanz. Zuschriften auf Immobilienanzeigen können als zweiter Schritt einer sequentiellen Ablaufstruktur begriffen werden, auf die ein dritter Schritt folgt. Unterbleibt dieser, hat dies (nicht nur auf den Moment begrenzte) Irritationen zu Folge, wie der folgende Interviewausschnitt zeigt:

> *„Die Wohnungssuche in Hamburg hat mich eingeschüchtert. Normalerweise bin ich anders."* (Studentin, Kolumbien)

Eine alleinerziehende Mutter, die zum Zeitpunkt des Interviews ebenfalls auf Wohnungssuche war, stellte resignierend fest:

> *„Ich habe keine Kraft mehr für eine weitere Wohnungssuche. Man kämpft schon genug im Alltag, zum Beispiel beim Job. Will mich einfach nicht mehr damit befassen und immer sagen, woher ich komme. (...) Man bekommt einen Stempel, wenn man kein Deutsch spricht."* (Litauen)

Die Formulierungen der Studentin aus Kolumbien zeigen vor allem durch den Einsatz von ,wieder' in der Schilderung ihres zweiten Anlaufs auf Immobilienanzeigen eine Summierung der gemachten Erfahrungen, die als Nährboden für eine Resignation betrachtet werden kann. In Ausschnitten zweier weiterer

Interviews werden die Auswirkungen konkret benannt, die wider Willen zu einer Selbstexklusion im Sinne eines ‚Aufgebens' führen.

7.2   Netzwerke

Die spezifische sprachbasierte Exklusion von Zuwanderern mit eingeschränkten Netzwerken sowie sprachlichen und symbolischen Artikulationsmöglichkeiten hat innerhalb des Prozesses der Wohnungssuche Auswirkungen auf den Handlungsspielraum der Betroffenen, wie die von uns geführten Interviews verdeutlichen. Ohne Unterstützung kann diese Beschränkung oftmals nicht aufgehoben werden. Es besteht vielmehr die Gefahr einer von Defiziten geprägten Selbsteinschätzung, die möglicherweise über den Bereich der Wohnungssuche hinaus Konsequenzen für weitere Partizipationsbemühungen nach sich zieht. Unterstützung erfahren die Betroffenen offenbar im Rahmen von Netzwerken, die allerdings oftmals lediglich zufällig und auf Umwegen greifen. Insgesamt waren für 21 der 22 befragten Personen/Haushalte bei der Wohnungssuche Netzwerke relevant. Als Netzwerke fungierten Verwandte, Freunde und Bekannte, die den Migranten entweder als ad hoc-Dolmetscher oder Übersetzer bei Behördengängen behilflich waren oder ihnen sogar direkt Wohnungen anboten. Bei den Interviewten erweisen sich vor allem Kontakte zu Landsleuten für eine erfolgreiche Wohnungssuche als äußerst nützlich. So übernahm ein vierfacher Familienvater aus Pakistan seine erste Wohnung von seinen pakistanischen Freunden – allerdings zu einem überhöhten Preis. In welch komplexer Form diese Netzwerke funktionieren, mögen die nachfolgenden Beispiele zeigen: Ein 55 Jahre alter Rentner mit türkischem Hintergrund nutzte den Kontakt über eine bekannte Person mit ebenfalls türkischen Wurzeln. Unmittelbar nach der Ankunft in Hamburg in den frühen 1980er Jahren erwies sich ein vorhandenes Netzwerk des gelernten Schneiders als hilfreich bei der Wohnungssuche: Der Besitzer eines Restaurants am Steindamm (St. Georg), wo die befragte Person arbeitete, war zugleich auch Inhaber einer Pension. In jener Pension lebte die befragte Person einige Monate bis zu ihrer Hochzeit. Als eine neue, größere Wohnung gesucht werden musste, wandte sich die befragte Person an eine türkische Bekannte. Die Bekannte arbeitete als Altenpflegerin und pflegte eine ältere Dame. Als die Pflegepatientin in ein Seniorenheim zog, vermittelte die Altenpflegerin die Wohnung der älteren Dame der befragten Person. Um auch ganz sicher die Wohnung zu erhalten, habe die befragte Person der damaligen Mieterin zusätzlich Bargeld angeboten. Seitdem wohnt die befragte Person in der besagten Wohnung. Auch zwei Iraner berichteten über vorhandene Netzwerke als entscheidend für die erfolgreiche Wohnungssuche: So zog der Freund eines 41-Jährigen iranischen Teppichhändlers aus seiner Wohnung aus. Der Iraner erhielt die Wohnung, weil der Freund Kontakt zu einem Mitarbeiter der SAGA hatte. Inzwischen sind der SAGA-Mitarbeiter und der Teppichhändler gut befreundet. Dieses Netzwerk sei auch hilfreich für die jetzige Wohnung des Iraners, denn der Mitarbeiter verhalf ihm erneut zu seiner Wohnung.

Im anderen Fall war ein existentes Netzwerk ebenfalls der Garant für die erfolgreiche Wohnungsvergabe. Ein Iraner und seine Familie hatten zuvor vier Jahre ohne Erfolg eine Wohnung über die SAGA gesucht.

„Eine Arbeitskollegin meiner Schwester hat uns einen Bekannten vorgeschlagen, der für eine Baugenossenschaft [SAGA] arbeitete. Uns wurde eine Wohnung vorgeschlagen, die wir gut fanden, sodass der Bekannte allen anderen Bewerbern absagte und uns die Wohnung vermietete."

Netzwerke können jedoch – wie ein anderes Beispiel aus unserer Interviewserie zeigt – auch selbst exklusiv sein: Ein Gesprächspartner fand seine Wohnung in einem hoch attraktiven innerstädtischen Stadtteil über ein im Internet in englischer Sprache agierendes Netzwerk von Homosexuellen. Seine Privilegierung durch das Netzwerk bedeutet gleichzeitig Ausschluss von Bewerberinnen und Bewerbern, die dem Kriterium der gewünschten sexuellen Orientierung nicht entsprechen oder fremdsprachliche Anzeigen gar nicht zur Kenntnis nehmen.

Diese Beispiele zeigen, dass nach erfahrenen Schwierigkeiten der Wohnungssuche entweder das Risiko der Resignation besteht oder Auswege aus den Sackgassen über sprachliche und soziale Unterstützung durch Netzwerke gesucht werden. Letztere erzeugen oftmals Neidgefühle bei Menschen, die auf keinen Rückhalt im Freundes- oder Bekanntenkreis zurückgreifen können. Gut funktionierende Netzwerke unter Menschen mit Migrationshintergrund werden zudem häufig als Selbstausschluss aus der Mehrheitsgesellschaft, als mangelnde Integrationsbereitschaft oder gar Mafiastruktur gedeutet, ohne zu überlegen, welche Erfahrungen zu diesen Segregation und Preisdiskriminierung fördernden Notlösungen geführt haben. Aus diesem Grund zeigten sich auch befragte Experten aus Unternehmen, die mit dem Zugang zu Wohnraum befasst sind, eher reserviert gegenüber dem Ansinnen, über ihr mehrsprachiges Dienstleistungsangebot zu berichten, obwohl es sich reger Nachfrage erfreut und erfolgreiches Handeln begünstigt. Befürchtet werden in solchen Fällen Stigmatisierungen des Unternehmens wegen spezifischer sprachlicher Unterstützung von Menschen mit Migrationshintergrund. In anderen Fällen wurde stets betont, diese Zielgruppe nicht zu benachteiligen, – im Widerspruch zu dieser Aussage wurde aber gleichzeitig darauf verwiesen, dass man dem in Hamburg erklärten politischen Willen zur sozialen Mischung und damit dem Abbau der Segregation von Migranten folgen müsse (vgl. Adanali 2013: 99ff.). Auf diese Weise wird denjenigen Menschen mit Migrationshintergrund, die sich ihr Wohngebiet nach langer segregierter Wohnerfahrung angeeignet und nach eigenen Bedürfnissen gestaltet haben, ein Wohnungswechsel innerhalb des vertrauten Quartiers erschwert, so dass damit gewachsene und lebenswichtige soziale Netzwerke aufs Spiel gesetzt werden (vgl. dies. a.a.O.: 59ff.). So entsteht erneut eine Erfahrung von Ausgrenzung in der zweiten oder dritten Generation von Migranten, die existenziell wichtige Netzwerke gefährdet und einem vertrauensvollen gesellschaftlichen Zusammenleben von Deutschen und ausländischen Zuwanderern nicht zuträglich sein kann.

8. Zugang zum Wohnen an der Schnittstelle individueller und gesellschaftlicher Mehrsprachigkeit: Forschungsperspektiven

Auch wenn die bisherige Auswertung unserer Interviews zunächst einmal nur erste Verdichtungen vergleichbarer Inhalte präsentiert, zeigt sich u. E. ein Zusammenhang, der zu nachfolgender Forschung in interdisziplinärer Zusammenarbeit von u.a. Sprachwissenschaft und Stadtsoziologie anregt.

Die Interviews machen deutlich, dass die Erfahrungen unserer Interviewpartnerinnen und Interviewpartner bei der Wohnungssuche von einer Mangelsituation geprägt sind, in deren Bewältigung sprachliche Handlungen eine maßgebliche Rolle spielen. Unsere Interviewpartnerinnen und Interviewpartner erleben die Herausforderung, ihre mehr oder weniger entwickelten Sprachkenntnisse im Deutschen einsetzen zu müssen. Sprachkenntnisse sind in pauschaler Form jedoch nicht die alleinige Voraussetzung für den Kontakt mit vermietenden Parteien. Vielmehr gilt es in der jeweiligen Konstellation des Bewerbens „einen guten Eindruck" zu machen, d. h. es spielen ganz spezifische sprachliche Handlungsformen eine Rolle.

Die präsentierten Erfahrungen im Rahmen der Wohnungssuche in Deutschland unterscheiden sich zum Teil erheblich von denjenigen in den Herkunftsländern unserer Gesprächspartner. Welche Wege sie in Deutschland beschreiten müssen, welche Dokumente sie z. B. brauchen etc., hat ihnen niemand erklärt, bzw. sie werden mit widersprüchlichen Auskünften konfrontiert. Es ist nicht auszuschließen, dass ein verhinderter Zugang zu Wohnraum Auswirkungen auf die Handlungsspielräume der Betroffenen hat und zu einer Summation kommunikativer Erfahrungen führt, als deren Resultat eine negative Selbsteinschätzung droht, die wiederum weiteren Partizipationsmöglichkeiten der Betroffenen im Wege steht. Erfahrungen in den ersten großstädtischen Betreuungseinrichtungen für Migranten der älteren Generation (Pauli et al., in diesem Band) zeigen, dass viele von ihnen das Sprechen verweigern, wenn sie sich in ihren Bedürfnissen nicht verstanden fühlen oder auf vertraute Sprachen aus der Kindheit zurückgreifen, die z. T. selbst ihre Angehörigen nicht verstehen. Als Ausweg aus sprachlich vermittelten Fassetten des Wohnungsmangels werden informelle Netzwerke genutzt, auf die aber kein verlässlicher oder selbstverständlicher Zugriff besteht.

Herauszufinden bleibt einerseits, wie sich einzelne, in den Interviews angedeutete kommunikative Prozesse im Wohnkontext in ihrer diskriminierenden Qualität zueinander verhalten. Andererseits gilt es nach Interventionsmöglichkeiten in unterschiedlichen Konstellationen institutioneller Kommunikation zu fragen. Hierzu bedarf es eines theoretisch-methodologischen Rahmens, der Erkenntnisse über die Zuständigkeit von Institutionen und ihren kommunikativen Praktiken (Diskursen und Texten) in einen Zusammenhang mit kommunikativen Möglichkeiten der interagierenden Personen stellt. Ein solcher Rahmen ist bereits in den siebziger Jahren im Zuge einer sprachlichen Institutionsanalyse von Ehlich & Rehbein unter dem Begriff des ‚Praxeogramms‘ entwickelt worden (vgl. Bührig & Redder in diesem Band).

Im Rahmen von ‚Praxeogrammen‘ werden konstitutive Handlungseinheiten einer Institution erfasst, sogenannte ‚pragmatische Einheiten‘ bzw. ‚Pragmeme‘ (vgl. Ehlich & Rehbein 1972, 1978, Rehbein 1998, Bührig, Durlanık & Meyer 2000). Sie beinhalten sprachliche und mentale Aktivitäten, die, zusammengefasst als funktionale Einheiten eines gesamten Handlungsablaufs in die Handlungseinheiten einzelner Aktanten und in unterschiedliche Sphären eingebettet sind. Innerhalb von Praxeogrammen lassen sich systematische, zweckgerichtete Beziehungen der einzelnen Pragmeme sowie die Beteiligung unterschiedlicher Aktantengruppppen jeweils zueinander darstellen. Auf diese Weise wird ein Überblick über die interaktive Charakteristik institutioneller Handlungsprozesse gegeben, die auch Interruptionsmöglichkeiten einzelner Aktanten berücksichtigt bzw. aufzeigt, zwischen welchen Pragmemen eine obligatorische Abfolgebeziehung besteht, die damit ihrerseits ein sog. ‚Hyperpragmem‘ bilden.

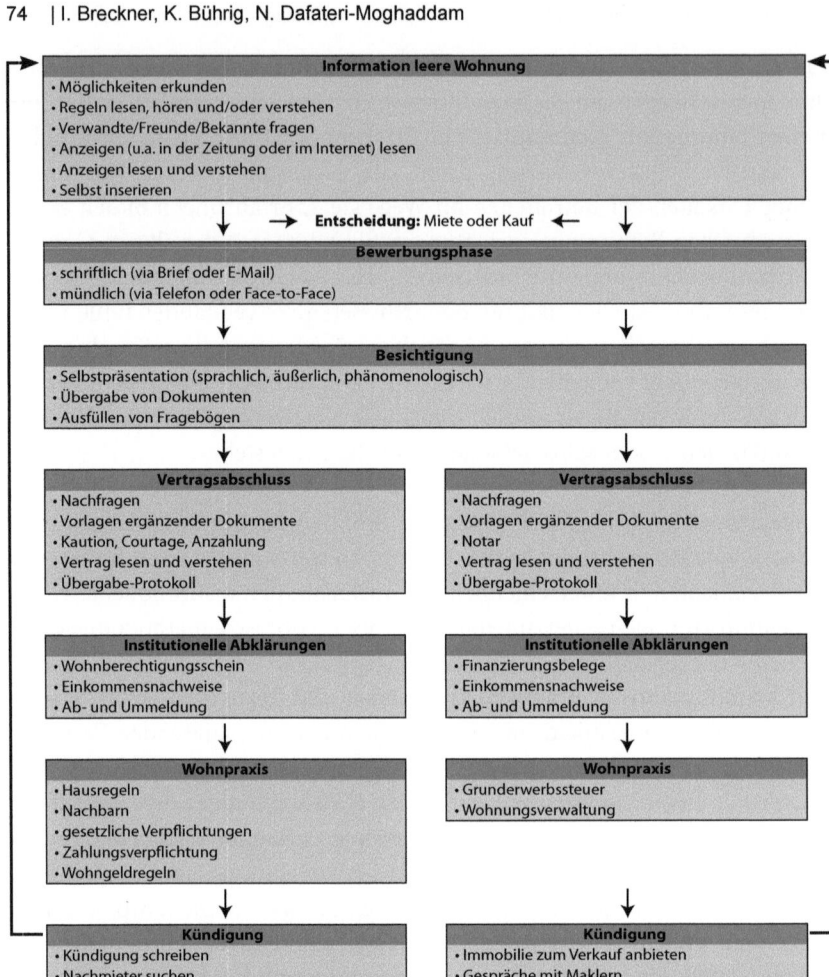

Abbildung 2:   Schritte des Zugangs zu Wohnraum

Die notwendigen Stationen innerhalb des Prozesses, der über den Zugang zu Wohnraum entscheidet, lassen sich beim derzeitigen Stand der Untersuchung zunächst nur in linearer Form als Abfolge von Pragmemen darstellen (vgl. Abb. 2). Dabei muss in einzelnen Phasen des Zugangs zu Wohnraum zwischen dessen Anmietung oder Kauf unterschieden werden. Denn vermutlich sind nicht nur die sprachlichen Herausforderungen des Handelns, sondern auch die sozialen (z. B. Netzwerke), wirtschaftlichen (z. B. Geld für professionelle

Beratung) oder politischen (z. B. Zugang zu Machtquellen im Entscheidungs-prozess der Wohnungsvergabe) Ressourcen der Intervention in den Bereichen der Anmietung und des Kaufs von Wohnraum unterschiedlich strukturiert. Gänzlich unberücksichtigt bleibt in der vorläufigen grafischen Darstellung die sozialstrukturelle und milieuspezifische Differenzierung zwischen Mietern bzw. Käufern von Wohnraum, die aus dem Ausland zugezogen sind.

Alle relevanten Entscheidungsprozesse der am Wohnungszugang beteilig-ten Aktanten, die ihrerseits in kommunikativ-interaktive Prozesse eingebettet sind, bedürfen in der weiteren empirischen Untersuchung einer systemati-schen Verortung, um auf dieser Grundlage einen besseren Einblick in die Ver-quickungen gesellschaftlich-institutioneller und personenbezogener Einflüsse auf Erfolge oder Misserfolge bei der Wohnungssuche unter Mangelbedingun-gen zu gewinnen. Deren Rekonstruktion ist unter Berücksichtigung von den hier relevanten kommunikativen Anforderungen an die Wohnungssuche zu präzisieren. Mittels weiterer empirischer Erhebungen wäre auf einer soliden empirischen Grundlage zu verdeutlichen, an welchen Punkten es bereits eine praktizierte Mehrsprachigkeit gibt und wo sie dringend erforderlich wäre, um das elementare Bedürfnis nach akzeptablem Wohnraum realisieren zu können. Berichte des Kanadischen Journalisten Doug Saunders (2011) über die Selbst- und Fremdorganisation der Zuwanderung in unterschiedlichen Städten der Welt verweisen darauf, dass Anerkennung von sprachlichen und anderen Kompetenzen der Zuwanderer deren Integration in die neuen urba-nen Alltagskontexte unterstützt und erleichtert.

Literatur

Adanali, Z. (2013). *Türkischstämmige Migranten auf dem Hamburger Wohnungsmarkt. Am Beispiel des Stadtteils Wilhelmsburg.* Masterthesis an der HafenCity Universität Hamburg.

Ahmed, A. M. (2010). What is in a surname? The role of ethnicity in economic decis-ion making. *Applied Economics* 42 (2009) 1, 1–9.

Ahmed, A. M., Hammarstedt, M. (2008). Discrimination in the rental housing market: A field experiment of the Internet. *Journal of Urban Economics* 64, 362–372.

Ahmed, A. M., Andersson, L., Hammarstedt, M. (2010). Can discrimination in the housing market be reduced by increasing the information about applicants? *Land Economics* 89 1, 79–90.

Auspurg, K., Hinz, T., Schmid, L. (2011). *Contexts and Conditions of Ethnic Discrimi-nation: Evidence from a Field Experiment in German Housing Markets.* Working Paper 01–2011, DFG-Project „Ethnical Discrimination in the German Housing

Market – Prevalence, Determinants, and the Contribution of Residential Segregation. Konstanz.

Baldini, M., Frederici, M. (2010). *Ehnic discrimination in the Italian rental housing market*. Modena: Università di Modena e Reggio Emilia. CAPP – Centro di Analisi delle Politiche Pubbliche, Paper no. 77.

Birkner, K. (2001). *Bewerbungsgespräche mit Ost- und Westdeutschen: eine kommunikative Gattung in Zeiten gesellschaftlichen Wandels*. Tübingen: Niemeyer.

Bosch, M., Carnero, A., Farré, L. (2010). Information and discrimination in the rental housing market: Evidence from a field experiment. *Regional Science and Urban Economics* 40 (2010), 11–19.

Böhme, G. (2006). *Architektur und Athmosphäre*. München: Fink.

Braun, R. (2011). *Langfristige Trends für den deutschen Wohnungsmarkt – Wer die Wohnwünsche seiner Zielgruppe kennt, hat weniger Leerstand*, http://www.empirica-institut.de/kufa/empi201rb.pdf , Zugriff: 11.04.2012.

Bruckner, G., Fuhr, G. (2011). Bevölkerung mit Migrationshintergrund. In Statistisches Bundesamt/Wissenschaftszentrum Berlin für Sozialforschung (Hrsg.), *Datenreport 2011: Ein Sozialbericht für die Bundesrepublik Deutschland – Band I*, 188–192, Bonn.

Bührig, K. (1996). *Reformulierende Handlungen. Zur Analyse sprachlicher Adaptierungsprozesse in institutioneller Kommunikation*. Tübingen: Narr.

Bührig, K., Durlanık, L., Meyer, B. (2000). Handlungslinien und institutionelle Charakteristika gedolmetscher Diskurse im Krankenhaus. *Arbeiten zur Mehrsprachigkeit*, Folge B2.

Bührig, K., Redder, A. (in diesem Band). Praxeogramm und Handlungsmuster als Methoden der Mehrsprachigkeitsanalyse.

Bukow, W.-D. et al. (Hrsg.) (2007). *Was heißt hier Parallelgesellschaft. Zum Umgang mit Differenzen*. Wiesbaden: VS.

Carpusor, A.G., Lodges, W. E. (2006). Rental Discrimination and Ethnicity in Names. *Journal of Applied Social Psychology* 36, 934–952.

Dausendschön-Gay, U., Gülich, E., Kraft, U. (2007). Phraseologische/ formelhafte Texte. In Burger, H., Dobrovol'skiy, D., Kühn, P. & Norrick, N. R. (Hrsg.), *Phraseologie. Ein internationales Handbuch zeitgenössischer Forschung*, 468–481. Berlin: de Gruyter.

Die Beauftragte der Bundesregierung für Migration, Flüchtlinge und Integration (Hrsg.) (2012). *9. Bericht der Beauftragten der Bundesregierung für Migration, Flüchtlinge und Integration über die Lage der Ausländerinnen und Ausländer in Deutschland*. Berlin.

Die Beauftragte der Bundesregierung für Migration, Flüchtlinge und Integration (Hrsg.) (2011). *Zweiter Integrationsindikatorenbericht erstellt für die Beauftragte der Bundesregierung für Migration, Flüchtlinge und Integration*. Berlin.

Die Beauftragte der Bundesregierung für Migration, Flüchtlinge und Integration (Hrsg.) (2010). *8. Bericht der Beauftragten der Bundesregierung für Migration,*

Flüchtlinge und Integration über die Lage der Ausländerinnen und Ausländer in Deutschland. Berlin.

Ehlich, K. (2007). *Recherche und Dokumentation hinsichtlich der Sprachbedarfe von Teilnehmenden an Integrationskursen DaZ – InDaZ – im Rahmen des Projektes des Goethe-Instituts zur Erstellung eines Rahmencurriculums für Integrationskurse.* München: Goethe-Institut (unter Mitwirkung von Elke Montanari und Ana Hila).

Ehlich, K., Rehbein, J. (1972). Zur Konstitution pragmatischer Einheiten in einer Institution: Das Speiserestaurant. In Wunderlich, D. (Hrsg.), *Linguistische Pragmatik,* 209–254. Frankfurt/M.: Athenäum.

Ehlich, K., Rehbein, J. (1978). Sprache in Institutionen. In Althaus, H. P., Henne, H. & Wiegand, H. E. (Hrsg.), *Lexikon der Germanistischen Linguistik,* 338–345. Tübingen: Niemeyer.

Eichener, V. (2012). *Wohnungsbau in Deutschland – Zuständigkeiten von Bund, Ländern, Kommunen und Europäischer Union?* (Studie im Auftrag der Initiative „Impulse für den Wohnungsbau"), Bochum.

Fairclough, N. (1992). *Discourse and Social Change.* Cambride: Policy Press.

Fandrych, Ch., Thurmaier, M. (2011). *Textsorten im Deutschen. Linguistische Analysen aus sprachdidaktischer Sicht.* Tübingen: Stauffenburg.

Führ, E. (2003). Architekturkritik als Architekturvermittlung. *Wolkenkuckucksheim 7* (2003), 2.

Galster, G. (1990). Racial Steering in Urban Housing Markets: A Review of Audit Evidence. *Review of Black Political Economy* 18 (3), 105–129.

Grießhaber, W. (1987). *Authentisches und zitierendes Handeln.* Bd.I.: Einstellungsgespräche. Tübingen: Narr.

Hastings, A. (2010). Discourse Analysis: What does it Offer Housing Studies? *Housing, Theory and Society* 17 (3), 131–139.

Hausendorf, H. (2000). Die Zuschrift. Exemplarische Überlegungen zur Methodologie der linguistischen Textsortenbeschreibung. *Zeitschrift für Sprachwissenschaft* 19, 210–244.

Heckmann, J.J. (1998). Detecting Discrimination. *The Journal of Economic Perspectives* 12, 101–116.

Heidelberger Forschungsprojekt „Pidgin-Deutsch". Zur Sprache ausländischer Arbeiter: Syntaktische Analysen und Aspekte des kommunikativen Verhandelns. *Zeitschrift für Literaturwissenschaft und Linguistik* 5 (1975) 18, 78–121.

Horr, A. (2011). *Ethnische Diskriminierung auf dem Mietwohnungsmarkt. Ergebnisse eines Feldexperimentes.* Vortrag an der Universität Konstanz am 04.05.2011.

Kern, F. (2000). *Kulturen der Selbstdarstellung: Ost- und Westdeutsche in Bewerbungsgesprächen.* Wiesbaden: Deutscher Universitätsverlag.

Klink, A., Wagner, U. (1999). Discrimination Against Ethnic Minorities in Germany: Going Back to the Field. *Journal of Applied Psychology* 29, 402–423.

Ondrich, J., Ross, S.L., Yinger, J. (2000). How Common is Housing Discrimination? Improving on Tr aditional Measures. *Journal of Urban Economics* 47(3), 470–500.

Pager, D., Shepherd, H. (2008). The Sociology of Discrimination: Racial Discrimination in Employment, Housing, Credit, and Consumer Markets. *Annual Review of Sociology* 34, 181–209.

Pauli, J., Egetmeyer, L., Meisel, R., Radt, S. L. (in diesem Band). Ältere MigrantInnen in Hamburg. Sprachliche und kulturelle Diversität in Senioreneinrichtungen und anderen Alter(n)swelten.

Planerladen (2007). *Ungleichbehandlung von Migranten auf dem Wohnungsmarkt. Ergebnisse eines „Paired Ethnic Testing"* bei Internet-Immobilien-Börsen. Dortmund: Planerladen e.V.

Rehbein, J. (1977). *Komplexes Handeln. Elemente zur Handlungstheorie der Sprache.* Stuttgart: Metzler.

Rehbein, J. (1998). Die Verwendung von Institutionensprache in Ämtern und Behörden. In Hoffman, L., Kalverkämper, H. & Wiegand, E. (Hrsg.), *Fachsprachen. Languages for Specific Purposes*, 660–675. Berlin: de Gruyter.

Rödin, M., Özcan, G. (2011). *Is It How You Look or Speak That Matters? – An Experimental Study Exploring the Mechanisms of Ethnic Discrimination* (http://www2.ne.su.se/paper/wp11_12.pdf – 21.04.2013).

Rolf, E. (1993). *Die Funktionen der Gebrauchstextsorten.* Berlin: de Gruyter

Rottleuthner, H., Mahlmann, M. (2011). *Diskriminierung in Deutschland. Fakten und Vermutungen.* Baden-Baden: Nomos.

Sandig, B. (20062). *Textstilistik des Deutschen.* Berlin: de Gruyter.

Saunders, D. (2011). *Arrival City.* München: Blessing.

Schilling, A. (2001). *Bewerbungsgespräche in der eigenen und fremden Sprache Deutsch. Empirische Analysen.* Frankfurt/M.: Lang.

Selting, M. (1988). Gesprächsdynamik in Gesprächen zwischen Muttersprachlern und zwischen Muttersprachlern und Nicht-Muttersprachlern im Vergleich: eine explorative Studie. *Zielsprache Deutsch: eine internationale Zeitschrift für Deutsch als Fremdsprache/ Deutsch als Zweitsprache* 2, 22–50.

Senatsverwaltung für Integration, Arbeit und Soziales (Hrsg.) (2010). *Deutscher Name – halbe Miete: Diskriminierung auf dem Wohnungsmarkt*, Berlin.

Sokolowski, L. (2001). Zur Charakteristik von Immobilienanzeigen. In Sommerfeldt, K.-E. & Schreiber, H. (Hrsg.), *Textsorten des Alltags und ihre typischen sprachlichen Mittel*, 64–72. Frankfurt/M.: Lang.

Sommerfeldt, K.-E. (1998). *Textsorten in der Regionalpresse.* Frankfurt/M.: Lang.

Statistisches Amt für Hamburg und Schleswig-Holstein (Hrsg.) (2013a). *Statistisches Jahrbuch Hamburg 2012/2013*, Hamburg.

Statistisches Amt für Hamburg und Schleswig-Holstein (Hrsg.) (2013b). *Statistische Analysen 06/März 2013*, Hamburg.

Tucci, I. (2011). Lebenssituation von Migranten und deren Nachkommen. In Statistisches Bundesamt/Wissenschaftszentrum Berlin für Sozialforschung (Hrsg.), *Datenreport 2011, Ein Sozialbericht für die Bundesrepublik Deutschland – Band I*, 193 -199, Bonn.

Turner, M.A., Ross, S. L., Galster, G. C., Yinger, J. (2002). *Discrimination in Metropolitan Housing Markets: National Results form Phase I HDS 2000. Final Report.* Washington, DC: The Urban Institute Metropolitan Housing and Communities Policy Center.

Turner, M. A., Ross, S. L. (2003). *Discrimination in Metrolpolitan Housing Markets: Phase 2 – Asian and Pacific Islanders. Final Report.* Washington, CD: The Urban Metropolitan Housing and Communities Policy Center.

Ullrich, A. V. (2008). Zum Interpretieren von Architektur. Theorie des Interpretierens. *Wolkenkuckucksheim* 12 (2), 1–9.

Yinger, J. M. (1986). Measuring Racial Discrimination with Fair Housing Audits: Caught in the Act. *The American Economic Review* 76 (5), 881–893.

Zhao, B. (2005). Does the number of houses a broker shows depend on a homeseeker's race? *Journal of Urban Economics* 57, 128–147.

Zhao, B., Ondrich, J., Yinger, J. M. (2006). Why do real estate broker continue to discriminate? Evidence from the 2000 Housing Discrimination Study. *Journal of Urban Economics* 59, 394–419.

Kristin Bührig, Angelika Redder

Praxeogramm und Handlungsmuster als Methoden der Mehrsprachigkeitsanalyse

Zusammenfassung

Der Beitrag beinhaltet eine Vorstellung zweier Konzepte, die im vorliegenden Band von mehreren Beiträgen für die Erforschung mehrsprachiger Kommunikation in der Stadt genutzt werden: das Konzept des ‚Praxeogramms' sowie das ‚sprachlicher Handlungsmuster'. Die Konzepte sind im Rahmen einer Handlungstheorie von Sprache entwickelt worden, um die Struktur von institutionellen ‚Handlungsräumen' und gesellschaftlichen Handlungswegen, die der Bearbeitung von Standardkonstellationen dienen, systematisch in der Analyse sprachlichen Handelns berücksichtigen zu können.

1.   Forschungsgeschichtlicher Hintergrund

Die Konzepte von Wirklichkeit als Praxis und von Veränderung der Wirklichkeit durch Handeln traten wissenschaftsgeschichtlich seit den fünfziger Jahren des zwanzigsten Jahrhunderts zunehmend in den Bereich der Aufmerksamkeit – nachdem sie hundert Jahre zuvor im von Engels und Marx betriebenen Versuch, Sozialismus als Wissenschaft zu etablieren, für eine kurze Phase die politische wie philosophische Diskussion bestimmt hatten. Für die moderne Soziologie sind die handlungsanalytischen Ausführungen von Max Weber und Jürgen Habermas prägend. Innerhalb der Analytischen Philosophie vollzog seit den vierziger Jahren Wittgenstein mit seinen Philosophischen Untersuchungen (posthum 1953) die Wende im eigenen theoretischen Arbeiten, jedoch lediglich in aphoristischer Form. In der Folgezeit entfaltete sich die Differenzierung zwischen Ereignis (event) und Handlung (action) auf der Basis von Intentionen (z. B. Anscombe 1957) und stieß eine breite Entwicklung von Modallogik und Handlungslogik an. Insbesondere v. Wright (1963; 1971) gelang eine differenzierte logische Rekonstruktion der inneren Komplexität und der Interrelation von Handeln und Prozess bzw. Geschehen. Gleichzeitig entdeckte der Rechtsphilosoph Austin die grundsätzliche Handlungsqualität von Sprache, so dass die Linguistische Pragmatik im Sinne einer Handlungstheorie von Sprache und die Philosophische Handlungstheorie einander inspirieren konnten (z. B. Davidson 1967, Grice 1975). In seinen „Elementen zur Handlungstheorie von Sprache" stellt Rehbein (1977) die verschiedenen Bezüge genauer dar. Aus einer technisch-anwendungsbezogenen Perspektive widmete sich zugleich die Forschung in der Artificial Intelligence (AI) zunehmend aktionaler Elementaranalyse einerseits und kognitionswissenschaftlicher Modellierung von Wissen und (Text-)Verstehen andererseits.

Damit sind sehr grob der wissenschaftliche Kontext und das Spektrum an Schnittstellen zu einer Handlungstheorie von Sprache umrissen, wie sie für eine Reihe unserer Untersuchungen zur städtischen Praxis der Mehrsprachigkeit in diesem Band genutzt wird.[1] Im Folgenden diskutieren wir eigens zwei Kategorien von methodischer Relevanz: das ‚Praxeogramm' und das ‚Handlungsmuster'. Alternativen wie ‚schema', ‚frame' und ‚script' werden in gebotener Kürze dazu ins Verhältnis gesetzt.[2]

2. Handlungsraum – Institution – standardisierter Handlungsablauf

Die aktuelle Stadtsoziologie konzipiert Stadt als einen „Handlungsraum" (Löw 2001), der – so vor allem in konstruktivistischer Argumentation (z. B. Warnke 2006) – nicht einfach verwaltungstechnisch oder geographisch bzw. topologisch gegeben ist. Schwierig bleibt bislang die analytische Trennung zwischen dem Anteil an Handlungsraumkonfiguration, der zeit-räumlich besonders und individuell ausgestaltet wird, und dem Anteil, der allgemein und gesellschaftlich-historisch vorstrukturiert und insofern praktisch in Anspruch genommen wird. Letzteres erfordert eine Analyse der Bestimmungsverhältnisse auf recht hoher Abstraktionsstufe. Eine Handlungstheorie von Sprache setzt, so jedenfalls in der Funktionalen Pragmatik, bei Letzterem als dem Allgemeinen an und leitet daraus ersteres als das Besondere systematisch ab. Methodisch geschieht dies in beständigem Wechselverhältnis von empirischer Untersuchung und theoretischer Modellierung. Ein ‚Handlungsraum', wie er demgemäß kategorisiert wird, ist an die Rekonstruktion ‚historisch-gesellschaftlich' geprägter Handlungspraxis in Kategorien von repetitiven ‚Zwecken' und dafür gesellschaftlich bewährten ‚Handlungswegen' rückgekoppelt; diese

---

1   Zusammenfassende Überblicke zur Funktionalen Pragmatik als einer derart inspirierten Handlungstheorie von Sprache bieten z. B. Rehbein (2001), Rehbein & Kameyama (2003), Bührig (2005), Bührig & ten Thije (2005), Ehlich (2007/I, B4), Redder (2008).

2   Ausführlicher dazu Ziem (2008).

Zweck-Mittel-Relation geht als ‚Aktantenwissen' in das konkrete Handeln ein (Ehlich & Rehbein 1977).

> *„Ein Handlungsraum ist nicht allein ein sichtbarer Platz, sondern umfaßt ein spezifisch ausgezeichnetes Ensemble von voraussetzenden Bestimmungen, die durch die gesellschaftliche Gesamtstruktur und deren Reproduktion auskristallisiert sind und die spezifisch in die Handlungen, die in dem betreffenden Handlungsraum stattfinden, eingehen. Die „Bestimmungen" haben jedoch ihrerseits eine Verselbständigung gegenüber dem spezifischen Handlungsraum, so daß sie bis zu einem gewissen Grad auch als selbständige Größen analysiert werden können."* (Rehbein 1977, 12)

Unsere modernen Gesellschaften sind zu einem ganz überwiegenden Teil durch Institutionen geprägt. Die wissenschaftsgeschichtliche Diskussion dieser schwierigen Kategorie ist sehr vielfältig (Ehlich & Rehbein 1994). Für eine hermeneutische Herangehensweise auf historisch-gesellschaftlicher Theoriebasis lassen sich Institutionen als makrostrukturelle gesellschaftliche Funktionseinheiten auffassen; Poulantzas (1974) kategorisiert sie demgemäß als „appareilles/Apparate". Die meisten unserer gesellschaftlichen Handlungsräume sind durch solche gesellschaftlichen Apparate namens Institution verfügbar gehalten und mithin durch institutionelle Bedingungen strukturiert. Anders gesagt: Die Handlungspraxis ist, nicht zuletzt in Städten, zumeist eine institutionell geprägte, insofern hochkomplexe Handlungspraxis mit diversen Handlungsalternativen oder deren Einschränkung, mit verschiedenen institutionellen Zuständigkeiten und Zugänglichkeiten. Die Aktanten in einem institutionellen Handlungsraum – ‚Agenten' einerseits und ‚Klienten' andererseits (Ehlich & Rehbein 1977) – sind somit auf ein Wissen um diese institutionellen Bedingtheiten angewiesen[3], gerade auch im Falle kritischer Überwindungs- oder Ausweitungsversuche (für Behörden s. Porila & ten Thije 2008).

Die alltägliche, standardisierte Handlungspraxis in solchen institutionellen Handlungsräumen ist der überwiegende Gegenstand unserer empirischen Untersuchungen zu städtischer Mehrsprachigkeit. Für die makroanalytische Erfassung derartiger Praxisstrukturen wurde bereits in der Anfangsphase der Linguistischen Pragmatik das Konzept des *‚Praxeogramms'* entwickelt – und zwar genau für die Institution „Das Speiserestaurant" (Ehlich & Rehbein 1972), wie sie in den komparativen (Brehmer, Kießling, Redder, in diesem Band) und den Hamburger Studien (Redder & Scarvaglieri, in diesem Band) thematisiert ist.

---

3 Insbesondere in Institutionen erweist sich das Aktantenwissen als auf die beiden Gruppen recht unterschiedlich und keineswegs egalitär verteiltes Wissen.

Was ist ein Praxeogramm und wie wird es gewonnen? Ein Praxeogramm stellt die funktional bewährte und insofern verallgemeinerte Organisationsstruktur einer Handlungspraxis von Gesellschaften in ihren Ablaufmöglichkeiten und in ihren Entscheidungspunkten makrostrukturell dar. Ein Praxeogramm weist also die konstitutiven Einheiten eines (institutionellen) Handlungsraums in ihrer aktantenverteilten und dynamisch ablaufenden Strukturrelation dar. Es ist keine Modellierung idealer Handlungsabläufe im deduktiven Sinne. Vielmehr wird ein Praxeogramm auf empirischer Basis gewonnen und durch eine analytische Rekonstruktion der Form-Funktions-Verhältnisse handlungstheoretisch bestimmt. Die Einzelelemente eines Praxeogramms, d. h. die konstitutiven Einheiten, nennt man allgemein ‚Pragmeme'; sie sind spezifiziert nach Aktionen, Interaktionen und Entscheidungspunkten. „Die Pragmemabläufe sind teleologisch" (Ehlich & Rehbein 1972, 227). Der gesellschaftliche Zweck – im Unterschied zum individuellen Ziel – wird also als strukturbildend für die bewährten Wege zur Realisierung komplexer wiederkehrender Bedürfnisse in repetitiven Konstellationen ermittelt. Die im Praxeogramm dargestellte Systematik der Handlungspraxis verdankt sich einem großräumigen Zweck-Mittel-Nexus[4].

Wie stellt sich die Institution Speiserestaurant zunächst hinsichtlich der involvierten sozioökonomischen Sphären dar? In einem Speiserestaurant wird eine Reihe von Esswaren für den direkten Verzehr produziert, um das Bedürfnis von Gästen zu befriedigen und um durch den Tauschwert, den dafür zu bezahlenden Preis, wiederum eine Grundlage für die eigene Bedürfnisbefriedigung zu gewinnen, und zwar „mit Gewinn". Ehlich & Rehbein (1972, 218) bieten dazu eine Graphik (s.u. Abb. 1).

Charakteristisch ist die Integration von Produktions- Zirkulations- und Konsumtionssphäre. Auf Seiten der institutionellen Agenten lassen sich, abstrakt gesprochen, der Besitzer mit dem verallgemeinerten Bedürfnis der Gewinnerzielung durch rasche und zufriedenstellende Warenumsetzung (zuweilen vertreten durch einen Geschäftsführer), der Koch als eigentlicher Warenproduzent und der Kellner als zwischen Produktion und Konsumtion

---

4   In einer Theorie, die Sprache als eine historisch-gesellschaftlich geprägte Form des Handelns auffasst, ist dieser Nexus vom Makro- bis zum Mikro-Bereich, auch in die Grammatik hinein, strukturbildend (vgl. Zifonun, Hoffmann, Strecker 1997, Kap. B). Eine Struktur wird derart als funktional notwendig rekonstruiert – im Unterschied zur grundsätzlichen Kontingenz mit diesbezüglicher Korpusstatistik in der Construction-Theorie von Sprache, welche zudem vom Individuum als konstruktiv tätiger Basiseinheit ausgeht.

vermittelnder Aktant ausmachen. Ihnen steht als institutioneller Klient der Restaurantbesucher – alltagssprachlich als „Gast" tituliert, wodurch die Mehrwertabschöpfung verdeckt bleibt – gegenüber. Hauptzweck ist der Ware-Geld-Tausch bei unmittelbarer Warenproduktion und -konsumtion. Nebenzweck ist eine Entlastung für die existentiell notwendige Lebensmittelzubereitung im Wege gesellschaftliche Arbeitsteilung sowie die Bereithaltung einer gewissen „Gegenwelt" vom individuellen Alltag – somit also eine bestimmte Form der Reproduktion des Klienten bei gleichzeitiger Reproduktionssicherung der Agenten mittels Entlohnung bzw. Mehrwertabschöpfung.

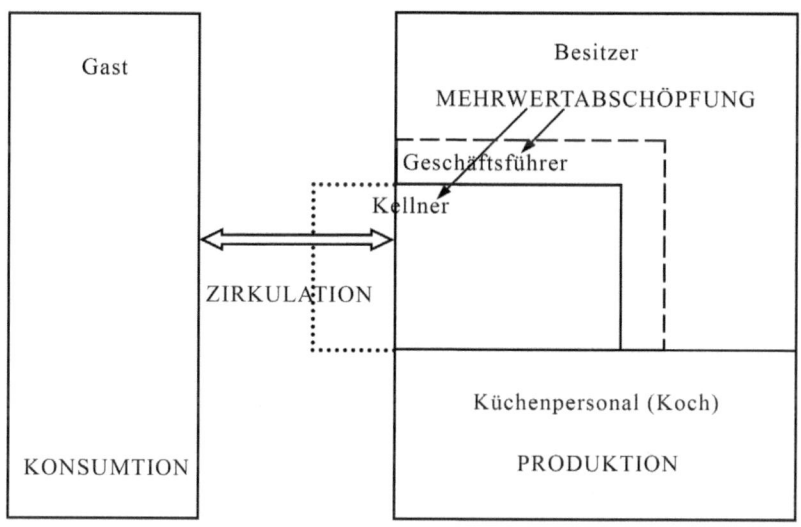

Abbildung 1:   nach Ehlich & Rehbein 1972, 218

Diese komplexe Einbindung in den gesellschaftlichen Handlungskontext bestimmt die Praxisstrukturen im Detail. Für den Standardfall des Speiserestaurants entwickeln Ehlich & Rehbein (1972, 225) folgende Darstellung des *Praxeogramms* (s. u. Abb. 2).

Den wesentlichen Teil des praktischen Ablaufs im Speiserestaurant bilden die fett umrahmten Strukturen, das sogenannte Hyperpragmem. Es umfasst die Pragmeme eines Restaurantbesuchs als die praktische ‚Geschichte', auf die die anderen Handlungen als ‚Vor'- oder ‚Nachgeschichte' (Rehbein 1977) funktional bezogen sind. Begrüßung und Verabschiedung sind nicht eigens an den Rändern ausgewiesen, da sie ein (sprachliches) Handeln übergreifender Art darstellen, das nicht für bestimmte Praxeogramme charakteristisch ist, sondern standardmäßig zum Zweck des Ein- und Austritts aus interaktiven Konstellationen gesellschaftlich ausgearbeitet ist.

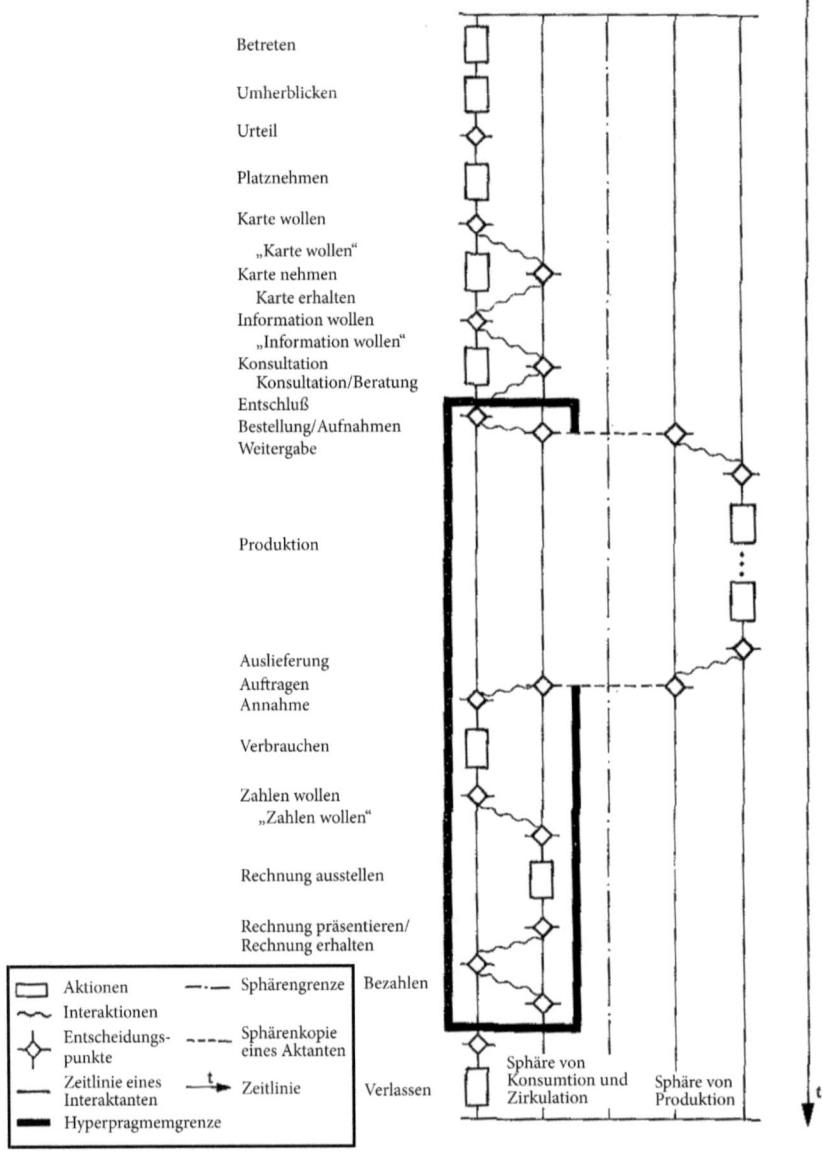

Abbildung 2: Praxeogramm „Das Speiserestaurant" aus Ehlich & Rehbein 1972, 225

Das sprachliche Handeln kommt in den interaktionalen Verbindungen zwischen den Aktanten bzw. Aktantengruppen zur Geltung, graphisch hier durch Schlangenlinien markiert. Innerhalb des Hyperpragmems sind dies Bestellung, Bedienung/Servierung und Bezahlung mit ihren jeweiligen Teilhandlungen. Die zweckmäßigen Sprechhandlungen und ihre Realisierungsformen variieren – gegebenenfalls erfolgt das sprachliche Handeln unterstützend zum aktionalen Handeln. Demgemäß wird beispielsweise ein wortloses Hinstellen des Gerichtes vom Gast zu Recht als unhöflich klassifiziert; selbst die Speisekarte wird gewöhnlich mit sprachlich-interaktiver Begleitung vorgelegt. Freilich sind dazu jeweils unterschiedliche Sprechhandlungen illokutiv einschlägig oder nur minimale sprachlich-prozedurale Handlungsformen funktional.

Damit verknüpft dürfte in mehrsprachigen Konstellationen auch die jeweilige Sprachenwahl variieren. In Redder & Scarvaglieri (in diesem Band) werden erstens die Ausformungen für die Imbissbude versus Restaurant dargelegt und zweitens die jeweilige Sprachenwahl und die diskursiven Erscheinungsformen von Mehrsprachigkeit exemplarisch empirisch rekonstruiert. In Brehmer, Kießling, Redder (in diesem Band) wird die Diskussion aus komparativer Perspektive geführt und eine tabellarische Übersicht über erwartete Mehrsprachigkeit geboten.

Wenige Jahre nach dieser funktional-pragmatischen Restaurantanalyse bot die AI-Forschung ebenfalls eine Darlegung des Standardablaufs von einem Restaurantbesuch. Im Kontext der Forschungen zu comprehension, zu Text- und Satzverstehen, entwickeln Schank (1975) und Schank & Abelson sukzessive eine dynamische kognitive Modellierung von Handlungs- und Ereignisketten als causal chaining. Solche Modellierungen sollen beispielsweise resümierende Äußerungen wie „John went to a restaurant and ate a lobster" in all ihren paraphrasierbaren Detail- und Implikationsstrukturen wiederzugeben erlauben. Der Restaurantbesuch gestaltet sich mithilfe von „transitions" (TRANS), differenziert in MTRANS (mental transition of information) und PTRANS (physical transition of things), demnach folgendermaßen (s. Abb. 3; Schank & Abelson 1975, 152).

```
script:    restaurant
roles:     customer, waitress, chef, cashier,
reason:    to get food so as to go up in pleasure

scene 1: entering
        PTRANS  self into restaurant
        ATTEND  eyes to where empty tables are
        MBUILD  where to sit
        PTRANS  self to table
        MOVE    sit down
```

scene 2: ordering
    ATRANS   receive menu
    MTRANS   read menu
    MBUILD   decide what self wants
    MTRANS   order to waitress

scene3: eating
    ATRANS   receive food
    INGEST   food

scene 4: exiting
    MTRANS   ask for check
    ATRANS   receive check
    ATRANS   tip to waitress
    PTRANS   self to cashier
    ATRANS   money to cashier
    PTRANS   self out of restaurant

Abbildung 3:   Restaurant-Script nach Schank & Abelson 1975, 152

Abgesehen von der kleinen Modifikation beim Bezahlen – hier geschieht es nicht beim Kellner, sondern gesondert an einer Kasse, wie dies in den USA verbreitet ist – erscheint der Ablauf identisch mit dem obigen im Praxeogramm. Die Standardisierung der Handlungsabfolge kann so als bestätigt gelten.

Bei genauerer Betrachtung ist sie jedoch lediglich auf die im öffentlichen Restaurantbereich erkennbaren Tätigkeiten reduziert. Weder die Vermittlung der Bestellung an die Küche noch die Produktion dort sowie das Servieren der Speise sind integriert – erst wieder das Serviertwerden (der Erhalt der Speise) und der Verzehr. Demgemäß unterbleibt jegliche Separierung von Handlungslinien pro Aktant und fehlt die integrale Darstellung der funktionalen Handlungssphären.[5] Die Perspektive des Ablaufs ist einlinig, einfach gewählt, nämlich einzig aus Sicht des Gastes. Dem entspricht die Begründung vorab: Speisung zwecks Steigerung von Wohlbefinden und Senkung des Hungers („to get food so as to go up in pleasure and down in hunger"). Darin manifestiert sich zwar eine funktionale Strukturgrundlage in Kategorien von Suffizienz und Defizienz, was mit linguistischen Handlungsanalysen konform geht; die institutionelle Funktionalität als Ganze bleibt aber ausgeblendet.

Eine solche Aussparung der interaktionalen und arbeitsteilig bedingten Strukturdimensionen ist charakteristisch für Wissensmodellierungen und ihre Methodologie. Während das Praxeogramm, wie gesagt, durch empirische Feldforschung basiert ist, werden für Darstellungen als ‚script/Skript' und

---

5   Bemerkenswerterweise wird zwar als ‚role' auch der „chef" angeführt, im Standardablauf aber nirgends involviert.

auch als ‚schema/Schema' empirisch Befragungen und somit Erhebungen von bewusstem Aktantenwissen vorgenommen. Oder es werden – so etwa bei den berühmten Schema-Analysen von Bartlett (1932) – durch mehrfach angeforderte narrative Wiedergaben von Erlebnissen die markanten Erinnerungsstrukturen als mentale Grundlage rekonstruiert. An solche Konzepte knüpfen die Ausführungen von Minsky (1975), Rumelhart (1975) und Winograd (1975) an. Das von Fillmore (1968) aufgegriffene ‚frame'/‚Rahmen'-Konzept ist nicht auf die Dynamik eines Ablaufs konzentriert, sondern nimmt insbesondere die beteiligten Elemente einer Situation in den Blick und knüpft daran Ausführungen zu semantischen Tiefenstrukturen von Ereignissen.

Für die Zwecke einer Analyse (mehr-)sprachlichen Handelns sind sowohl die Dynamik als auch die interaktive Qualität in ihrer Zweckstruktur weiterführend, so dass wir uns weiterhin methodisch an der Praxeogramm-Analyse und ihrer aktuellen Ausprägung orientieren.

3. Möglichkeiten und Grenzen eines Praxeogramms

Für die Darstellung eines Praxeogramms hat sich die flow-chart, das Verlaufsdiagramm, als besonders geeignet erwiesen, und zwar für Institutionen einfacher bis mittlerer Komplexität. Ursprünglich entwickelt für eine einfache Institution wie das Speiserestaurant, ist sie beispielsweise nunmehr auch für den industriellen Warenhandel, insbesondere für den Komplex von Kauf-Verkauf, ausgeführt worden. Rehbein (1995) bietet ein phasiertes Praxeogramm für den Kauf-Verkauf von industriellen Großgütern. Im Unterschied zum Kauf-Verkauf beim Einzelhandel wird mit diesem komplexen Praxeogramm fast die Grenze der Darstellbarkeit erreicht.

Eingebettet in die Warenzirkulation, ist das Praxeogramm von Kauf-Verkauf-Prozessen systematisch vom Verkäufer und seinem Warenangebot her initiiert – auch wenn sich dies mehr oder minder an den unterstellten Kundenbedürfnissen orientiert. Demgemäß hat Rehbein als erste Pragmeme den zentralen Zweck, den Verkauf, als Verkäuferziel sowie die Werbung als Interaktion angeführt. Bereits die Werbung kann nicht nur mehrsprachig erfolgen, sondern in höchst unterschiedlichen semiotischen oder sprachlichen Formaten und Realisierungsformen angelegt sein. Lediglich aus der Sicht des Käufers scheint das Praxeogramm erst mit seinem Kaufwunsch und dessen Kommunikation, ggf. als Angebotseinforderung, zu beginnen. Die Phasierung des komplexen Handlungsablaufs erlaubt zugleich die systematische

Verortung eines interkulturell wie intrakulturell wesentlichen Diskurses, der (kaufmännischen) Verhandlung.

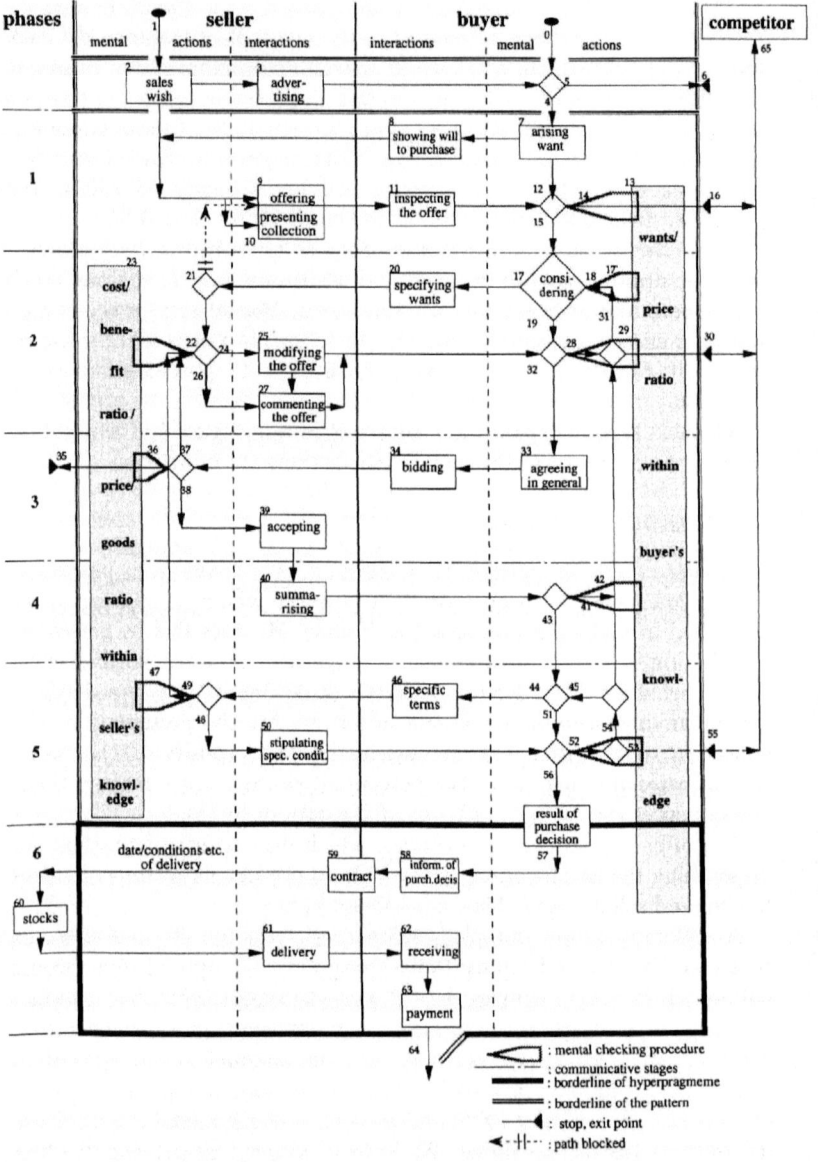

Abbildung 4: Praxeogramm des „international sales-talk" aus Rehbein 1995, 72

Im Rahmen ihrer Forschungen zum Dolmetschen im Krankenhaus[6] haben Bührig, Durlanık, Meyer (2000) in mehreren Schritten ein Praxeogramm zum Klinikablauf entwickelt. Dies machte, wie sie eigens ausführen, eine Komplexitätsreduktion reflektierter Art erforderlich. Dem Analyseziel bzw. der Fragestellung gemäß ist ihr Praxeogramm auf dolmetschrelevante Pragmeme und Aktantenlinien konzentriert. Zunächst wird die Relation der Abteilungen in einem Krankenhaus der Regelversorgung rekonstruiert (s. Abb. 5).

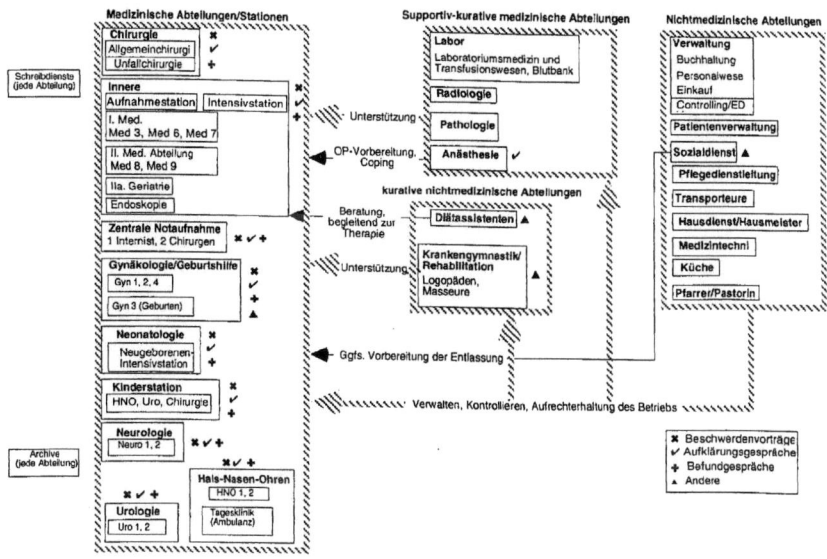

Abbildung 5: Krankenhaus der Regelversorgung mit Interrelation der Abteilungen aus Bührig, Durlanık, Meyer 2000, 11

Sodann kann das Hyperpragmen für Diagnose und Therapie dargelegt werden (s. Abb. 6).

---

6   Projekt „Dolmetschen im Krankenhaus" im DFG-finanzierten SFB 538 „Mehrsprachigkeit" (1999–2005), geleitet von K. Bührig.

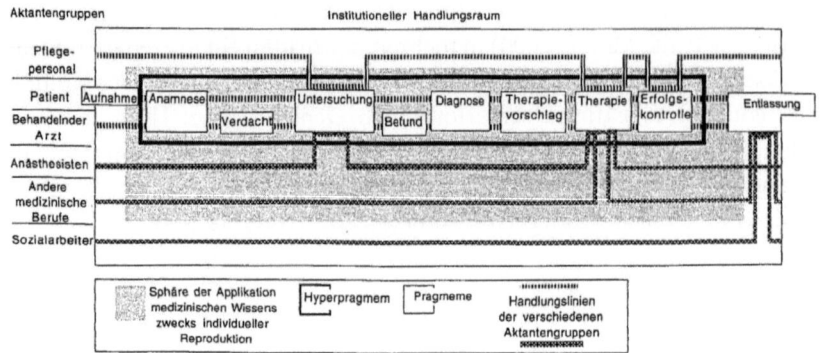

Abbildung 6: Hyperpragmem Diagnose/Therapie aus Bührig, Durlanık, Meyer 2000, 18

Schließlich ist die Gesamtstruktur mit Blick auf dieses Hyperpragmem in einem Regelkrankenhaus darstellbar (s.u. Abb. 7).

Man erkennt, dass ein Praxeogramm stets nur einen – ersten – Schritt für die Strukturanalyse von Handlungsräumen darstellt und nicht für beliebige Komplexitäten geeignet ist. Den Begrenzungen „nach oben" stehen gleichwohl Möglichkeiten „nach unten" gegenüber, indem von hier aus in mediale und in mikroanalytische Strukturen der bewährten Handlungswege systematische Einsicht genommen werden kann. Für eine Analyse des sprachlichen Handelns als möglichen Handlungswegen ist – ebenfalls von einem Mittel-Zweck-Verhältnis, also einem Form-Funktions-Nexus ausgehend – die Tiefenstruktur von Sprechhandlungen (wiederum unterschiedlicher Komplexität) wesentlich. Dazu bietet die Funktionale Pragmatik das Konzept des ‚Handlungsmusters' mit einer Darstellungsmöglichkeit als Verlaufsdiagramm.

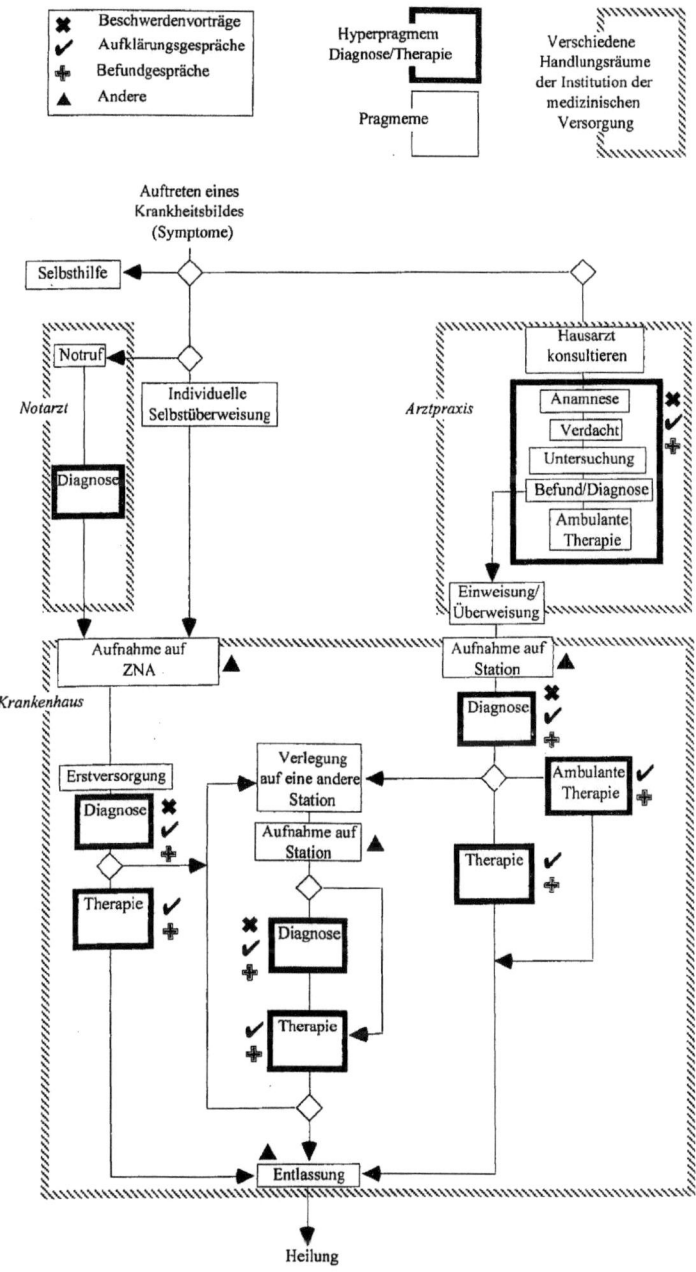

Abbildung 7: Hyperpragmem und institutioneller Handlungsablauf aus Bührig, Durlanik, Meyer 2000, 25

4. Das sprachliche Handlungsmuster – Hineinzoomen in ein Praxeogramm

Ein Praxeogramm ist nicht auf sprachliches Handeln eingeschränkt oder allein durch sprachliche Interaktion bedingt. Vielmehr greifen aktionale, nonverbale und verbale Handlungen interaktiven Typs sowie nicht interaktionale Tätigkeiten ineinander. Dies kann in Form einer Abfolge von Pragmemen geschehen, aber auch innerhalb eines komplexeren Pragmems. Insofern ist sprachliches Handeln mit den Pragmemen in besonderer Weise vermittelt. Die handlungsanalytische Systematik der Zweck-Mittel-Analyse kann in feinerer Differenzierung einzelner Pragmeme und perspektiviert vom sprachlichen Handeln her fortgeführt werden.

So lässt sich sprachliches Handeln unterschiedlicher Komplexität erschließen, nämlich Großformen wie Diskurse oder Texte[7] oder aber Sprechhandlungen sowie schließlich atomare Handlungseinheiten, die Prozeduren. Die inneren Strukturen von Diskursen oder Sprechhandlungen werden als Tiefenstruktur sprachlichen Handelns bestimmt und ,Handlungsmuster' genannt (Ehlich & Rehbein 1977). Man kann also gleichsam unter besonderem Blickwinkel in ein Praxeogramm „hineinzoomen" bis zu einem wesentlichen sprachlichen Handlungsmuster. Insofern lassen sich diese analytischen Kategorien der Funktionalen Pragmatik ausgezeichnet für die verschiedene „Körnigkeit" der Strukturanalyse mehrsprachiger Kommunikation im städtischen Raum nutzen (vgl. Redder 2013) und zu Komparationen heranziehen.

Welche Ergebnisse ein weitergehender linguistischer Einblick in ein Praxeogramm auf empirischer Basis hervorbringt, zeigt in diesem Band der Beitrag von Redder & Scarvaglieri. Nachfolgend soll nun abstrakter der ,Zoom' in die Pragmeme, also der Blick auf die mikrostrukturellen Formen der kommunikativen Praxis, genauer: auf die sprachlichen Handlungsformen, in seiner konzeptuellen Grundlage und methodischen Charakteristik skizziert werden.

Sprachliche Handlungen sind nicht auf ihr Ausführungsstadium, nämlich die interaktional realisierte ,Geschichte', beschränkt. Vielmehr weisen sie, wie

---

7 Funktional-pragmatisch sind ,Texte' wie auch ,Diskurse' zweckmäßige Ensembles aus Sprechhandlungen, wobei jedoch im Falle von Texten Sprecher und Hörer nicht kopräsent sind, so das eine diatopische und/oder diachronische Distanz der insgesamt „zerdehnten Sprechsituation" überbrückt werden muss und insofern Texte besondere Strukturkennzeichen aufweisen – keineswegs notwendigerweise Schriftlichkeit (Ehlich 1983).

Pragmeme, eine ‚Vorgeschichte' und eine ‚Nachgeschichte' auf.[8] Sowohl Vorgeschichte wie auch Nachgeschichte gehören also zu einer sprachlichen Handlung dazu und bilden damit Teile der gesellschaftlich ausgearbeiteten Handlungswege. Insofern gehören sie systematisch zum Untersuchungsgegenstand einer Handlungstheorie von Sprache, die den Prozesscharakter (sprachlichen) Handelns konsequent berücksichtigt. Das Ausführungsstadium einer Sprechhandlung ist nun in seiner konkreten Realisierungsform, dem Äußerungsakt mit seinem propositionalen Gehalt und seiner illokutiven Charakteristik, zum einen durch die Vorgeschichte bestimmt und zum anderen auf die Nachgeschichte ausgerichtet und dient der Realisierung eines Zweckes (Ehlich & Rehbein 1979; 1986). Welchen Beitrag die einzelnen Bestandteile einer Äußerung bzw. ganze Äußerungseinheiten oder auch Äußerungsensembles für den Handlungsprozess leisten, ist Gegenstand der konkreten Analyse. Konkret ist zu fragen, was die konstitutiven Elemente eines Handlungsprozesses sind und in welcher Form diese Elemente interaktional, aktional oder mental von den Aktanten realisiert werden. Der Ausgangspunkt dieses Analyseprozesses sind empirische Sprachdaten. Sie werden mit Blick auf den Handlungszweck einer konfrontativen, mehrschrittigen Betrachtung unterzogen, wobei die weiter oben erwähnte Frage nach Allgemeinem und Besonderem der Handlungspraktiken den hermeneutischen Prozess anleitet. Das Ergebnis der Analysen erbringt die Tiefenstruktur einzelner, in einer Gesellschaft bewährten Handlungswege, die als ‚Handlungsmuster' zum kommunikativen Wissen einzelner Gesellschaften gehören.

Sprachliche Handlungsmuster können in ihrer Komplexität, d. h. in der Anzahl und auch Qualität konstitutiver Elemente, die interaktional realisiert werden, erheblich variieren. Die interne Struktur weist jedoch insofern eine Konstanz auf, als sowohl die sprecher- als auch die hörerseitige Dimension, der Anteil beider Interaktanten im Handlungsprozess also, Berücksichtigung findet. Ein elementarer sprachlicher Handlungsweg, der von daher lange Zeit als alleiniger Untersuchungsgegenstand der analytischen Sprachphilosophie galt, ist die sprachliche Handlung der ‚Assertion'. Ihre Tiefenstruktur wurde im Rahmen der ‚Funktionalen Pragmatik' mit Blick auf ihren Zweck, nämlich die Vermittlung eines für den Hörer neuen bzw. aktuell notwendigen Wissens, untersucht. Im Falle einer Sprechhandlungssequenz mit einer der Assertion

---

8   Auf diesen Gesichtspunkt hatte bereits Austin noch vor seiner berühmten Vorlesung in ‚A plea for excuses' (1954) aufmerksam gemacht. Hierin besteht demgemäß kategorial gefasst einer der diversen Kritikpunkte von Ehlich (1972) am Konzept des Sprechaktes bei Searle.

vorausgehenden Frage kann der Zweck selbst zum Gegenstand des verbalen Austausches werden. Zur Veranschaulichung der Tiefenstruktur sei zunächst eine Graphik präsentiert, für die ebenfalls, wie im Fall der Praxeogramme, die bewährte Form des Flussdiagramms genutzt wird (s. Abb. 8).

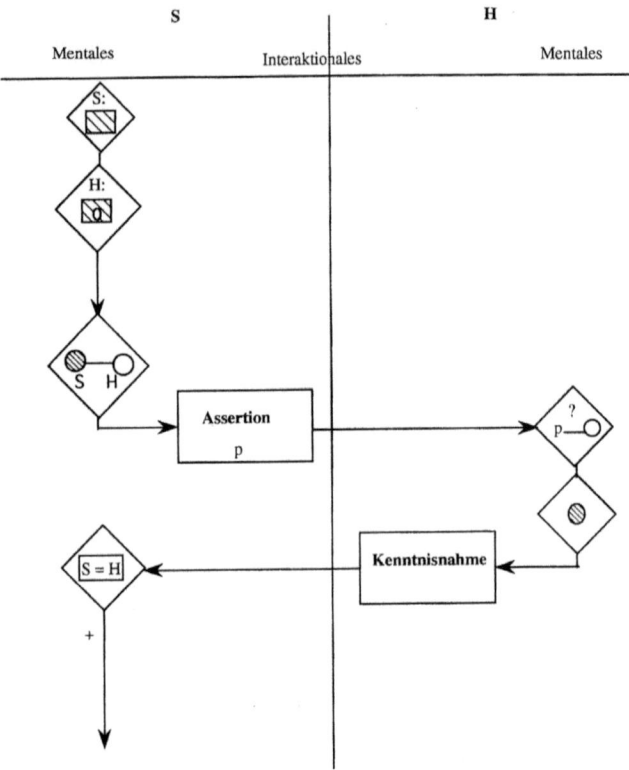

Abbildung 8:   Handlungsmuster der Sprechhandlung Assertion, © Redder

Die *Assertion* basiert als Ausgangskonstellation auf einem Mehrwissen seitens eines Aktanten (systematisch[9]: des Sprechers S) und dient dem Zweck, durch eine kooperative Wissenssynchronisierung dies Wissen auch dem Interaktanten (systematisch: dem Hörer H) verbal zugänglich zu machen, damit auf der Basis gemeinsamen Wissens weiter zusammen gehandelt werden kann. Diese mentalen Konstellationen sind graphisch durch Lücken bzw. gefüllte Lücken

---

9   Sprecher S und Hörer H werden handlungstheoretisch nicht durch das Turn-Taking bestimmt, weder im konkreten noch im abstrakten Sinne, sondern relativ zur Zweckstruktur des Handelns, insofern systematisch.

innerhalb eines schraffierten Wissensbereichs dargestellt. Komplementär dazu ist die Sprechhandlung der Frage auf einer identifizierten Wissenslücke von S gegründet und dient ihrer interaktiven Füllung (vgl. das Verlaufsdiagramm in Redder 1998, 76). So stellt ein Sprecher zum Zwecke der Beseitigung eines Wissensdefzites etwa nur dann eine Frage zu einem Sachverhalt, wenn er sich z. B. für diesen interessiert oder ein Wissensdefizit einer anderen Handlung, die diesen Sachverhalt betrifft, im Wege steht etc.

Die konstitutiven Tätigkeiten, welche die Tiefenstruktur des Handlungsweges ergeben, sind die einzelnen Musterpositionen; der „Weg" zwischen ihnen wird durch Pfeile wiedergegeben. Grafisch werden für die Musterpositionen unterschiedliche Formen gewählt: Rauten und Vierecke, wobei Rauten Entscheidungsknoten darstellen. Mit ihnen wird dem Umstand Rechnung getragen, dass sich innerhalb eines Handlungsprozesses Alternativen ergeben, die die Aktanten vor die Wahl stellen, wie weiter vorzugehen ist. Die graphische Abbildung berücksichtigt systematisch eine Differenzierung aktionaler, interaktionaler und mentaler Tätigkeiten. Das systematische Ineinandergreifen dieser Tätigkeitsformen (etwa das Befragen des Wissens bzw. die Anwendung des Bewertungsmechanismus) wird ebenfalls durch Pfeile zwischen den Musterpositionen kenntlich gemacht.

In engerer Konzentration auf das sprachliche Handeln selbst bietet die systematische Strukturanalyse von Handlungsmustern eine geeignete Basis für die Komparation. Nehmen wir als etwas komplexeres Beispiel als die Assertion die Sprechhandlung der *Aufforderung* und eine ihrer Varianten, die *Bitte*, und setzen sie in Relation zum Bestellen im Speiserestaurant (s.u. Abb. 9).

Die Tiefenstruktur des *Handlungsmusters 'Aufforderung'* ist durch den Zweck bestimmt, dass ein Aktant, der Sprecher S, im Zuge seiner Praxis ein Handlungsdefizit h* bei sich bemerkt und es interaktiv beheben will, so dass er einen anderen Aktanten, den Hörer H, zur Ausführung der betreffenden Handlung h* bewegen will, um dadurch das eigene Handlungsdefizit zu überbrücken und anschließend selbst wieder handlungsfähig zu sein. In Kategorien von Handlungsmodalitäten ausgedrückt: S muss bezüglich der Handlung h* das eigene Wollen in ein Sollen von H transformieren – und H muss sich dies fremde Wollen im Falle des eigenen Könnens zu eigen machen. Die Aufforderung ist auf diese Sollenstransposition konzentriert.

Wie beim Praxeogramm der wesentliche Teil als Hyperpragmem gerahmt ist (s.o. Abb. 2), lassen sich auch beim Verlaufsdiagramm eines Handlungsmusters die Grenzen der durch den Handlungszweck geprägten Tiefenstruktur graphisch als Rahmen andeuten. Er ist freilich am Eingang und Ausgang geöffnet, weil sprachliches Handeln nie isoliert und „kontextfrei" geschieht, sondern immer in irgendeinen Handlungsablauf eingebettet ist, wenngleich dieser nicht notwendig verbaler Art sein muss, sondern beispielsweise primär (inter-)aktionaler Art sein kann (vgl. Brünner 1987).

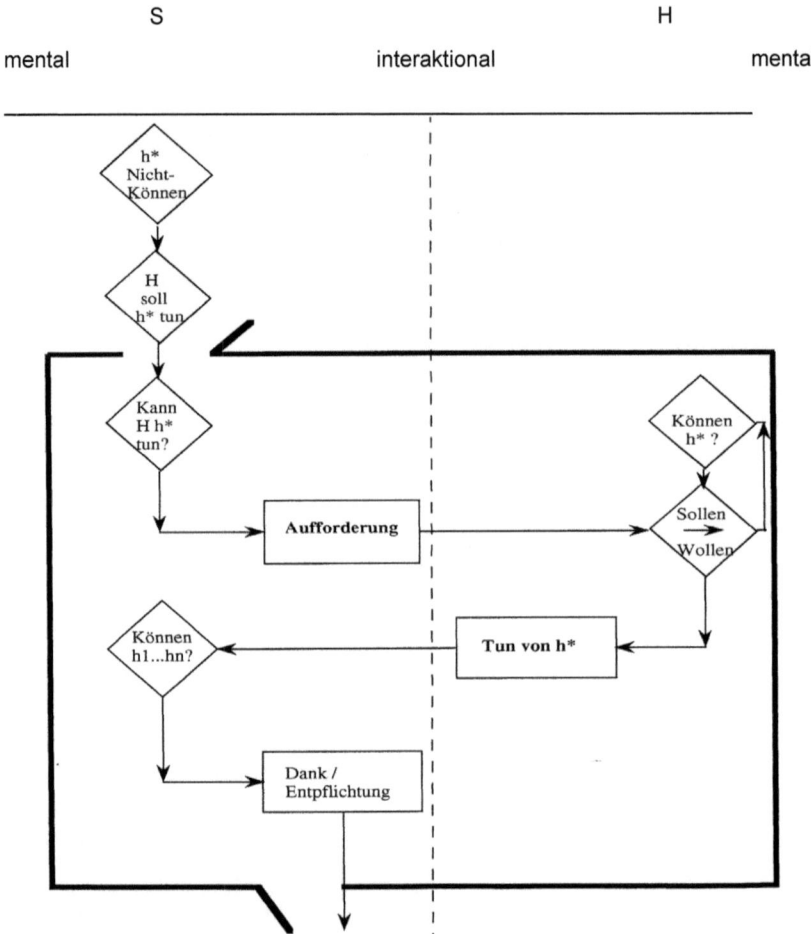

Abbildung 9:   Handlungsmuster der Sprechhandlung Aufforderung, © Redder

Im Unterschied zur Aufforderung involviert S den H an einer früheren Stelle des Handlungsmusters, wenn er eine Bitte realisiert, nämlich bei der Einschätzung des Könnens von H; dadurch gewinnt H – oft explizit durch fragende Könnens-Formulierung – einen breiteren Entscheidungsspielraum für die Wollensübernahme – mit dem Effekt einer größeren sprecherseitigen Höflichkeit, die freilich den moralischen Druck auf H in dieser hochkooperativen Interaktion wiederum verstärkt (Redder 1984, 72ff.). Graphisch ergibt sich für die Relation von Aufforderung und Bitte der entsprechende Ausschnitt im Handlungsmuster (s. Abb. 10).

Die Illokution *Bestellung* unterscheidet sich von Aufforderung und Bitte, welche beide als alltägliche Sprechhandlungen ubiquitären Charakter haben, dadurch, dass ihre Tiefenstruktur auf eine institutionell geprägte ‚Standardkonstellation‘ (Ehlich & Rehbein 1979) abgestimmt ist, nämlich auf die spezifische Vorgeschichte einer institutionellen Arbeitsteilung, wie sie in der Zirkulationssphäre von Kauf und Verkauf etwa vorliegt. Insbesondere ist die Bestellung beim Besuch eines Restaurants oder eines Imbisses funktional: S kann bzw. will keine eigenen Speisen zubereiten, sondern nimmt ein entsprechend vorgehaltenes Angebot der Gastronomie wahr und wählt bestimmte Speisen aus (Speisekarte). Eingebettet ist diese ‚Defiziensbearbeitung‘ in einen Tauschprozess Ware-Geld; das Bezahlen kann als (engere) Nachgeschichte des Interaktionsprozesses betrachtet werden. Selbstverständlich sind die genannten Schritte in Abhängigkeit einzelner Gesellschaftsformationen zu betrachten: Nicht überall ist die Institution Speiserestaurant selbstverständlich vorzufinden; für die Sicherung der Angebotspalette existieren differente Handhabungen und das Bezahlen ist an Geldwirtschaften gebunden. Die Garküche (s. Brehmer, Kießling, Redder, in diesem Band) ist z. B. auch unter dieser Hinsicht des sprachlichen Handelns, eben des Bestellens, eigens zu betrachten.

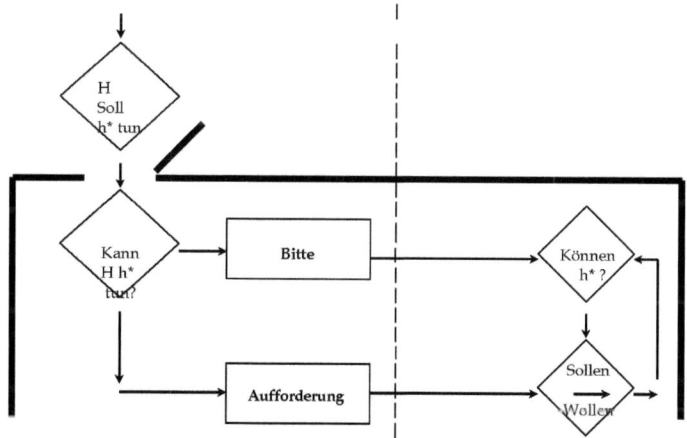

Abbildung 10: Verlaufsdifferenz von Bitte und Aufforderung (Ausschnitt aus den Handlungsmustern nach Redder 1984, 73)

5. Zusammenfassung

Mit den im Rahmen dieses Artikels dargestellten konzeptuellen und methodischen Bestandteilen einer Handlungstheorie von Sprache sehen wir die
Möglichkeit einer Erforschung mehrsprachiger Praxen in urbanen Räumen
gegeben, welche sowohl strukturierte Beschreibungen ihrer aktuellen Ausprägungen als auch das Identifizieren von Veränderungsbedarfen erlaubt (vgl.
Breckner, Bührig, Dafateri-Moghaddam, in diesem Band). Für die Komparation mehrsprachiger Praxen in unterschiedlichen Gesellschaften sind sowohl
Praxeogramme als auch Handlungsmuster in zweierlei Hinsicht geeignet. Einerseits sei an Coseriu (1970) erinnert, der seinerzeit als „neue Frage" der Kontrastiven Linguistik formulierte: „Was wird eigentlich in der Sprache B in einer
analogen Situation bzw. in bezug auf den gleichen Sachverhalt gesagt"? und
sich damit entschieden gegen das Vergleichen von isolierter Formulierungen
ausspricht und stattdessen als Tertium comparationis das Ausdrucksbedürfnis
der Aktanten einfordert. Dieses zu systematisieren, im Sinne einer Verortung
innerhalb städtischer Alltagspraxis, ist eine Möglichkeit, die das analytische
Instrument des Praxeogramms bietet. Andererseits dürften die systematische
Positionierung des sprachlichen Handlungsmusters im Praxeogramm und
die unterschiedliche Intensität der sprachlichen Erschließung von mentalen
Entscheidungsprozessen bei S und H einen wesentlichen Faktor für die Frage
nach der Sprachenwahl oder mehrsprachigen interaktiven Abwicklung der
Praxis spielen. Insofern vermögen beide Analyse- und Darstellungsmethoden
zu einer differenzierteren, grundsätzlich komparativ angelegten Einsicht von
gesellschaftlicher Mehrsprachigkeit im städtischen Raum beizutragen.

Literatur

Anscombe, E. (1957). *Intention*. Oxford: Blackwell Publishing.
Austin, J. L. (1961). A Plea for Excuses. *Philosophical Papers*. Oxford: University Press,
175–204.
Bartlett, C. (1932). *Remembering. A Study in Experimental and Social Psychology*.
Cambridge: University Press.
Brehmer, B., Kießling, R., Redder, A. (in diesem Band). Praxis städtischer Mehrspra-
chigkeit – exemplarische Ansätze einer Komparatistik.
Breckner, I., Bührig, K., Dafateri-Moghaddam, N. (in diesem Band). Mehrsprachigkeit
als Zugang zum städtischen Alltag – das Beispiel Wohnen.
Brünner, G. (1987). *Kommunikationen in institutionellen Lehr-Lern-Prozessen*. Tübin-
gen: Narr.

Bührig, K., Durlanık, L., Meyer, B. (2000). Handlungslinien und institutionelle Charakteristika gedolmetscher Diskurse im Krankenhaus. *Arbeiten zur Mehrsprachigkeit.* Folge B 2.

Bührig, K. (2005). ‚Speech action patterns‘ and ‚discourse types‘. *FOLIA LINGUISTICA* XXXIX/1-2, 143-171.

Bührig, K., ten Thije, J. D. (2005). Diskurspragmatische Beschreibung. In Ammon, U., Dittmar, N., Mattheier, K. & Trudgill, P. (eds.), *Soziolinguistik. Sociolinguistics. Ein internationales Handbuch zeitgenössischer Forschung. An international handbook of contemporary research.* Vol. 2, 1225-1250. Berlin: de Gruyter.

Coseriu, E. (1970). Über Leistungen und Grenzen der kontrastiven Grammatik. In *Sprache der Gegenwart. Probleme der kontrastiven Grammatik.* Schriften des Instituts für deutsche Sprache, Band 8, Jahrbuch 1969 , 9-30. Düsseldorf: Schwann.

Davidson, D. (1967). The Logical Form of Action Sentences. In Rescher, N. (ed.), *The Logic of Decision and Action*, 81-120. Pittsburgh: University of Pittsburgh Press.

Ehlich, K. (1972). Thesen zur Sprechakttheorie. In Wunderlich, D. (Hrsg.) *Linguistische Pragmatik*, 122-126. Frankfurt/M.: Athenäum.

Ehlich, K. (1983). Text und sprachliches Handeln. Die Entstehung von Texten aus dem Bedürfnis nach Überlieferung. In Assmann, J., Assmann, A. & Hardmeier, C. (Hrsg.), *Schrift und Gedächtnis. Beiträge zur Archäologie der literarischen Kommunikation*, 24-43. München: Fink.

Ehlich, K. (2007). *Sprache und sprachliches Handeln.* Band 1 Pragmatik und Sprachtheorie. Berlin: de Gruyter.

Ehlich, K., Rehbein, J. (1972). Das Speiserestaurant. In Wunderlich, D. (Hrsg.), *Linguistische Pragmatik.* Frankfurt/M.: Athenäum.

Ehlich, K., Rehbein, J. (1977). Wissen, kommunikatives Handeln und die Schule. In Goeppert, H. C. (Hrsg.), *Sprachverhalten im Unterricht*, 36-114. München: Fink.

Ehlich, K., Rehbein, J. (1979). Sprachliche Handlungsmuster. In Soeffner, H.-G. (Hrsg.), *Interpretative Verfahren in den Sozial- und Textwissenschaften*, 243-274. Stuttgart: Metzler.

Ehlich, K., Rehbein, J. (1986). *Muster und Institution. Untersuchungen zur schulischen Kommunikation.* Tübingen: Narr.

Ehlich, K., Rehbein, J. (1994). Institutionsanalyse. Prolegomena zur Untersuchung von Kommunikation in Institutionen. In Brünner, G. & Graefen, G. (Hrsg.), *Texte und Diskurse*, 287-327. Wiesbaden: Westdeutscher Verlag.

Fillmore, Ch. J. (1968). The Case for Case. In Bach, E., Harms, R. T. (eds.), *Universals in Linguistic Theory*, 1-88. New York: Holt, Rinehart & Winston.

Grice, P. (1975). Logic and Conversation. In Cole, P. & Morgan, J. (eds.), *Syntax and Semantics*, vol. 3: Speech Acts, 41 - 58. New York: Academic Press.

Löw. M. (2001). *Raumsoziologie.* Frankfurt/M.: Suhrkamp.

Minsky, M. (1975). A Framework for Representing Knowledge. In Winston, P. (Hrsg.), *The Psychologiy of Computer Vision*, 211-277. New York: McGraw Hill.

Poulantzas, N. (1974). *Les classes sociales dans le capitalisme aujourd'hui.* Paris: Seuil.

Porila, A., ten Thije, J. (2008). *Gesprächsfibel für interkulturelle Kommunikation in Behörden*. München: Meidenbauer.

Redder, A. (1984). *Modalverben im Unterrichtsdiskurs. Pragmatik der Modalverben am Beispiel eines institutionellen Diskurses*. Tübingen: Niemeyer.

Redder, A. (1998). Sprachwissen als handlungspraktisches Bewusstsein. In *Didaktik Deutsch* 5, 60–76.

Redder, A. (2008). Functional Pragmatics. In Antos, G. & Ventola, E. (eds.), *Interpersonal Communication*, 133–178. Berlin: de Gruyter.

Redder, A. (2013). Multilingual Communication in Hamburg – A Pragmatic Approach. In Siemund, P., Gogolin, I., Schulz, M. E., Davydova, J. (eds.), *Multilingualism and Language Diversity in Urban Areas. Acquisition, identities, space, education*, 257–286. Amsterdam: Benjamins.

Redder, A., Scarvaglieri, C. (in diesem Band). Verortung mehrsprachigen Handelns im Konsum-Bereich – ein Imbiss und ein Lebensmittelgeschäft.

Rehbein, J. (1977). *Komplexes Handeln. Elemente zur Handlungstheorie der Sprache*. Stuttgart: Metzler.

Rehbein, J. (1995). International Sales Talk. In Ehlich, K. & Wagner, J. (eds.), *Studies in Anthropological Linguistics*, 8, 67–102. Berlin: Mouton de Gruyter.

Rehbein, J. (2001). Das Konzept der Diskursanalyse. In Brinker, K., Antos, G., Heinemann, W., Sager, S. F. (eds.), *Text- und Gesprächslinguistik*. 2. Halbband, 927–945. Berlin: de Gruyter.

Rehbein, J., Kameyama, Sh. (2003). Pragmatik. In Ammon, U., Dittmar, N., Mattheier, K. & Trudgill, P. (Hrsg.), *Soziolinguistik*. (2nd completely revised and extended edition), 556–588. Berlin: de Gruyter.

Rumelhart, D. E. (1975). Notes on a schema for stories. In Bobrow, D. G. & Collins, A. M. (eds.), *Representation and understanding*: Studies in cognitive science. New York: Academic Press.

Schank, R. C. (1975). *Conceptual Information Processing*. New York: Elsevier.

Schank, R. C., Abelson, R. (1975). Scripts, Plans and Knowledge. Proceedings of the 4th international joint conference on Artificial intelligence – Volume 1, 151–157. San Francisco: Morgan Kaufmann Publishers Inc.

Warnke, I. (2006). Die begriffliche Belagerung der Stadt – Semantische Kämpfe um urbane Lebensräume bei Robert Venturi und Alexander Mitscherlich. In Felder, E. (Hrsg.), *Semantische Kämpfe. Macht und Sprache in den Wissenschaften*, 185–222. Berlin: de Gruyter.

Winograd, T. (1975). Frame repesentations and the declarative/ procedural controversy. In Bobrow, D. G. & Collins, A. M. (eds.), *Representation and understanding: Studies in cognitive science*. New York: Academic Press.

Wittgenstein, (1953). *Philosophische Untersuchungen*. New York: Macmillan.

von Wright, G. H. (1963). *Norm and Action*. London: Routledge & Kegan.

von Wright, G. H. (1971). *Explanation and Understanding*. Ithaca (NY): Cornell Univ. Press.

Ziem, A. (2008). *Frames und sprachliches Wissen*. Berlin: de Gruyter.

Zifonun, G., Hoffmann, L., Strecker, B. (1997). *Grammatik der deutschen Sprache*. Berlin: de Gruyter.

Angelika Redder, Claudio Scarvaglieri

Verortung mehrsprachigen Handelns im Konsumbereich – ein Imbiss und ein Lebensmittelgeschäft

Zusammenfassung

Am Beispiel mehrsprachiger Kommunikation in ethnisch gestalteten Snackbars versus Restaurants einerseits und in Einzelhandelsläden bzw. Supermärkten andererseits wird empirisch untersucht, ob mehrsprachiges Handeln durch die Agenten oder Klienten der Institution forciert bzw. aufrecht erhalten wird und in welcher Form und Zweckdienlichkeit es sich realisiert. Interne und externe Geschäftssprachen können neben den Sprachen zu homileïschen Zwecken differenziert werden. Der systematischen Verortung der Mehrsprachigkeit dienen Praxeogramme auf der Makrobene und Handlungsmuster auf der Mesoebene der linguistischen Analyse. Eine darauf basierte Differenzierung von Ein- und Austrittspositionen als Handlungsränder mit gate-opener- oder gate-keeping-Funktion und von zentralen oder supportiven Handlungsstrukturen erlaubt eine modifizierte Aussage über das Gelingen institutioneller Mehrsprachigkeit, wie sie etwa bei Moyer (2011) diskutiert wird.

1.   Mehrsprachige Institutionen in Hamburg-St. Georg

Kauf und Konsumtion von Lebensmitteln sind existentiell, sie gehören insofern zum Alltag – und sie geschehen immer vermittelt durch Interaktion, im Extremfall der Selbstbedienung auf das Bezahlen begrenzt.[1] Wo im Handlungsablauf und zu welchem Zweck wird dabei mehr als eine Sprache genutzt und wie lässt sich derartig mehrsprachige Kommunikation systematisch erfassen?

---

1   In hochmodernen Supermärkten z. B. in Frankreich erfolgt auch das Zahlen „unpersönlich", nämlich elektronisch. Sprachliche Interaktion reduziert sich dann ggf. auf Ausnahmen in Form von Nachfragen oder besonderen Bedürfnissen gegenüber ortsverteiltem Personal im Ladenraum.

Eine Pilotstudie im Hamburger Stadtteil St. Georg[2] mit seiner sozialen und kulturellen Vielfalt erlaubt einige Fallanalysen und damit erste Antworten auf diese Fragen. Wie Pappenhagen, Redder, Scarvaglieri (in diesem Band) dokumentieren, ist der Bereich um den Steindamm relativ zu Lange Reihe und Bremer Reihe mit ca. ¾ der dort erhobenen Sprechereignisse ungleich stark durch Mehrsprachigkeit geprägt: Allein das Landscaping erbrachte für dortige Einzelhandelsläden beispielsweise 46 zweisprachige, 29 dreisprachige, neun viersprachige, ja sogar eine achtsprachige Konstellation bei 116 erfassten Äußerungen.

Zum Zweck linguistischer Detailuntersuchung konkreter mehrsprachiger Interaktion sowie mit Blick auf geplante komparative Stadtanalysen (Brehmer, Kießling, Redder, in diesem Band) konzentrieren wir uns hier auf zwei Institutionen an der Schnittstelle von Konsumtionssphäre und Zirkulationssphäre: die Institution Restaurant und diejenige des Einzelhandels. Diese beiden Institutionen sind von vergleichsweise geringer struktureller Komplexität, so dass der standardisierte Handlungsablauf in ihnen recht gut rekonstruierbar ist. Und sie sind in besonderem Maße auf eine gelingende und befriedigende Interaktion angewiesen, da breite Konkurrenz zur Verfügung steht.

Derartige Alltagsinstitutionen unterscheiden sich beispielsweise von medizinischen oder behördlichen Einrichtungen. Man darf vermuten, dass insbesondere hier die für Stadträume charakteristische Funktion als „Divergenzintegral" (Ehlich 2011) auch hinsichtlich der Sprachenvielfalt am ehesten zum Zuge kommt. Des weiteren kann überprüft werden, ob die von Moyer (2011) für das Bildungs- und Gesundheitswesen empirisch konstatierte Reduktion dezidierter Mehrsprachigkeitspolitik auf Interaktionen an den institutionellen Rändern, insbesondere in Form schriftlich vorbereiteter Flyer, hier überwunden wird – und inwiefern das funktioniert.

Von Interesse ist die Kommunikation von „Agenten" und „Klienten" untereinander ebenso wie diejenige zwischen Agenten und Klienten.[3] Genauer wählen wir für die hiesigen Fallanalysen Restaurants und Läden aus, deren

---

2 Die Pilotstudie wurde im Rahmen der Landesexzellenzinitiative LiMA als Projekt „Diskursive Topographie der Mehrsprachigkeit" von Redder & Brehmer unter Mitarbeit von Scarvaglieri & Pappenhagen in unserem interdisziplinären Netz 2 von 2010–2012 durchgeführt (vgl. Scarvaglieri et al. 2013).

3 Ehlich & Rehbein (1977) differenzieren diese beiden charakteristischen Aktantengruppen jeglicher Institution, um die Handlungsbedingungen und Zwecke, die ihren institutionellen Handlungsraum prägen, systematisch berücksichtigen zu können. ,Institutionen' verstehen sie als gesellschaftlich entwickelte Funktionseinheiten hochkomplexer Struktur, um wiederkehrende Zwecke strukturiert realisieren zu können.

Agenten wir als mehrsprachig identifiziert haben – und die uns teilnehmende Beobachtung und beobachtende Teilnahme erlaubten. Aus der Perspektive der Klienten mögen solche bis in Beschilderung, Benennung und Waren- angebot hinein ethnisch konfigurierten Einzelinstitutionen lediglich ein Be- dürfnis nach folkloristischer Ethnizität bedienen, wie Heller (2011) kritisch bemerkt, oder sie mögen spezifische „Gegenwelten" bereitstellen, wie Ehlich & Rehbein (1972) bezogen auf Restauranttypen konstatieren. Dennoch kann aus der Perspektive der Agenten erwartet werden, dass hier am ehesten die „Ketten mehrsprachiger Kommunikation" realisiert werden, die Rehbein (2010) als konkrete Konfigurationen für urbane Mehrsprachigkeitsentwick- lung ausmacht. Wir erwarten derartige Konfigurationen hier nicht nur am Rande, gleichsam als „gate opener" (Redder 2013), sondern auch innerhalb der institutionellen Handlungsabläufe. In zwei Fallanalysen werden wir einen kurdischen Imbiss und einen türkischen Lebensmittelladen am Steindamm daraufhin untersuchen und daran zugleich unser methodisches und kategori- ales Werkzeug erproben.

2. Empirische Analysen

2.1 Praxeogramm eines Imbissrestaurants

Ein Imbiss[4] unterscheidet sich von einem gewöhnlichen Restaurant dadurch, dass er lediglich im Hintergrund ein begrenztes Maß an eigener Warenpro- duktion unterhält und im übrigen primär durch die spezifische Warenzir- kulation, d. h. den Verkauf von Speisen, gekennzeichnet ist[5], statt durch das Ineinandergreifen von Produktion, Zirkulation und Konsumtion. So erfolgt im Imbissrestaurant keine Produktion vergleichsweise aufwendiger Speisen in einer separierten Küche[6] und auf die Bestellung eines Gastes hin; sondern es werden recht unaufwendige Gerichte warm bereitgehalten oder mit wenigen Handgriffen vor den Augen des Gastes fertig gestellt. Des weiteren fehlt im

---

Poulantzas (1974) hat demgemäß von Institutionen als ‚gesellschaftlichen Apparaten‘ gesprochen.

4   Zur Geschichte des Imbisses vgl. Rath (1984, 187ff.)

5   Die Alltagsrede vom „Kunden" statt „Gast" in einem Imbiss erfasst diese Nähe zum Kauf-Verkauf-Prozess, wie er den Einzelhandel charakterisiert, durchaus treffend.

6   Auch modische Formen der „gläsernen" Küche mit partiell offenen Partien in eher exquisiten Restaurants rechnen dazu; Koch und Gast sollen so eine bemessene Nähe zwecks Professionalitätseinschätzung gewinnen.

Imbiss ein vermittelnder Kellner für die Bestellungsweitergabe an die Küche und die Zirkulation der Speisen; stattdessen nimmt der Klient die Speise selbst entgegen und trägt sie an ebenfalls unaufwendig ausgestattete Orte für einen kurzen Aufenthalt beim Verzehr. Daher wird auch vom „Schnellimbiss" gesprochen und nur ein geringer Raum für rasche Umschlagzeiten geboten; dessen Inspizierung ist beim Eintreten insofern auch nicht wesentlich.

Als Agenten fehlen dem Imbissrestaurant also ein professioneller Koch, ein etwaiger Geschäftsführer und ein Kellner. Vielmehr gibt es systematisch einen Speisenverkäufer i.w.S. (ob Inhaber oder Angestellter), der aus hygienischen und organisatorischen Gründen zuweilen arbeitsteilig vom Kassier geschieden ist. Üblich ist zudem die sog. Vorkasse, d. h. die Bezahlung vor der Konsumtion. Sie kann im einfachsten Fall in die Warenzirkulation integriert sein, d. h. beim Überreichen der Speise erfolgen, oder im komplexeren Fall parallel zur Präparation der konkreten Bestellung an einer separaten Kasse stattfinden[7] – etwa nach Art mediterraner Café-Bistros oder amerikanischer Ketten.

Der von Ehlich & Rehbein (1972) für die Institution „Speiserestaurant" systematisch rekonstruierte Handlungsablauf in Form eines „Praxeogramms" ist für einen Imbiss dementsprechend zu modifizieren. Der stark umrandete Teil des standardisierten Handlungsablaufs bildet das sog. Hyperpragmem, also den für die Institution zweckgemäßen Part, der nicht problemlos abgebrochen werden kann; für beide Aktantengruppen stellt das Hyperpragmem also einen verbindlichen Handlungsraum dar und reflektiert die Geschichte eines Imbiss-Besuches. Demgegenüber bilden die übrigen Tätigkeiten die Vor- bzw. Nachgeschichte. Unabhängig vom institutionellen Handlungsablauf, insofern quer dazu, kann durchgehend nicht institutionelle, homileïsche Kommunikation zwischen den Klienten wie zwischen den Agenten, aber auch zwischen Klient und Agent stattfinden.

---

7   Zuweilen erlaubt diese Arbeitsteilung dann dem Kunden auch das Bezahlen nach dem Verzehr, so dass eine größere Nähe zum Restaurant mit seiner servicebezogenen Priorität auf dem Konsum gewahrt bleibt; man kennt dies etwa von Ketten wie „Vapiano", die den Kunden beim Eintreten mit elektronischen Bestellcoupons ausstatten.

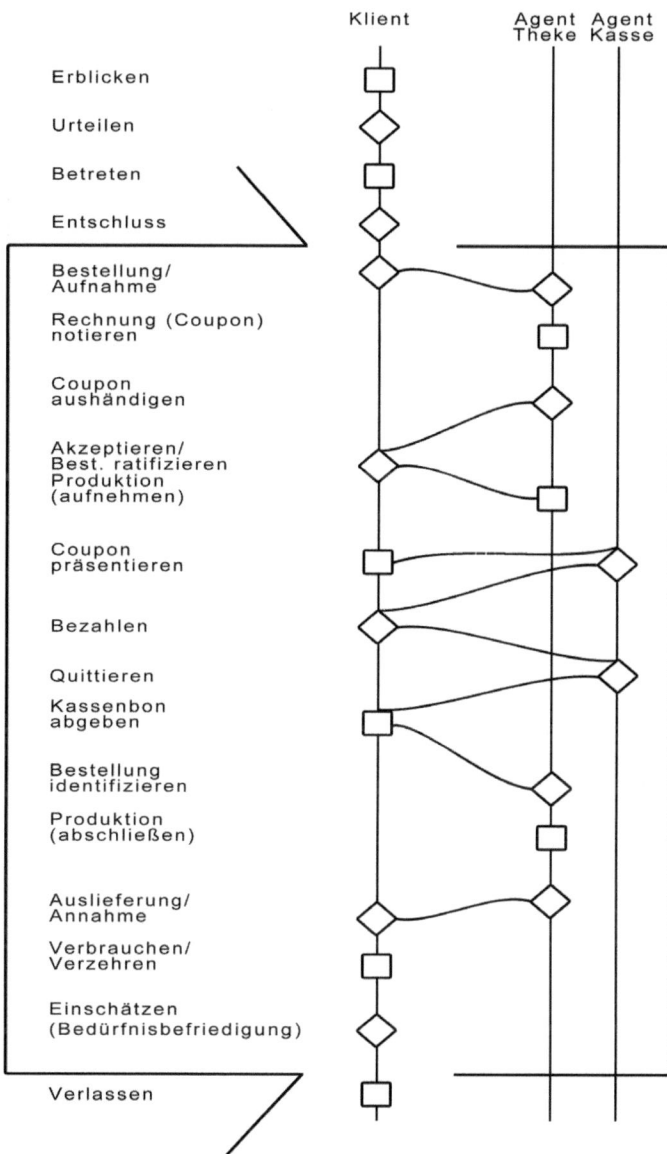

Abbildung 1: Praxeogramm „Imbiss" (mit Vorkasse) –
nach Ehlich & Rehbein (1972, 225), © Redder & Scarvaglieri

Legende: Aktionale und interaktionale Tätigkeiten sind – positioniert auf den institutions-spezifischen Aktantenlinien von Klient einerseits und Agent andererseits – in Vierecken,

mentale Entscheidungen in Rauten dargestellt; geschlängelte Linien zwischen den
Aktanten-Positionen markieren verbale Interaktionen.

Wie sind die systematischen Orte sprachlicher Interaktion mit Blick auf Mehrsprachigkeit einzuschätzen?

In der Vorgeschichte eines Restaurantbesuches kann eine textuelle Interaktion stattfinden, indem die Institution, hier der Imbiss, durch ihr Layout (von der Namensgebung bis zur Beschilderung von Maximen) für sich wirbt und so das Urteil des Klienten positiv zu beeinflussen sucht. Derartige, im Zuge des Landscaping eigens fokussierte, Sprachverwendung dient zentral der kommunitären, der gesellschaftsstiftenden Funktion. Denn durch diese Textarten werden erinnerte Gemeinsamkeiten oder gewünschte Identitäten und daran gekoppelte Bedürfnisse etabliert. Die selektive Kommunikation des konkreten Warenangebots, wie sie dann beim Betreten konkretisiert werden kann, rückt bereits die teleologische Funktion von Sprache in den Vordergrund. In beiden Fällen ist Mehrsprachigkeit für das Gate-Opening funktional. Durch eine entsprechende Etablierung des gemeinsamen Handlungsraums beim Ein- und Austreten in Form des Grußes kann sie verbindlich aktiviert werden.

Innerhalb des Hyperpragmems sind die Bestellung und ihre Aufnahme, die Gegenwertnotierung als Rechnung bzw. Coupon nebst Aushändigung an den Kunden und Präsentation an der Kasse, die Bezahlung sowie die endgültige Bestellaktivierung und Entgegennahme der Speise Orte verbaler Interaktion.[8] Ein- oder Mehrsprachigkeit dürften diesbezüglich unterschiedlich distribuiert sein.

2.2 Kurdisches Imbissrestaurant „Batman"

Der Imbiss unserer Fallanalyse am Hamburger Steindamm trägt den Namen einer kurdischen Stadt in einer gleichnamigen Provinz der Ost-Türkei, die seit den 1950er Jahren durch die Ansiedlung von Ölindustrie und einen Militärflughafen prosperiert: „Batman".[9] Der Imbiss existiert seit den achtziger Jahren, hatte damals einen sehr guten Ruf für seinen Döner, der gegenwärtig

---

8 Bei einem Imbiss mit Self-Service reduziert sich die verbale Kommunikation auf den Kassenbereich.

9 Die Graphik einer Sonne hinter zwei Bergspitzen assoziiert zugleich das türkische Verb ‚batmak', ‚untergehen'. Sprecher germanischer Sprachen könnten sich an die fiktionale Super-Figur des ‚batman' erinnert fühlen – und an den entsprechend figurierten Film „The Dark Knight", dessen Regisseur vom Bürgermeister der Stadt Batman 2009 angeklagt wurde (wikipedia).

nachlässt und eher auf das selbstgemachte Brot reduziert ist; heute wird der Imbiss von einem jungen Mann betrieben, dessen Eltern aus Batman kommen. Das Personal stammt überwiegend aus der gleichen Gegend.

Abbildung 2:   Imbissrestaurant „Batman", Steindamm, Hamburg-St. Georg

Die folgenden empirischen Beispiele fußen auf der ethnographischen Protokollierung durch eine Projekthilfskraft türkischer Herkunft, Selda Akbayir, vom Sommer 2012. Die Protokolle sind teils in segmentierter Form, teils im Format einer HIAT-Transkription angelegt.

Zum Aufnahmezeitpunkt arbeiteten vier Angestellte arbeitsteilig hinter der Theke: Eine Brotbäckerin, ein Angestellter am Döner-, Fleisch- und Hähnchengrill, einer am Salatbuffet (mit primärem Kundenkontakt), einer zur Rückkopplung mit der Kasse und Bestellaufnahme sowie eine Person an der Kasse (zuweilen ist dort der Besitzer R, zuweilen hilft er auch bei der Kundenbetreuung an der Theke).

(B 1a) HH-St. Georg/Steindamm/Imbiss Batman 2012; Klient-Agenten-Kommuni-
        kation (segmentierte Form); eine türkische Stammkundin S betritt den Imbiss

(s 1) A1   Merhaba, hos geldin!
               Hallo, herzlich willkommen!

(s 2) S zu A1 Merhaba, hos bulduk!
               Hallo, ich fühle mich willkommen

(s 3) zu Aw   Merhaba teyze!
               Hallo Tante!

(s 4) Aw   Merhaba!
               Hallo!

(s 5) S   Iyimisiniz?
               Geht es ihnen gut?

(s 6) Aw   Imyim, sen nasil sin?
               Mir geht es gut. Wie geht es dir?

Wiewohl es sich namentlich, also explizit, um einen kurdischen Imbiss handelt[10] und die institutionellen Agenten Kurdisch als Erstsprache sprechen, wird
die Kundin S nicht etwa in dieser ethnisch indizierten Form oder aber in der
institutionellen Umgebungssprache Deutsch empfangen, sondern in traditioneller Weise auf Türkisch begrüßt (s1). Die domänenspezifizierte Zweisprachigkeit im Herkunftsland wird von den Agenten also in die Konstellation in
Deutschland transferiert und türkischen Klienten gegenüber selbstverständlich genutzt. Dies gilt nicht nur für das Gate-opening beim Gruß, sondern
auch für kleine persönliche Handlungsinsertionen, welche hier seitens S der
einzigen weiblichen Agentin Aw gegenüber gemacht werden (s5). Durch diesen eingängigen türkischen Standardaustausch über das persönliche Ergehen
wird zwischen den beiden Frauen eine gemeinsame Vorgeschichte aktualisiert
und so ein persönlicher Handlungsstrang in den institutionellen eingeflochten
(s6). Damit ist der Handlungsraum dann für die Abwicklung der institutionellen Geschichte bestens geöffnet; eine Bestellung kann angeschlossen werden.

---

10 Zum Aufnahmezeitpunkt hatte die Türkei die kurdische Sprache in ihrem Land poli-
    tisch wieder zugelassen.

(B 1b) (transkribiete Fortsetzung von 1a)

A1 [v]	Sen ne istedin?		Ufak?
A1 [trans]	Was möchtest du?		Klein?
S [v]		Bi kücük cay olsun.	Evet, bi
S [trans]		Es soll ein kleiner Tee werden.	Ja, ein kleiner.

S [v]	ufak.	
S [trans]		
[nn]		((Der Kunde wird bedient. Nach einer kurzen Pause betritt ein neuer Kunde

A1 [v]	Aci? Scharf?		Hier essen?
A1 [trans]	Scharf?		
[nn]	den Imbiss.))	Kunde reagiert nonverbal.	

Auch die geschäftliche Abwicklung zwischen Kundin S und A1, hier Bestellung und deren Präzisierung, erfolgt, wie man erkennt, auf Türkisch. Interessant ist die Kontinuierung dieser Sprachenwahl einem neuen Kunden gegenüber. Auf dessen nonverbale Bestellung hin wird zuerst türkisch nachgefragt, unmittelbar gefolgt von einer Paraphrasierung auf Deutsch. Vermutlich hat der Kunde nonverbal Unverständnis oder Irritiertheit gezeigt. Die weitere Bedienung findet dann auf Deutsch statt.

Beispiel (B1a+b) macht deutlich: Als Geschäftssprachen für das institutionelle Handeln werden seitens der Agenten Türkisch und Deutsch angeboten.

Im zweiten Beispiel (B2) kennt die Klientin Kw offenkundig das arbeitsteilig organisierte Vorkassen-Prozedere von Batman nicht, so dass eine korrektive Agent-Klienten-Intervention zustande kommt.

(B 2)   HH-St. Georg/Steindamm/Imbiss Batman 2012; Klient-Agenten-Kommunikation; Klientin Kw geht direkt an die Theke; Inhaber R bedient und vermittelt hin zur Kasse (A3)

A_C [v]	Hallo!	Zum mitnehmen?
Kw [v]	Hallo!	[(Ja)].
Kw [k]	Zeigt auf eine Speise˙	[leise

A_C [v]	Erstmal kassieren, • bitté. • • • Außerdem?

Inhaber R und Kundin Kw grüßen sprachenunspezifisch mittels „Hallo", allerdings deutsch artikuliert. Kw geht direkt zur Theke und zeigt nonverbal auf ein Gericht, trifft also ihrerseits noch keine Sprachenwahl für den wesentlichen Teil des Praxeogramms. R benötigt noch den Verzehrtyp, um die Bestellung entsprechend ausführen lassen zu können, und erfragt daher die standardmäßig erwartete Alternative. Da nichts auf eine andere präferierte Kundensprache hindeutet, wählt er wieder das Deutsche.

Nach der zum Kassieren hinreichenden Entscheidung seitens Kw arretiert R den Auswahlprozess mit Blick auf den angemessenen Handlungsablauf und fordert zur Realisierung des nächsten Pragmems auf, zum Bezahlen. Seine Formulierung durch das Verb ‚kassieren' dürfte aus Kundensicht befremdlich klingen, ist sie doch aus der Perspektive des zuständigen Agenten A3 gewählt. Ob die fragend intonierte Äußerung von „bitte" sich an die Kundin richtet, um weitere Wahlen zu stimulieren, oder an A3, kann nicht mehr festgestellt werden. Jedenfalls öffnet R sodann der Kundin gegenüber wieder die Handlungslinie der Bestellung mit Blick auf etwaige Beilagen oder Zusätze.

Die standardmäßige Verkehrssprache Deutsch wird im Imbiss Batman auch dann genutzt, wenn Klienten sie offenkundig nicht als Erstsprache beherrschen, jedoch selbst als Geschäftssprache nutzen. Davon zeugt folgende Szene, in der wieder der Handlungsablauf unvertraut ist.

(B 3)   HH-St. Georg/Steindamm/Imbiss Batman 2012; Klient-Agenten-Kommunikation; K: männlich

K [v]		((Unverständlich))˙ Scharf. So, aber nur
A1 [v]	Hier essen?	

K [v]	solche Salat. ((Unverständlich))˙	
A1 [v]		Kassenbon bitte.

K [v]	Hab isch keine Kassenbon. ((lacht))˙	• Aber
A2 [v]		((Unverständlich))˙

K [v]	hat gar nicht gegeben. (Selber schuld).	
A2 [v]		• • Zahlen,

K [v]	Erstmal bezahlen?	Ja. Ja, okay.
A2 [v]	bitte?	Ja, bitte.

K [v]	Einmal ((unverständlich))˙	
A2 [v]		Sechs fünfzig.

Klient K wickelt seine Bestellung wie auch die Aufklärung über die Form der Vorkasse offenkundig in Deutsch als einer Zweit- oder Fremdsprache ab; Indikatoren sind, neben der phonetischen Realisierung, Kasus- und Wortstellungsbesonderheiten („Hab isch keine Kassenbon") sowie fehlende Deixis oder Phorik für Subjekt und Objekte des Gebens („Aber hat gar nicht gegeben"). Agent A1 wie dann auch der vermittelnde A2 gehen auf diese Sprachenwahl kooperativ ein.

Die Erstsprache der Agenten, das Kurdische, erweist sich als primäre Sprache für ihre homileïsche Kommunikation untereinander. Zugleich scheint sie klar nicht öffentlich gehandhabt zu werden, wie das nächste Beispiel (B4) dokumentiert.

(B 4)   HH-St. Georg/Steindamm/Imbiss Batman 2012; Agent-Agenten-Kommunikation

(s 1)	A1	spricht Kurdisch mit A2
(s 2)		((ein Kunde betritt den Imbiss))
(s 3)	A1	müşteri!
		Kunde!

A1 und A2 unterhalten sich kurdisch. Sofort bei Betreten des Kunden macht A1 – mit dem türkischen Ausdruck für Kundschaft (s3) – die veränderte Handlungskonstellation geltend, indem er exklamativ in den gemeinsamen Handlungsraum der Agenten untereinander eingreift und von der nicht institutionellen in die institutionelle Konstellation wechselt. Bereits für diese kommunikative Umschaltung wird nicht mehr vom Kurdischen Gebrauch gemacht, sondern vom Türkischen. Man darf vermuten, dass sich darin nicht zuletzt spezifische sprachpolitische Erfahrungen widerspiegeln. Kurdisch hat für die Agenten jedenfalls in der institutionellen Konstellation keinen Ort – es sei denn, der Kunde ist als Kurde bzw. Kurdischsprecher bekannt. Bemerkenswert ist zugleich, dass nicht auf Deutsch, also in der Verkehrssprache, auf den neuen Klienten aufmerksam gemacht wird.

Offenbar dient das Türkische gleichsam als diskursorganisatorische Mitte zwischen den Aktantenkonstellationen. Dem gemäß wird während der Bedienung eines Kunden auch bei der Agent-Agenten-Kommunikation auf das Türkische zurückgegriffen, wie (B5) dokumentiert.

(B 5) HH-St. Georg/Steindamm/Imbiss Batman 2012; Agent-Klienten-Kommunikation versus Agent-Agenten-Kommunikation

A1 [v]	Hallo!	Bitte schön!		(Vier
K [v]		Hallo!	((Unverständlich))˙	

A1 [v]	Euro). Welche Fleisch?		
A2 [v]			Kaç
A2 [trans]			*Wieviel?*
A2 [k]			Adressiert
K [v]		((Unverständlich))˙	

A1 [v]		Aldi.	Hähnchen, oder?
A1 [trans]		*Genommen.*	
A1 [k]		Adressiert A2	Adressiert K
A2 [v]	tane? Kassenbon?		
A2 [trans]			
A2 [k]	A1	Adressiert K	

K [v]	((Unverständlich))˙

Die Begrüßung erfolgt wieder durch sprachenunspezifisches, allerdings deutsch artikuliertes „Hallo" (s1, s2). Die Bestellaufnahme zwischen A1 und der Klientin K erfolgt auf Deutsch. Zur Klärung der Portionengröße gemäß Preis wendet sich der ausführende A2 an den bedienenden A1, und zwar auf Türkisch. Der internen Verständigung folgt sodann auf Deutsch die Einforderung des Zahlbelegs, des Kassenbons, von K. A1 klärt daraufhin den Stand der institutionsspezifischen Handlungsabwicklung und lässt A2 dazu auf Türkisch wissen, dass alles in Ordnung und der Bon bereits entgegengenommen sei. Die Bedienung von K geht dann auf Deutsch weiter.

Die institutionell klärende Seitensequenz zwischen den beiden Agenten wird also wiederum in der diskursorganisatorischen Sprache abgewickelt, dem Türkischen, während die Agent-Klienten-Kommunikation in der Verkehrssprache Deutsch durchgeführt wird.

Es ist offenkundig, wie funktional die mehrsprachigen Agenten ihre Sprache wählen:

- Deutsch als Verkehrssprache für den Standardablauf unbekannten Kunden gegenüber;
- Türkisch, wenn die Kunden als Sprecher dieser Sprache bekannt sind;
- Türkisch als interne Geschäftssprache zwischen den Agenten;

- Türkisch als diskursorganisatorische Sprache in Anwesenheit von Kunden;
- Kurdisch als nicht institutionelle Sprache zwecks homileïscher Kommunikation untereinander.

Eine Protokollnotiz unserer teilnehmenden Beobachtung deutet darauf hin, dass der Inhaber R mit den angestellten Agenten Kurdisch sogar auch für die interne Geschäftskommunikation nutzt. Dies muss aber noch einmal genauer erhoben bzw. erfragt werden. Denn darin könnte sich eine sehr interessante Differenzierung in der Handhabung der Geschäftssprachen zwischen den institutionellen Agenten andeuten, genauer: zwischen den lediglich für den Verkauf, d. h. die Warenzirkulation, zuständigen Angestellten und dem Mehrwertschöpfenden als dem Inhaber des Imbissrestaurants.

Im abschließenden Beispiel zum Imbiss Batman wird ein Sprachenmix von Klienten in ihrem homileïschen Diskurs erkennbar.

(B 6) HH-St. Georg/Steindamm/Imbiss Batman 2012; Klient-Klienten-Kommunikation; K1=Kunde, K2=Kundin

K1 [v]		Yamur yadi.
K1 [trans]		*Es hat angefangen zu regnen.*
K2 [v]	Oh [něin]!	Ja.
K2 [trans]		*Ja. Egal.*
K2 [k]	[melodisch, mit Emphase	

K1 [v]		• • Istersen biraz
K1 [trans]		*Wenn du möchtest warten wir ein*
K2 [v]	‿Olsun. ‿Lass uns gehen.	
K2 [trans]		

K1 [v]	bekleriz.
K1 [trans]	*wenig.*

Während der Kunde die unangenehme Wetterkonstellation beim Verlassen des Lokals durchgehend Türkisch bearbeitet, realisiert die Kundin ihr Bemerken expeditiv und malend auf Deutsch („Oh nein"!), bestätigt die Konstellationsbeschreibung von K1 operativ ebenfalls deutsch („Ja"), dethematisiert die Bewertung sodann jedoch auf Türkisch („Olsun") und aktiviert zum weiteren geplanten Handeln wieder auf Deutsch. Mehrsprachigkeit wird hier also aktantenverteilt wie auch aktantenintern funktional. Und Türkisch wird als eine der homileïsch genutzten Sprachen der Kunden im Imbiss Batman deutlich. Grundsätzlich sind für diesen Zweck alle der ca. 100 im Viertel St. Georg genutzten Sprachen erwartbar.

Lokalisiert man im Praxeogramm die Orte der Mehrsprachigkeit, so ergibt sich – neben der kurdischen, türkischen oder deutschen homileïschen Kommunikation – eine Konzentration der Mehrsprachigkeit bei der Bestellung, genauer: bei deren Präzisierung, weil ersteres oft nonverbal erfolgt, und bei der Organisation der ungewöhnlichen Vorkasse sowie an den Ein- und Ausstiegspragmemen zwecks Opening und Closing.

2.3 Türkischer Supermarkt „Sönmez"

Exemplarisch für die ethnisch konfigurierten Einzelhandelsläden am Steindamm dokumentieren wir die Aufzeichnungen der teilnehmenden Beobachtung im Sönmez-Markt, einem großen türkischen Laden mit eigener Metzgerei.

Abbildung 3:   Sönmez-Markt (nicht verlöschende Flamme), Steindamm, Hamburg-St. Georg (eigene Aufnahme)

Dieser türkische Typus eines Supermarkts weist ein reiches Warenangebot auf und beschäftigt zugleich viele Agenten für den Verkauf. Insofern ist man personell bestens auf Agent-Klienten-Kommunikation eingestellt.

Will man den Waren-Kauf-Verkauf in der Institution Einzelhandel ebenfalls nach Art eines Praxeogramms darstellen[11], so stellt sich die Struktur folgendermaßen dar.

---

11 Rehbein (1995) bietet demgegenüber ein komplexes, in Phasen gegliedertes Praxeogramm für den industriellen Kauf-Verkauf von Großgütern im internationalen Stil.

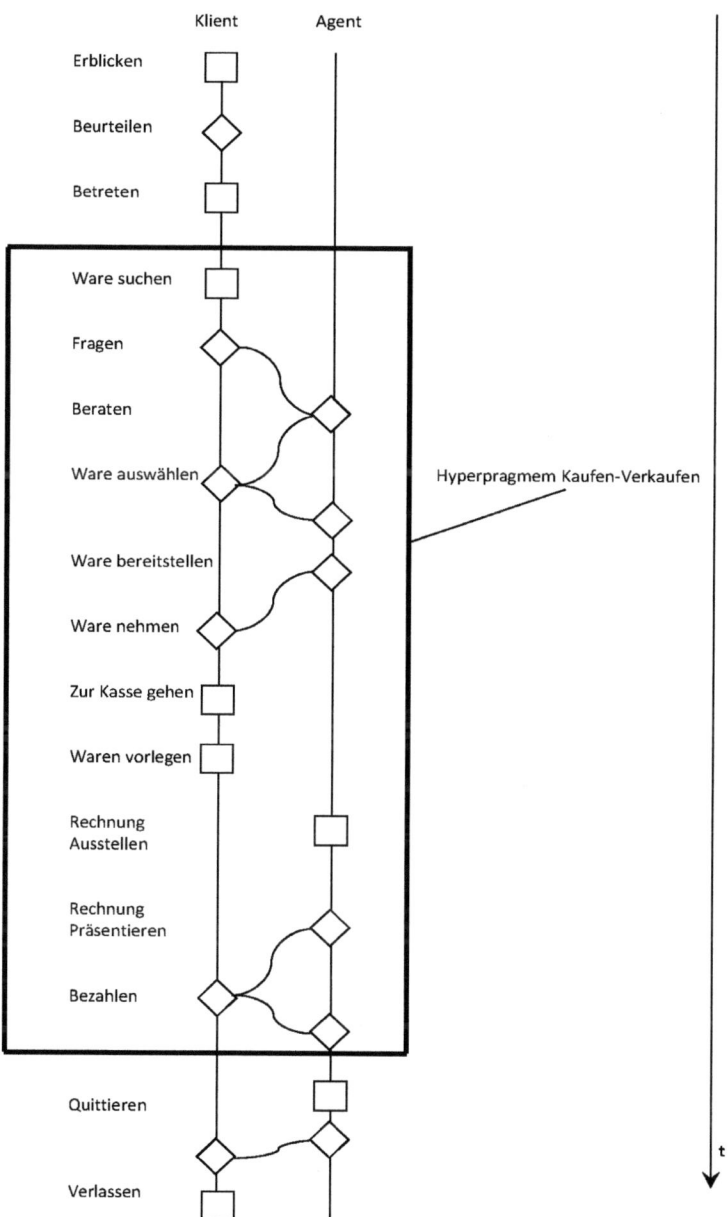

Abbildung 4: Praxeogramm Supermarkt mit vereinzelter Theken-Bedienung,
Kauf-Verkauf, © Redder & Scarvaglieri

Wieder sind es selbstverständlich die textuellen Kommunikationsformen vor und am Laden, welche institutionell in eine andere, nicht deutsche Welt einzutauchen versprechen und welche methodisch per Landscaping und – besonders im Falle von Hintergrundmusik im Laden – per Soundscaping erfassbar und kommunikativ interpretierbar sind (Pappenhagen, Redder, Scarvaglieri, in diesem Band).

Mittels strukturierter Erhebungsbögen, die dem im Praxeogramm standardisierten Ablauf folgen, die Aktantengruppen differenzieren sowie Bemerkungen über die Diskursarten und Sprachenwahlen erlauben, haben wir die beobachtende Teilnahme oder teilnehmende Beobachtung linguistisch weitestgehend systematisiert. Auf diese Weise kann das reale Sprachenspektrum in einem Erhebungszeitraum effizient konstatiert werden.

Wir verfügen für den Sönmez-Markt über fünf Erhebungszeitpunkte über einen Zeitraum von vier Monaten (März bis Juli 2012). Ein Protokollbogen, wie er in Zusammenarbeit mit Ruth Pappenhagen entwickelt wurde (kursiv gedruck), sei nun in einer ausgefüllten Form exemplarisch dokumentiert und sodann interpretiert.

(B 7) Sönmez Markt, März 2012

Fragen	Beobachtungen	Sprachenwahl/Sprachmischung	Handlungen
Vor dem Laden: • *Wer sind die Akteure? Kunden? Angestellte? Weitere?* • *Altersstruktur und Geschlecht der Akteure?* • *Was sind die Besonderheiten der Raumgestaltung (vor dem Laden)?* • *Wie reagieren Passanten auf die Gestaltung des Ladens?*	• Kunden (überwiegend Türken), auch Deutsche, Russen • jedes Alter • Leuchtreklame über dem Eingang, aktuelle Angebote, Kartons, Sonnenschirme • viele Passanten bleiben stehen und gucken, Laden scheint große Kundschaft zu haben, sehr zentrale Lage	• Deutsch, Türkisch, Russisch • deutsche Reklame	Ansprechen
Betreten des Ladens: • *Kunden. Wie betreten die Kunden den Laden: Tempo, Weg, involvierte Gegenstände* • *Angestellte: Wie reagieren sie auf Kunden, die den Laden betreten?* • *Angestellte: Wo halten sie sich im Laden auf? Was arbeiten sie? Wie gehen sie miteinander um?* • *Wird beim Betreten des Ladens miteinander kommuniziert?* • *Wenn ja. Wie wird die Kommunikationssituation initiiert? Begrüßen, Kopfnicken etc.?*	• offener Eingangsbereich mit weiteren Waren, die den Kunden nach innen führen • einige Kunden betreten den Laden schnell, manche schlendern, manche telefonieren dabei oder unterhalten sich in ihrer Gruppe, oft tragen sie schon Einkaufstüten, bringen Ware von der Außenauslage rein zum Bezahlen • Wenig Reaktion auf eintretende Kundschaft von den Angestellten, sind selbst beschäftigt • eine Frau sitzt an der Kasse, einige Mitarbeiter räumen im Laden, andere sind vor dem Laden und sortieren die Ware und die Kartons, zwei Männer arbeiten hinter der Frischetheke • Kommunikation der Kunden beim Eintreten eher zurückhaltend und privat, zu einander gewandt	• Gruppen interne Sprache	Sich unterhalten

Fragen	Beobachtungen	Sprachenwahl/Sprachmischung	Handlungen
Im Laden: • *Wie ist der Laden räumlich gestaltet?* • *Wie ist der Laden sprachlich gestaltet?* • *Wie ist der Laden akustisch gestaltet?*	• der Laden besteht aus zwei großen Räumen, die durch viele Regale sehr verschachtelt wirken • überwiegend deutsche Beschriftung, teils Rufe zwischen den Mitarbeitern • türkisches Radio im Hintergrund	• Rufe auf Türkisch	
Kunden: Auswählen von Waren und Einkaufen • *Wie wählen Kunden ihre Waren aus, gibt es dabei Anlass zu Gesprächen/Kontakt mit den Angestellten? Nachfragen zu Waren? Bestellungen an Fleischtheke? Etc.* • *Kunden in Gruppen: Sprechen sie über die Waren?* • *Kunden in Gruppen: Unterhalten sie sich während ihres Aufenthalts im Laden?*	• Kunden fassen die Ware vor allem Gemüse und Obst an, schauen dann ihren etwaigen Partner an, Besprechung innerhalb der Gruppe über die Ware (auffällig bei einer türkischen Familie, lachen dabei, schlendern weiter an den Körben vorbei, als würden sie nichts Konkretes suchen) • Fleischtheke: Angestellter hinter der Theke redet mit zwei türkischen Männern (Alter zwischen 50 und 60) • Fleischtheke: jüngerer türkischer Angestellter lehnt sich über die Fleischauslage und berät zwei Männer (Alter zwischen 60 und 70), Thema des Gesprächs ist der Vater, der Kunde fragt nach diesem „baba", wie es ihm geht, Mitarbeiter antwortet er hätte Probleme mit dem Rücken, nachdem er die Ware abgewogen hat, nimmt er sein Handy, ruft jemanden an und gibt es dann dem Kunden über die Theke • türkisches Ehepaar geht zielstrebig durch den Laden, bewusste Wahl der Waren, kein Überlegen	• Kommunikation auf Türkisch • Türkisch • Gespräch in gebrochenem Deutsch, Sprache beim Telefonieren nicht verständlich • Türkisch	Fragen Beratung Bedanken Verhandeln Sich unterhalten Telefonieren

Fragen	Beobachtungen	Sprachenwahl/Sprachmischung	Handlungen
Angestellte: Arbeit im Laden • Was tun die Angestellten? • Gibt es dabei Anlass zu Gesprächen? • Gibt es Kontakt mit den Kunden?	• zwei Angestellte unterhalten sich vor dem Laden, der eine säubert dabei den Kohl • alle Mitarbeiter sprechen untereinander Türkisch, manche essen oder telefonieren, scheinbar viele Gespräche, die nichts direkt mit der Arbeit zu tun haben	• Gespräch scheinbar nicht über die Arbeit, türkisch	Sich unterhalten Bedienen Anbieten
Kassieren: • Wie ist der Kassenbereich gestaltet? Räumlich? Sprachlich? • Kunden: Was machen die Kunden? • Angestellte: Was machen die Angestellten? • Gibt es Reklamationen?	• eine Kasse, links vom Eingang, Kassiererin (Alter ca. 25–30), sehr freundlicher Tonfall, Bedankt sich immer, wünscht schönen Tag, spricht teils schon mit anderen Kunden während sie noch kassiert • der Kunde von der Fleischtheke (Handy) geht lächelnd an ihr vorbei, zeigt nur auf die Ware, er muss nicht bezahlen (vermutlich Stammkunde oder Bekannter) • Kundin (nicht Deutsche) fragt Kassiererin von der anderen Seite der Kasse nach einer Ware, die sie sucht, Kassiererin weist mit dem Finger in eine Richtung, lenkt die Kundin so zu einem Regal und benutzt deiktischen Ausdruck „ne, unten" (unterstützt durch Fingerzeig) • russische Familie geht zur Kasse, spricht innerhalb der Gruppe, legt Ware auf das Laufband	• überwiegend deutsch unabhängig ob Deutsche oder Türken • nonverbal • Kundin in Deutsch mit Akzent, Kassiererin antwortet deutsch • Gespräch innerhalb der Gruppe auf Russisch, zur Kassiererin Deutsch, direkter Wechsel initiiert durch Kassiererin, die den Preis nennt	Begrüßen Preis nennen Nachfragen Bedanken Verabschieden
Verlassen des Ladens: • Kunden und Angestellte: Findet eine Verabschiedung statt?	• Kassiererin verabschiedet die Kunden nach dem Bezahlen		Verabschieden

Der Supermarkt ist deutlich deutsch-türkisch angelegt. Dies sind auch die beiden Geschäftssprachen. Türkisch stellt zudem – anders als im kurdischen Imbiss – das agenteninterne Medium der Kommunikation dar. Die Klienten beschränken sich in ihrer homileïschen Kommunikation keineswegs auf diese beiden Sprachen, sondern sprechen beispielsweise auch Russisch, was der Einwohnerstruktur des Quartiers durchaus entspricht. Die Standardsprache für die hochstandardisierte institutionelle Handlungsabwicklung an der Kasse ist Deutsch, d. h. die Verkehrssprache, unabhängig von der Erstsprache der Aktanten. Nur wenn die Kunden dies initiieren oder als Türkischsprecher bekannt sind, wird die Bezahlung nebst Verabschiedung auf Türkisch realisiert. Demgegenüber werden die spezifischeren Bedürfnisse an der Fleischtheke nicht selten auf Türkisch verhandelt. Auch ein besonderes Verhandeln des Preises wird – etwa zwischen Kassiererin, Inhaber und Kundin – auf Türkisch abgewickelt.

Die Geschäftssprache ist im Kern des Praxeogramms auf Seiten der institutionellen Agenten also entweder die Verkehrssprache Deutsch oder Türkisch. Insofern wird durchgehend die agentenseitige Zweisprachigkeit (Türkisch und Deutsch) genutzt und den Kunden als Alternative angeboten; die Wahl der Sprache obliegt jedoch den Klienten des Supermarktes. Kurdisch wurde, auch klientenseitig, nicht beobachtet, wohl aber verschiedene slawische Sprachen. Die primär arabischsprechenden Bewohner scheinen die benachbarten arabisch- oder farsi-beschrifteten Läden zu präferieren; unsere Protokollbögen von „Sultans Bazar" dokumentieren z. B. zahlreiche arabisch-deutsche Verkaufssequenzen, belegen also die beiden Sprachen Deutsch und Arabisch als die hantierten Geschäftssprachen.

3. Fazit

Gesellschaftliche Mehrsprachigkeit kann sich vor allem in solchen Institutionen des alltäglichen Bedarfs entfalten, in denen mehrsprachige Agenten zu aktiver Mehrsprachigkeit bereit und in der Lage sind. Für das sprachliche Handeln an den wesentlichen Orten im Praxeogramm kommen demgemäß mehrere Sprachen als Geschäftssprachen zum Zuge – seien sie alternativ oder auch gemischt genutzt. Stets bestimmt der Klient der Institution als derjenige, um dessen gelingende Bedürfnisbefriedigung es geht, die Sprachenwahl.

Zugleich ist offenkundig, dass die für Mehrsprachigkeit offenen institutionellen Handlungsräume der Warenzirkulations- und Konsumtionssphäre für die begleitende homileïsche Kommunikation alle möglichen Sprachen, welche in der Community kurrent sind, zulassen – ganz im Sinne der „Agenda" von Clyne (2004). Auch zwischen den Agenten zeigen sich dann Nutzungen ihrer Erstsprachen – mehr oder minder deutlich von den institutionell hantierten Sprachen abgesetzt. Letzteres gilt besonders für das Kurdische, für eine Sprache also, die im Herkunftsland der Aktanten eine spezifische sprachpolitische Rolle spielt, was auf die Konstellation in Deutschland übertragen wird.

Dadurch ergibt sich eine komplexe Funktionsdifferenzierung der Ketten von Mehrsprachigkeit auf Seiten der institutionellen Agenten:

- Erstsprache (z. B. Kurdisch) für homileïsche Agent-Agenten-Kommunikation,
- Zweitsprache (z. B. Türkisch) für die interne Geschäftskommunikation,
- Drittsprache (Deutsch) als Verkehrssprache oder Zweitsprache (Türkisch) als kundenfreundliche Geschäftssprache für die Agent-Klienten-Kommunikation.

Für andere Mehrsprachigkeitskonstellationen etwa von Agenten afrikanischer Herkunft ist zu prüfen, ob ähnliche funktionale oder politisch bedingte Arbeitsteiligkeit zwischen den aktivierten Sprachen ausgeübt wird.

Auf der Seite mehrsprachiger Klienten ergibt sich allgemein nach unseren Beobachtungen:

- Erstsprache für homileïsche Klient-Klienten-Kommunikation,
- Verkehrssprache Deutsch für standardisierte Klient-Agenten-Kommunikation,
- gemeinsame nicht deutsche Geschäftssprache gemäß erkennbarer Alternativen im institutionellen Handlungsraum für Zwecke nicht standardisierter, stark entscheidungsbezogener Handlungen im engeren Kauf-Verkauf-Prozess.

Sowohl für die kommunitäre als auch für die teleologische Funktion wird also in grundsätzlich mehrsprachig angelegten Handlungsräumen ein bestimmtes Spektrum von Sprachen medial genutzt. Nicht nur das Öffnen und Schließen des institutionellen Handlungsraums bildet demgemäß die Orte realer Ketten von Mehrsprachigkeit, sondern das Handeln im Hyperpragmem gestaltet sich wirklich mehrsprachig – auch in Hamburg. Die mehrsprachigen Ressourcen der Aktanten, vor allem der institutionellen Agenten, kommen produktiv zur Geltung.

Literatur

Brehmer, B., Kießling, R., Redder, A. (in diesem Band). Praxis städtischer Mehrsprachigkeit – exemplarische Ansätze einer Komparatistik.

Clyne, M. (2004). Towards an agenda for developing multilingual communication with a community base. In House, J. & Rehbein, J. (eds.), *Multilingual communication*, 19–42. Amsterdam: Benjamins.

Ehlich, K. (2011). Stadt/Sprachen/Spektrum: Von der sprachlichen Folge der ‚Globalisierung' im urbanen Raum. In Messling, M., Läpple, D. & Trabant, J. (Hrsg.), *Stadt und Urbanität. Transdisziplinäre Perspektiven*, 131–145. Berlin: Kulturverlag Kadmos.

Ehlich, K., Rehbein, J. (1972). Zur Konstitution pragmatischer Einheiten in einer Institution: Das Speiserestaurant. In Wunderlich, D. (Hrsg.), *Linguistische Pragmatik*, 209–254. Frankfurt/M.: Athenäum.

Ehlich, K., Rehbein, J. (1977). Wissen, kommunikatives Handeln und die Schule. In Goeppert, H. C. (Hrsg.), *Sprachverhalten im Unterricht*, 36–114. München: Fink.

Heller, M. (2011) *Paths to post-nationalism: a critical ethnography of language and identity*. New York: Oxford University Press.

Moyer, M. G. (2011). What multilingualism? Agency and unintended consequences of multilingual practices in a Barcelona health clinic. *Journal of Pragmatics*. 43 (5), 1209–1221.

Pappenhagen, R., Redder, A., Scarvaglieri, C. (in diesem Band). Hamburgs mehrsprachige Praxis im öffentlichen Raum sichtbar und hörbar.

Poulantzas, N. (1974). *Les classes sociales dans le capitalisme aujourd'hui*. Paris: Seuil.

Rath, C.-D. (1984). *Reste der Tafelrunde. Das Abenteuer der Eßkultur*. Reinbek: Rowohlt.

Redder, A (2013). Multilingual Communication in Hamburg – A Pragmatic Approach. In Siemund, P., Gogolin, I., Schulz, M.E. & Davydova, J. (eds.), *Multilingualism and Language Diversity in Urban Areas. Acquisition, identities, space, education*, 257–286. Amsterdam: Benjamins.

Rehbein, J. (1995). International sales talk. In Ehlich, K., Wagner, J. (eds.), *The discourse of business negotiation*, 67– 102. Berlin: de Gruyter.

Rehbein, J. (2010). Llengües, immigració, urbanització: elements per a una lingüística dels espais urbans del plurilingüisme – Sprachen, Immigration, Urbanisierung – Elemente zu einer Linguistik städtischer Orte der Mehrsprachigkeit. In Comellas, P., Lleó, C. (Hrsg.), *Plurilingüisme en ciutats europees: convivència i conservació de la diversitat – Mehrsprachigkeit in europäischen Städten: Zusammenleben unter Wahrung der Vielfalt*, 44–111. Münster: Waxmann.

Scarvaglieri, C., Redder, A., Pappenhagen, R., Brehmer, B. (2013). Capturing Diversity: Linguistic Landscaping and Soundscaping. In Duarte, J., Gogolin, I. (eds.), *Linguistic Diversity in Urban Areas*, 45-73. Amsterdam: Benjamins.

Ruth Pappenhagen, Angelika Redder, Claudio Scarvaglieri

Hamburgs mehrsprachige Praxis im öffentlichen Raum – sichtbar und hörbar

Zusammenfassung

Der Beitrag analysiert die sprachliche Vielfalt Hamburgs, wie sie im öffentlichen Raum alltäglich zu sehen und zu hören ist. Dafür greift er in einem ersten Schritt auf den Ansatz des „Linguistic Landscaping" zurück und adaptiert dessen Methoden und Analysekategorien, um einen Zugriff auf die konkret ablaufenden, textgestützten, kommunikativen Prozesse zu gewinnen. Auf diese Weise können nicht nur Aussagen über die Zahl der in Hamburgs Linguistc Landscape vertretenen Sprachen getroffen werden, sondern auch über ihre je unterschiedliche kommunikative Funktion und ihr Zusammenspiel im mehrsprachigen Handeln. Um zudem die Beschränkung des „Linguistic Landscaping" auf die Analyse schriftlicher Texte zu überwinden, wird der Ansatz des „Linguistic Soundscaping" eingeführt. Das „Linguistic Soundscaping" nutzt Methoden aus Akustik, Soziologie, Ethnographie und Linguistik für die Erforschung gesprochener Sprache im öffentlichen Raum. Bei der Beschreibung und Untersuchung der Linguistic Soundscape steht im Mittelpunkt, welche Sprachen an welchen Orten wie häufig im Gespräch verwendet werden und zu welchen Zwecken sie genutzt werden. Insgesamt werden so verschiedene Formen mehrsprachiger Praxis im öffentlichen Raum Hamburgs dokumentiert und hinsichtlich ihrer Funktionen für das konkrete Handeln der Aktanten untersucht.

1.   Gegenstände und Vorgehen

Der öffentliche Raum Hamburgs ist gekennzeichnet durch Praxen mehrsprachiger Kommunikation, die zwar den Alltag der Hamburgerinnen und Hamburger prägen, im offiziell propagierten Stadtbild aber kaum eine Rolle spielen. Der vorliegende Beitrag dokumentiert und analysiert diese mehrsprachige Praxis auf der Grundlage einer handlungszentrierten linguistischen Pragmatik. Er beschreibt, welche Formen und Formate mehrsprachigen Handelns an welchen Orten im urbanen Raum realisiert werden, welche Sprachen von welchen Akteuren verwendet werden und welche Funktionen damit jeweils realisiert werden. Im Ergebnis werden erste Schritte zu einer

„diskursiven Topographie der Mehrsprachigkeit" (Redder 2013) skizziert, welche verschiedene Dimensionen mehrsprachiger Praxis erfasst und – so unsere Arbeitshypothese – eine Folie für eine Komparation der mehrsprachigen Struktur verschiedener Städte bilden kann (s. Brehmer, Kießling, Redder, in diesem Band). Dabei wird die Bedeutung der Sprachenvielfalt Hamburgs für die Bewältigung des Alltags durch die mehr- und einsprachigen Bürgerinnen und Bürger der Stadt erkennbar.

Der Beitrag beginnt mit einem kurzen Abriss der aktuellen soziolinguistischen Diskussion rund um Mehrsprachigkeit bzw. Lingustic Diversity (vgl. die Einleitung von Androutsopoulos et al., in diesem Band) und wirft die Frage auf, welchen Mehrwert diese Diskussion für linguistische Analysen erbringt. Im nächsten Schritt wird der Hamburger Stadtteil St. Georg, in dem sich unterschiedliche Ausformungen von Mehrsprachigkeit auf geringem Raum realisieren, hinsichtlich demographischer Merkmale charakterisiert (vgl. Breckner et al. 2013). Anschließend diskutieren wir den inzwischen etablierten soziolinguistischen Ansatz des Linguistic Landscaping, präsentieren Daten, die sich weitgehend im Rahmen des traditionellen Linguistic-Landscape-Zugangs bewegen, und nutzen unsere handlungstheoretische Weiterentwicklung des Ansatzes in einem zweiten Schritt für die Analyse konkreter textbasierter Kommunikation.

Um die Beschränkung des Linguistic Landscaping auf Texte zu überwinden, präsentieren wir des weiteren Untersuchungen, die wir im Rahmen des von uns entwickelten „Linguistic Soundscaping" (Redder 2013; Scarvaglieri et al. 2013) durchgeführt haben. Das durch Akustik und Musik(-wissenschaft) inspirierte „Linguistic Soundscaping" nutzt eine Reihe von Methoden aus Linguistik und Ethnographie, um gesprochene Sprache im öffentlichen Raum dokumentierbar und analysierbar zu machen. Wir präsentieren statistische Daten über hörbare Sprache im öffentlichen Raum sowie exemplarische Beobachtungen konkreten diskursiven Handelns. Abschließend fassen wir die Ergebnisse unserer Studien zusammen und diskutieren Konsequenzen und Entwicklungsmöglichkeiten.

2. Gesellschaftliche Mehrsprachigkeit und Linguistic Diversity

Gesellschaftliche Mehrsprachigkeit wird aktuell vor allem als Linguistic Diversity diskutiert – eine einschlägige Bibliographie hat Karel Arnault (2012) vorgelegt. Dieser Diskussion liegt eine ‚poststrukuralistisch' zu nennende

Wende der Soziolinguistik zugrunde: Eine Reihe soziolinguistischer Arbeiten konnte in den letzten Jahren zeigen, dass sich eine einfache Korrelation einzelner sprachlicher Formen zu distinkten sozialen Gruppen, also die Einteilung sprachlicher Formen entlang gesellschaftlicher Stratifizierungen, wie dies seit Labov Programm der Soziolinguistik ist, nicht mehr aufrechterhalten lässt (Rampton 1995; Jørgensen 2004, 2008; Creese & Blackledge 2010a, 2010b; Otsuji & Pennycook 2010; Pennycook 2010; García et al. 2011, 2012). Vielmehr verwenden Sprecher in authentischen, nicht experimentellen Kommunikationssituationen sprachliche Formen (Jørgensen 2008: 166 spricht von „features"), welche unterschiedlichen Varietäten angehören oder gar Varietäten oder Sprachen entstammen, die den Sprechern an sich fremd sind bzw. – aus der Perspektive der klassischen Soziolinguistik – fremd sein sollten.

Erkannt wird also eine neue sprachliche Vielfalt, die die überkommenen Kategorien des Fachs in Frage stellt. Um diese Vielfalt mit ihrem gesellschaftlichen Substrat in Verbindung zu bringen, greift eine Reihe von Arbeiten auf das der Anthropologie entstammende Konzept der „Super-Diversity" (Vertovec 2006, 2007) zurück. Dieses Konzept postuliert eine Steigerung von gesellschaftlicher Heterogenität, die insbesondere auf veränderte Migrationsströme zurückgeht: Während früher große Gruppen aus wenigen Einwanderungsländern in wenige Zuwanderungsländer wanderten, migrieren seit den 1990er Jahren kleinere Gruppen aus sehr vielen Ländern in ebenfalls deutlich mehr Einwanderungsländer (Vertovec 2006: 5ff.). Dadurch kommt es in westlichen Ländern zu einer neuen Form der Heterogenität, die u.a. dazu führt, dass überkommene sozialwissenschaftliche Unterscheidungen gleichermaßen nicht mehr greifen wie traditionelle politische Verfahren der gesellschaftlichen Steuerung.

Der aktuellen Soziolinguistik ermöglicht dieses Konzept die Rückführung der entdeckten sprachlichen Flexibilisierungstendenzen auf gesamtgesellschaftliche Phänomene: Wenn sich die gesellschaftlichen Strukturen, die der Sprachverwendung zu Grunde liegen, immer stärker diversifizieren, so nimmt es wenig Wunder, wenn auch die kommunikative Realität immer vielfältiger und unberechenbarer wird. Die Einzelbeobachtung unkonventioneller Sprachverwendung (gewissermaßen der ‚parole', die aus dem engen Rahmen der ‚langue' auszubrechen scheint), gilt dann weniger als Bruch überkommener Regeln oder als Überschreiten etablierter Grenzen; vielmehr werden die sprachlichen Realitäten gerade in ihrer Unkonventionalität zu konkreten Instantiierungen der von Vertovec anhand abstrakter Zahlen dargelegten

„Super-Diversity" (Blommaert & Rampton 2011, Creese & Blackledge 2010, Jørgensen et al. 2011).

Diesem Trend entsprechend, ließen sich auch die in diesem Beitrag präsentierten Daten unter dem Dach der „Super-Diversity" versammeln – schließlich zeigen sie eine durchaus vielfältige, ja komplexe Verwendung verschiedener Sprachen in unterschiedlichen Situationen. Allerdings stellte sich im Rahmen unserer Untersuchung die Frage, welchen Mehrwert diese Kategorisierung für die linguistische Analyse erbrächte, in welcher Hinsicht sie es erlauben würde, die vorliegenden Daten und ihr Zustandekommen besser oder anders zu verstehen. Da wir einem Vorgehen, das Einzelbeobachtungen sammelt, um sie einer vorgegebenen Kategorie zuzuschreiben, kritisch gegenüberstehen, beschreiben und analysieren wir zunächst die linguistischen Daten – ob in aggregierter Form oder als exemplarisch ausgewählter Einzelfall – und setzen uns erst im Anschluss daran mit der Frage auseinander, wie diese Daten mit der Perspektive auf gesamtgesellschaftliche Prozesse vermittelt werden können. Insofern gehen wir durchaus von Strukturiertheiten aus, die jedoch eine höhere Komplexität gewinnen, als vermutet. Dazu bedarf es schließlich einer Rekonstruktion der Systematik beider Erscheinungen, der sprachlichen wie der gesellschaftlichen, sollen nicht die kritisierten Korrelationskonzepte durch Analogieunterstellungen auf höherer quantitativer Stufe oder aber durch Kontingenzbehauptungen abgelöst werden.

Um die Formen, in denen sich gesellschaftliche Mehrsprachigkeit realisiert, dokumentieren zu können, nutzen wir den etablierten Ansatz des „Linguistic Landscaping" und adaptieren ihn für die Analyse konkreten textgestützten Handelns. Zudem präsentieren wir mit dem „Linguistic Soundscaping" einen von uns neu entwickelten Zugang zur diskursiven Verwendung von Sprache im urbanen Raum. Während die jeweiligen Methoden von Land- und Soundscaping uns vor allem zur Dokumentation der Formen von gesellschaftlicher Mehrsprachigkeit dienen, greifen wir für die Analyse dieser Formen insbesondere auf Kategorien der Funktionalen Pragmatik (Redder 2008) zurück. Das folgende Kapitel stellt die beiden Zugänge zu sichtbarer bzw. hörbarer gesellschaftlicher Mehrsprachigkeit vor.

3. Methoden der Dokumentation von sichtbarer und hörbarer Mehrsprachigkeit im öffentlichen Raum

3.1 „Linguistic Landscaping"

Die Untersuchung schriftlicher Texte im öffentlichen Raum hat sich unter dem Namen „Linguistic Landscape" in den letzten Jahren zu einem eigenständigen semiotischen und soziolinguistischen Ansatz entwickelt. Ausgangspunkt dafür war eine Untersuchung von Rodrigue Landry und Richard Bourhis (1997), in der Anzahl, Ausprägung und Verhältnis englischer und französischer Texte im öffentlichen Raum Québecs mit der wahrgenommenen „ethnolinguistic vitality", also der Bedeutung einer Sprache und Sprachgruppe für das öffentliche Leben, korreliert werden. Diese Arbeit hat mit ein wenig Verzögerung eine Reihe von Nachfolgern gefunden, einflussreich waren insbesondere die Monographie von Backhaus (2007) sowie die in Gorter (2006) versammelten Beiträge. Darauf aufbauend ist der Ansatz in jüngerer Zeit stetig gewachsen, die sprachliche Landschaft wird inzwischen, unter Ausdehnung der Landschaftsmetapher, u.a. in Schulen (Brown 2012), Bibliotheken (Busch 2009) oder Unternehmen (Lüdi 2010) untersucht. Zeugen dieser Entwicklung sind eine Reihe von Sammelbänden (Shohamy & Gorter 2009, Jaworski & Thurlow 2010, Shohamy et al. 2010, Gorter, Marten, Mensel 2012), in denen immer neue Details der sprachlichen Landschaften in verschiedenen Orten der Welt beleuchtet werden (für Kritik an diesem Ansatz s. Auer 2010, Rehbein 2010: 93 sowie Scarvaglieri et al. 2013).

Die Linguistic Landscape, die sprachliche Landschaft, eines Untersuchungsgebiets besteht aus schriftlich-öffentlichen Sprachvorkommen, z. B. in Schaufenstern, auf Straßenschildern oder Leuchtreklamen, bisweilen aber auch Aufklebern oder anderen Formen von Street Art oder Graffiti, solange diese Sprache in ihrer Darstellung nutzen. Unterschiedliche Perspektiven und Fragestellungen haben in der Forschungsrichtung zu Linguistic Landscapes verschiedene Herangehensweisen geprägt: Nicht nur hinsichtlich Anzahl der Sprachen, sondern auch hinsichtlich ihrer Wirkrichtung „top-down" vs. „bottom up" (Ben-Rafael et al. 2006), ihres Übersetzungsgrades (Backhaus 2006) oder hinsichtlich „code preference" (Scollon & Scollon 2003) werden Linguistic Landscapes (LL) untersucht. Häufig werden rein quantitative Auswertungen vorgenommen, mitunter sortiert nach Branchen bzw. „Funktionen". Eine Analyse des sprachlichen Handelns, wie es in der LL manifest ist, wurde u. W. bislang allerdings noch nicht vorgenommen. In diesem Beitrag interessiert uns gerade dieser interaktive Aspekt, weil die rein quantitative Analyse schriftlicher Texte zwar einen Einblick in die ein- oder mehrsprachige Nutzung von Sprachen im Stadtteil geben kann, aber keine Aussagen über das konkrete produktive wie vor allem rezeptive Handeln in einer oder mehreren Sprachen ermöglicht.

Die soziale Praxis der Sprachverwendung kann also nur dann rekonstruiert werden, wenn die schriftlichen Texte als konkretes Ensemble sprachlicher Handlungen aufgefasst und untersucht werden. Daher stützen wir unsere Analysen sowohl auf einen statistischen Überblick über die Linguistic Landscape als auch insbesondere auf exemplarische Beispiele konkreten sprachlichen Handelns mittels Texten, an denen wir zeigen, welche Funktionen einzelne Sprachen im konkreten Handeln übernehmen können.

Das Linguistic Landscaping dokumentiert also öffentlich sichtbare, schriftlich verfasste Texte, übergeht damit aber gleichzeitig eine andere wahrnehmbare Erscheinungsform von (Mehr-)Sprachigkeit, nämlich das diskursive, hörbare sprachliche Handeln. Die dynamischen Wechselbeziehungen multilingualen sprachlichen Handelns im Diskurs werden nicht dokumentiert (vgl. die Kritik von Rehbein 2010: 93), das Linguistic Landscaping macht nur einen kleinen Ausschnitt der sprachlichen Realität zugänglich. Um diesen Ausschnitt zu erweitern, haben wir das „Linguistic Soundscaping" entwickelt, mit dem wir die im öffentlichen Raum hörbare Sprachverwendung dokumentieren.

3.2   „Linguistic Soundscaping"

Der Begriff der „Soundscape" stammt aus der Musikwissenschaft, er wurde zuerst von Murray Schafer vergleichsweise weit als „any acoustic field of study" (1977: 7) bestimmt. Diese Bestimmung hat eine Reihe von Arbeiten in unterschiedlichen Feldern angeregt, denen es häufig darum ging, auf Beeinträchtigungen durch gesellschaftlich produzierten Lärm hinzuweisen (z. B. Schulte-Fortkamp & Dubois 2006). Daneben hat das Soundscape diverse künstlerische Arbeiten inspiriert und ist besonders in der Musik adaptiert und integriert worden (einen Überblick gibt Rösing 2000).

Die menschliche Stimme mit ihrem Potential zur Sprache dagegen wurde von der Soundscape-Forschung in der Regel vernachlässigt. Das Soundscape wurde verstanden als gesellschaftlich hergestellte, vor allem in urbanen Räumen relevante Geräuschkulisse, in der Stimme und Sprache keine oder eine – aufgrund der geringen Lautstärke – zu vernachlässigende Rolle spielen. Gleichzeitig hat auch die Linguistik kaum danach gefragt, welchen

Beitrag Sprache und Sprachgebrauch in der Dimension des Äußerungsaktes und damit zur akustischen Gestalt des öffentlichen Raums leisten. Lediglich Richard Bauman hat in einer Untersuchung mexikanischer Märkte gezeigt, wie „market calls", also die Rufe von Marktschreiern, strukturiert sind und welchen Beitrag sie zur Gestaltung des öffentlichen Raumes leisten (2001). Auch Penelope Eckert (2010) arbeitet mit dem Begriff des Soundscape, wenn sie, im Rückgriff auf Bourdieu (1977), den sozial distinktiven Charakter phonologischer Merkmale beschreibt – allerdings geht es ihr weniger um die diskursive Verwendung verschiedener Sprachen im öffentlichen Raum, als um die, durchaus auch öffentlich sichtbare, Abgrenzung sozialer Gruppen voneinander, deren Vollzug mittels Sprache Eckert beschreibt.

Mit der Untersuchung der Linguistic Soundscape, verstanden als diskursive Verwendung von Sprache(n) im öffentlichen Raum, haben wir also in gewisser Hinsicht Neuland betreten und mussten dieses Untersuchungsfeld methodisch und theoretisch entwickeln. Die theoretischen Grundlagen für diesen Ansatz haben wir an anderer Stelle diskutiert (Redder 2013; vgl. auch Ehlich 2011); an dieser Stelle seien zunächst die Fragen, auf die wir uns mittels Soundscaping Antworten erhoffen, genannt (s. auch Scarvaglieri et al. 2013):

- Welche Sprachen sind an welchen Orten zu hören?
- Welche diskursiven Handlungen werden in welchen Sprachen vollzogen? Welche Zwecke verfolgen die Sprecher damit?
- An welchen Stellen entlang einer Handlungslinie erfolgen ggf. Sprachenwechsel?
- Welche Konstellationen mehrsprachiger Sprachverwendung (z. B. Lingua Receptiva (Rehbein et al. 2012), Lingua Franca, Dolmetschen etc.) lassen sich beobachten? Welcher Zusammenhang besteht jeweils zu dem Handlungsraum, in dem diese Konstellationen auftreten?

Um diese Fragen bearbeiten zu können, greift das Linguistic Soundscaping auf ein Bündel von Methoden zurück, die qualitative und quantitative Vorgehensweisen verbinden und teilweise neu entwickelt wurden, teilweise auf bestehende Verfahren aus Linguistik und Ethnographie rekurrieren.

Da in Deutschland Aufnahmen gesprochener Sprache nur mit schriftlichem Einverständnis der Aufgenommenen angefertigt werden dürfen und es kaum möglich ist, von allen Vorbeigehenden auf offener Straße das Einverständnis einzuholen, versuchen wir zunächst den Raum der Aufnahme und die Anzahl der aufgenommenen Personen zu verringern. So halten wir uns etwa vor den Geschäften auf und führen ethnographische Beobachtungen der Interaktionen durch. Da sich die Kunden dort tendenziell länger aufhalten und sich unterhalten oder Waren in Augenschein nehmen, können sie angesprochen und um Einverständnis für eine Aufnahme gebeten werden. Sollte dieses erteilt werden, können zusätzlich zu den Beobachtungen Aufnahmen gemacht werden.

Um die ethnographischen Beobachtungen der Linguistic Soundscape zu systematisieren, haben wir einen Protokollbogen entwickelt, der sich an den oben angegebenen Leitfragen orientiert und den Untersuchenden konkrete Punkte vorgibt, auf die sie bei der Arbeit im Feld achten sollen. Mithilfe dieses Fragebogens werden ethnographische Beobachtungen nicht nur auf der Straße oder vor den Läden, sondern auch in den Geschäften selbst durchgeführt (s. unten 5.2.1 sowie Redder & Scarvaglieri, in diesem Band).

Neben dieser Kombination aus ethnographischer Beobachtung und Aufnahme in begrenzten Räumen gehen wir auch quantitativ vor. Wir führen „Soundwalks" (Semidor 2006) durch die uns interessierenden Straßen durch und notieren, wie oft eine Sprache bzw. Sprachfamilie zu hören ist. Auf diese Weise ergibt sich, wie mittels der quantitativen Daten zur textuellen Linguistic Landscape in Verbindung mit der diskursiv basierten Soundscape ein Bild dessen, was in einem Areal hörbar bzw. nicht hörbar und sichtbar bzw. lesbar ist, zusammenfügt. Bei diesen „Soundwalks" nutzen wir außerdem die Möglichkeit, spezifische Äußerungen zu konservieren, indem die Untersuchenden, in Anlehnung an frühe Methoden Labovs, Äußerungen, die sie gerade überhört hatten, in ihr Aufnahmegerät nachsprechen. Auf diese Weise gehen zwar bestimmte Details, wie die intonatorische Realisierung oder Elemente der syntaktischen Struktur, verloren, die Äußerung an sich sollte propositional und illokutiv jedoch erhalten bleiben und einer Analyse somit grundsätzlich zugänglich sein.

Außerdem gehen wir davon aus, dass sich bestimmte Teile der Linguistic Soundscape legal aufnehmen lassen, sofern es sich nicht um nicht öffentliche Kommunikation handelt, sondern um Äußerungen, die an die Allgemeinheit gerichtet sind. Zu solchen Äußerungen gehören etwa die Rufe der Marktschreier, wie sie Bauman (2001) untersucht hat. Da diese in St. Georg nicht sehr prominent sind, haben wir von diesem Mittel bisher wenig gebraucht gemacht, gehen aber davon aus, dass es etwa bei einer Untersuchung des Hamburger Fischmarkts oder ähnlicher Märkte in anderen Städten interessante Daten produzieren könnte (vgl. die Beobachtungen von Hinnenkamp 1998: 150ff.).

Um dieses Sample an Methoden zu ergänzen, haben wir außerdem Interviews unterschiedlicher Länge mit Akteuren durchgeführt, welche die Sound-

und Landscape St. Georgs prägen. Dadurch haben wir u.a. Details über die sprachliche Biographie der Anlieger (meist Inhaber oder Angestellte der Geschäfte am Steindamm) erfahren und Informationen darüber erhalten, welche Sprachen sie in welchen Zusammenhängen mit welchen Personen verwenden. Das folgende Kapitel stellt den Stadtteil vor, in dem wir Land- und Soundscape untersucht haben.

4. Hamburg-St. Georg

Der Hamburger Stadtteil St. Georg, zentral gelegen zwischen Hauptbahnhof und Alster, bildet einen Kristallisationspunkt für Erscheinungsformen sozialer und sprachlicher Vielfalt. Diese Vielfalt ist für jeden Besucher St. Georgs unmittelbar sicht- und hörbar, andererseits zeigen unsere Analysen, dass sie in sich noch komplex formal und funktional strukturiert ist. St. Georg kann, wie die in diesem Abschnitt referierten demographischen Daten (Quelle ist jeweils das Statistische Amt für Hamburg und Schleswig-Holstein 2011) zeigen, als ein Modell dienen, an dem sich Mehrsprachigkeit in unterschiedlichen Ausprägungen empirisch untersuchen und theoretisch verstehen lässt.

Aus demographischer Perspektive fällt zunächst die hohe Bevölkerungsdichte St. Georgs auf, das mit 5711 Einwohnern pro Quadratkilometer 2,5-mal dichter besiedelt ist als Hamburg insgesamt (2313 Einwohner pro Quadratkilometer). Mit 37,7% ist außerdem der Anteil an Personen, die selbst migriert sind oder deren Eltern in einem anderen Land geboren wurden, vergleichsweise hoch (in Hamburg insgesamt liegt dieser Anteil bei 29,6%). Daneben fällt auf, dass die Wohnbevölkerung zwar vergleichsweise jung ist, allerdings wenige Familien mit Kindern in St. Georg leben (9,6% der Haushalte, im Vergleich zu 17,5% in ganz Hamburg). Dies ist möglicherweise auch darauf zurückzuführen, dass St. Georg eine sehr hohe Kriminalitätsrate verzeichnet – mit 1458 Verbrechen pro 1000 Einwohner liegt diese zehnmal höher als der Hamburger Durchschnitt. Bereits diese Zahlen zeigen, dass es sich um einen lebendigen, vielfältigen Stadtteil handelt, der aber auch durch die in vielen innerstädtischen Stadtteilen anzutreffenden Problemlagen gekennzeichnet ist.

Die komplexe Zusammensetzung St. Georgs wird noch deutlicher, wenn man nicht nur demographische Zahlen, sondern auch die wirtschaftliche Nutzung des Stadtteils betrachtet. Der flächenmäßig sehr kleine Stadtteil besteht aus zwei Arealen, deren Nutzung sich sehr stark voneinander unterscheidet (s. dazu auch Breckner, Peukert, Pinto 2013). Während sich um die „Lange Reihe" herum im Westen des Stadtteils (mit Nähe zur Alster) vor allem mediterrane und gut-bürgerliche Restaurants, exquisite Boutiquen, Galerien und Hotels der gehobeneren Klasse befinden, ist die Gegend im Osten, um den „Steindamm" herum, durch günstige Discounter, Imbisse und Einzelhandelsläden gekennzeichnet, von denen viele von Immigranten aus der Türkei, dem Iran, arabischen und asiatischen Ländern geführt und frequentiert werden (vgl. Redder & Scarvaglieri, in diesem Band). Das Gebiet um die Lange Reihe herum lässt sich als gentrifiziert charakterisieren, die Steindamm-Gegend dagegen entspricht eher einem klassischen Einwandererstadtteil, der besonders aufgrund seiner funktionalen Vielfalt als ein Ort, an dem Dienstleistungen und Produkte aus vielen verschiedenen Ländern erstanden werden können, von Bedeutung ist. Unsere Untersuchungen konzentrieren sich auf diese beiden Straßen und erfassen mit der etwas versteckt liegenden, kürzeren Nebenstraße „Bremer Reihe" eine weitere Straße, die zwischen Steindamm und Lange Reihe liegt und die, wie auch die linguistischen Daten zeigen, eine Verbindung zwischen den beiden stark distinkten Arealen herstellt.

Hinsichtlich der Mehrsprachigkeit ist davon auszugehen, dass sich in St. Georg auf sehr kleiner Fläche sehr deutlich unterscheidbare Realisierungsformen gesellschaftlicher Mehrsprachigkeit auffinden lassen. Während im Steindamm die für Deutschland prägenden Einwanderersprachen, besonders Türkisch, Kurdisch und Arabisch, zu erwarten sind, werden in der Langen Reihe und angrenzenden Straßen insbesondere Englisch, als Sprache der globalen Verständigung, sowie Italienisch, Spanisch und Portugiesisch als Sprachen, deren Bedeutung für die Einwanderung in den letzten Jahrzehnten eher abgenommen hat, mit denen sich aber eine hohe symbolische Bedeutung (s. zu diesem Konzept Bourdieu 1977) verbindet, vorzufinden sein.

Von diesen Annahmen ausgehend, haben wir uns Hamburg-St. Georg empirisch genähert und zunächst die sichtbare sprachliche Landschaft untersucht. Die dabei erhobenen Daten werden im folgenden Abschnitt präsentiert und diskutiert.

5. Sichtbare und hörbare Mehrsprachigkeit im öffentlichen Raum in Hamburg-St. Georg

5.1 Sichtbare Mehrsprachigkeit

5.1.1 Die sprachliche Landschaft in Zahlen

Während der Ansatz des Linguistic Landscaping, wie oben beschrieben, primär quantitativ vorgeht, dienen uns die folgend wiedergegebenen Statistiken zu Hamburg-St. Georg als Einstieg in die Analyse der kommunikativen Struktur des Stadtteils. Die statistischen Angaben geben einen oberflächenbezogenen Eindruck von der sprachlichen Vielfalt in dem Stadtteil und bereiten damit die qualitative Analyse konkreter textgestützter Kommunikation (Kap. 5.1.2) vor.

Die nachfolgend wiedergegebenen Tabellen 1 und 2 basieren auf einer vollständigen fotographischen Dokumentation von Langer Reihe, Steindamm und Bremer Reihe. Die Häuserzeilen wurden von unserem Untersuchungsteam komplett abfotographiert, die Aufnahmen anschließend in einzelne Schilder aufgespalten (pro Hausnummer blieb außerdem eine Gesamtaufnahme erhalten). Diese Schilder wurden anschließend kategorisiert. Als „Schild" wurden in sich abgeschlossene Texte bestimmt, die eine eigenständige Funktion erfüllen und hinsichtlich ihrer räumlichen Anordnung klar von anderen Texten („Schildern") getrennt sind (zu dieser Diskussion vgl. Cenoz & Gorter 2008: 351; zur Frage der räumlichen Abgrenzung von Texten außerdem Hausendorf & Kesselheim 2008: 41ff.).

Tabelle 1:   Die sprachliche Landschaft St. Georgs

Gesamtzahl der Schilder	1139
Mehrsprachige Schilder (mind. zwei Sprachen)	34,8% (397)
Einsprachig Deutsche Schilder	33,2% (379)
Schilder, auf denen Deutsch verwendet wird	79,5% (906)
Schilder, auf denen eine nicht deutsche Sprache verwendet wird	66,7% (760)

Tabelle 1 zeigt, dass das Deutsche die Sprache ist, die in St. Georg am häufigsten auf Schildern verwendet wird – eine für eine deutsche Stadt wenig überraschende Einsicht. Gleichzeitig fällt auf, dass nur ein Drittel aller Schilder ausschließlich auf Deutsch verfasst ist, dass umgekehrt zwei Drittel der Schilder eine andere Sprache als Deutsch enthalten. Dies bereits verweist auf einen mehrsprachig geprägten Stadtteil, in dem das Deutsche nicht etwa verdrängt, sondern durch andere Sprachen ergänzt wird.

Der Blick auf die beiden unterschiedlichen Areale des Stadtteils, den Steindamm und die Lange Reihe, in Tabelle 2 macht schließlich deutlich, wie sich diese Mehrsprachigkeit auf den Stadtteil verteilt.

Tabelle 2:   Die sprachliche Landschaft in Steindamm und Lange Reihe

	Steindamm		Lange Reihe	
Gesamtzahl der Schilder	601		427	
Mehrsprachige Schilder (mind. zwei Sprachen)	41,8%	(251)	19,4%	(83)
Einsprachig Deutsche Schilder	24,8%	(149)	49,6%	(212)
Schilder, auf denen Deutsch verwendet wird	73,5%	(442)	85,0%	(363)
Schilder, auf denen eine nicht deutsche Sprache verwendet wird	75,2%	(452)	50,4%	(215)
Schilder, auf denen Englisch verwendet wird	30,3%	(182)	22,5%	(96)
Schilder, auf denen Italienisch verwendet wird	0,1%	(1)	4,9%	(21)
Schilder, auf denen Portugiesisch verwendet wird	1,5%	(9)	4,2%	(18)
Schilder, auf denen Französisch verwendet wird	0,7%	(4)	3,3%	(14)
Schilder, auf denen Türkisch verwendet wird	14,1%	(85)	0,2%	(1)
Schilder, auf denen Arabisch verwendet wird	6,0%	(36)	0%	(0)
Schilder, auf denen Farsi verwendet wird	12,0%	(72)	0,5%	(2)

Diesen Zahlen zufolge scheint das Steindamm-Gebiet insgesamt sprachlich vielfältiger zu sein; der Anteil an Schildern, die mehr als eine Sprache enthalten, ist mehr als doppelt so hoch wie in der Langen Reihe. Auch der Anteil an Schildern, in denen eine „nicht deutsche Sprache"[1] verwendet wird, ist im Steindamm mit 75% deutlich höher als in der Langen Reihe, die gleichwohl mit gut 50% ebenfalls einen hohen Anteil an Schildern mit „nicht deutschen" Sprachen aufweist. In beiden Gebieten, so ist daneben festzuhalten, ist das Deutsche die schriftlich am meisten verwendete Sprache. Dass die Lange Reihe (49,6%) hier einen höheren Anteil an einsprachig deutschen Schildern hat als der Steindamm (24,8%), mag die eingangs getätigte Feststellung von höherer Mehrsprachigkeit im Steindamm bestätigen. Das Deutsche ist, auch was den Anteil deutschsprachiger Schilder insgesamt betrifft (die also neben

---

1   Wir benutzen hier die Bezeichnung „nicht deutsch" für diejenigen Sprachen, die von der Bevölkerungsmehrheit nicht als L1 gesprochen werden. Damit ist keine Zentrierung auf das Deutsche intendiert, auch keine Setzung des Deutschen als Norm; abgehoben wird vielmehr auf die Tatsache, dass Deutsch in den untersuchten Räumen die Mehrheitssprache bildet und daher als der erwartbare Standard gelten kann, von dem sich andere Sprachen abheben. Die Kategorie „Fremdsprache" ist als Alternative zu stark bildungspolitisch aufgeladen ist, um lokal beschreibend nützlich zu sein. In diesem Artikel differenzieren wir außerdem nicht weiter hinsichtlich verschiedener Varietäten des Deutschen, die in den untersuchten Räumen ebenfalls vorkommen (für eine Untersuchung über die Verwendung des Niederdeutschen in der sprachlichen Landschaft s. Reershemius 2011).

Deutsch auch noch eine andere Sprache enthalten können), in der Langen Reihe (85,0%) präsenter als im Steindamm (73,5%). Gleichwohl bestimmt es auch im Steindamm die sprachliche Landschaft in besonderem Maße, was den Schluss zulässt, dass wir es auch hier nicht mit einem sprachlich oder sozial segregierten Areal zu tun haben.

Bezüglich der unterschiedlichen Prägung der beiden Gebiete erscheint der Blick auf die Sprachen, die nach dem Deutschen relevant werden, aufschlussreich. An zweiter Stelle steht in beiden Straßen das Englische (Steindamm 30,3%, Lange Reihe 22,5%). Wie das Englische jeweils formal geprägt ist oder welche Funktionen es übernimmt, lässt sich anhand der Statistik zwar nicht erkennen, anhand der Gesamtcharakteristik der beiden Areale lässt sich aber vermuten (s. außerdem oben Kap. 4.2), dass sich das Englische in der Langen Reihe eher an Touristen oder, als Sprache mit hohem Prestige, an eine zahlungskräftige deutsche Kundschaft richtet, die Produkte und Dienstleistungen nicht nur nach ihrem materiellen, sondern auch nach ihrem symbolischen Wert auswählt. Im Steindamm dagegen ist zu erwarten, dass das Englische eher als Immigranten- (z. B. aus Indien, Pakistan) oder Verkehrssprache, also zur Kommunikation zwischen verschiedenen Immigrantengruppen, benutzt wird. Bezüglich der weiteren Sprachen finden wir im Steindamm v.a. die klassischen Sprachen der Immigration nach Hamburg (Türkisch, Arabisch, Farsi), die in der Langen Reihe gar nicht oder kaum präsent sind; bemerkenswerterweise treten kaum die in Hamburg außerordentlich sprecherstarken slawischen Sprachen in Erscheinung. Die Lange Reihe enthält dagegen Vorkommen europäischer Sprachen aus dem Mittelmeerraum, die einerseits zwar auch durch Immigration (Italienisch und das für Hamburg typische Portugiesisch) nach Deutschland gekommen sind, denen, weil sie mit positiv besetzten Attributen assoziiert werden (Genuss, Lebensqualität, Luxus, Erholung), andererseits in Deutschland aber auch ein bestimmter symbolischer Wert zukommt (so auch dem Französischen, vgl. Lüdi 2007), den sich die Einzelhändler in der Langen Reihe zu Nutze machen. Die rein quantitative Verteilung „nicht deutscher" Sprachen in der Linguistic Landscape weist bereits darauf hin, dass sich verschiedene Formen der Mehrsprachigkeit in den beiden Gebieten realisieren.

Um die Bedeutung der dritten von uns untersuchten Straße, der Bremer Reihe, diskutieren zu können, haben wir die Daten zu einzelnen Schildern, die wir bisher präsentiert haben, auf der Ebene von ökonomisch eigenständigen Geschäftseinheiten aggregiert. Damit wurden alle Schilder, die nominell bzw. formal-rechtlich dem gleichen sprachlichen Produzenten zuzurechnen sind – gewöhnlich dem Inhaber eines Unternehmens – zu einer Einheit zusammengefasst. Diese Einheiten haben wir anschließend hinsichtlich der Anzahl der verwendeten Sprachen kategorisiert. Auf diese Weise wird also nicht mehr erfasst, welche und wie viele Sprachen pro Schild verwendet werden, sondern wie viele Sprachen sich beim Blick auf ein Geschäft, sei es ein Supermarkt, ein Juwelier, ein Restaurant oder ein Spielkasino, erkennen lassen. Die Kreisdiagramme in Abbildung 1 bilden die prozentuale Verteilung von einsprachigen vs. mehrsprachigen (zwei-, drei- und vielsprachige) Sprachvorkommen pro Geschäftseinheit in den drei von uns untersuchten Straßen ab.

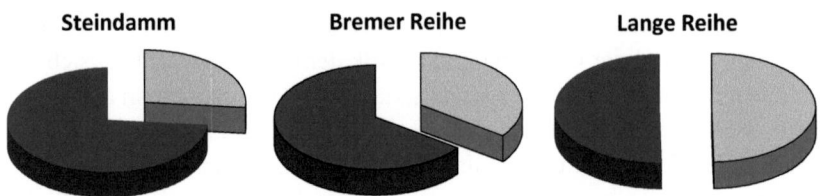

Abbildung 1:   Geschäftseinheiten in Steindamm, Bremer Reihe und Lange Reihe
(grau: einsprachig, schwarz: zwei- oder mehrsprachig)

Wie die Grafiken zeigen, liegt der Anteil mehrsprachiger Geschäftseinheiten in der Bremer Reihe (65%) relativ genau zwischen dem Anteil, der sich in Steindamm (etwa 75%) und Lange Reihe (etwa 50%) ergibt. Auch wenn man die Daten noch genauer betrachtet und z. B. die Anteile drei- oder viersprachiger Einheiten vergleicht, zeigt sich dieses Verhältnis: Am Steindamm finden sich jeweils am meisten solcher Geschäftseinheiten, in der Langen Reihe am wenigsten, die Anteile in der Bremer Reihe liegen jeweils dazwischen. Die Bremer Reihe liegt also nicht nur räumlich zwischen Langer Reihe und Steindamm; auch bezogen auf die Sprachverwendung an den Geschäften nimmt sie eine Mittelposition zwischen den beiden Gebieten ein und stellt damit eine Verbindung zwischen den in den beiden Arealen vorfindbaren Ausformungen von Mehrsprachigkeit her.

Der Blick auf die quantitative Verteilung schriftlich verwendeter Sprachen im öffentlichen Raum zeigt zusammenfassend zum einen die Mittelposition bzw. den Verbindungscharakter der Bremer Reihe, die zwischen den beiden klar unterscheidbaren Gebieten Steindamm und Lange Reihe liegt und deren sprachliche Gestaltung diese Position auch widerspiegelt. Hinsichtlich der unterschiedlichen Gebiete erscheint der Steindamm als mehrsprachiger, einfach weil der Anteil „nicht deutscher" Sprachen insgesamt höher ist und weil mehr Schilder vorfindbar sind, auf denen mehrere Sprachen verwendet werden.

Hinsichtlich der verwendeten Sprachen scheint sich außerdem ein weiterer Unterschied aufzutun – am Steindamm werden vor allem Immigrantensprachen, in der Langen Reihe eher Sprachen mit hohem Prestige verwendet. In beiden Gebieten wird allerdings das Deutsche häufiger als jede andere Sprache verwendet, was darauf hinweist, dass es sich nicht um ethnisch segregierte Areale handelt, sondern die Verkehrssprache ihre Funktion erfüllt.

Die Zahlen über schriftliche Texte geben also einen Einblick in die mehr- und einsprachige Struktur des Stadtteils, ermöglichen aber keine Aussagen über das konkrete Handeln in mehreren Sprachen, welches die soziale Praxis konstituiert. Aus diesem Grund analysieren wir im folgenden Abschnitt en détail exemplarisch ausgewählte Ensembles von Texten in verschiedenen Sprachen.

5.1.2 Die sprachliche Landschaft im Einzelnen

In der Diskussion der statistischen Daten zur sprachlichen Landschaft war darauf hingewiesen worden, dass das Deutsche in beiden Gebieten die am häufigsten verwendete Sprache ist. Die folgenden Analysen zeigen, welche Rolle das Deutsche, als Mehrheitssprache, im Zusammenspiel mit anderen Sprachen übernimmt. Bild 1 zeigt die Ladenfront des indischen Einzelhändlers „Saira's India Haus" am Steindamm.

Bild 1: Saira's India Haus

Auf dem Bild lassen sich verschiedene Sprach- und Schriftsysteme unterscheiden. Der Name des Geschäfts kombiniert das englische „India" mit dem deutschen „Haus", darunter wird der Laden auf Englisch als „Bollywood-Shop" bezeichnet. Auf der vom Betrachter aus linken Seite werden auf Deutsch die Waren aufgelistet, die verkauft werden, außerdem finden sich farbige Sprachzüge auf dem Schaufenster (Bild 2), die in Urdu (arabische Schrift mit diakritischen Zeichen für retroflexe Konsonanten, welche in Urdu verwendet werden) darauf hinweisen, dass „Schmuck", „DVDs" sowie „asiatische Lebensmittel vorhanden" sind und erworben werden können.

Bild 2: Nahaufnahme der Schriftzüge auf dem Schaufenster von Saira's India Haus

Werben und Benennen bzw. Charakterisieren des Ladens erfolgen also in mehreren Sprachen, hier konkret auf Englisch, Urdu und Deutsch. Wie sich anhand der Beschilderung der Waren, die vor dem Geschäft ausliegen, zeigt, werden andere Handlungen dagegen ausschließlich auf Deutsch durchgeführt (Bild 3).

Die ausliegenden Waren werden auf diesen Schildern nur auf Deutsch benannt („INGWER", „Knoblauch") und näher charakterisiert („KLASSE I", „AUS CHINA"). Auch für die Mengeneinheiten („Kg") werden deutsche Abkürzungen verwendet, die Ausschreibung eines „Sonderangebots" erfolgt ebenfalls auf Deutsch, andere Sprachen werden für diese Handlungen nicht verwendet. Dies deutet darauf hin, dass das Deutsche für bestimmte Handlungen bevorzugt wird, andere Handlungen dagegen mehrsprachig realisiert werden.

Bild 3: Waren vor Saira's India Haus und ihre Beschriftung

Ein ähnliches Bild einer funktionalen Aufteilung von Sprachen zeigt der Iranische Einzelhändler „Pamir Bazar" am Steindamm (Bild 4). Auch hier sind eine Reihe von Inschriften in Farsi und Deutsch zu sehen, die den Namen des Ladens angeben sowie die Produkte, die er feilbietet, bewerben. So werden „Iranische Sandwiches" und „leckere Häppchen" z. B. mit einem Schriftzug auf dem Schaufenster auf Farsi beworben (Bild 5, auf Bild 4 rechts auch auf Deutsch).

Bild 4: Einzelhändler „Pamir Bazar" im Steindamm

Bild 5: Schaufenster von Pamir Bazar: „Iranische Sandwiches", „Leckere Häppchen"
(Farsi)

Diese Mehrsprachigkeit steht erneut in einem gewissen Gegensatz zu den sprachlichen Handlungen, die den Kern des Einzelhandels ausmachen, nämlich das Auswählen und Kaufen bzw. Verkaufen von Produkten. Wie Bild 6 zeigt, werden auch hier die Produkte nur auf Deutsch deklariert („Erdbeeren", „Bernen") und charakterisiert (ganz links steht „Weintrauben rot"). Auch die Preiseinheit („Schale", „kg") wird ausschließlich auf Deutsch angegeben, andere Sprachen kommen nicht einmal ergänzend vor. Die orthographischen Fehler bei vergleichsweise einfachen Worten, die wir wiederholt in ähnlicher Form am Steindamm finden können, weisen außerdem darauf hin, dass das Deutsche hier nicht als Erstsprache benutzt wird, für den bzw. die Autoren also auch andere Sprachen verfügbar wären.

Bild 6: Beschilderung der Waren vor dem „Pamir Bazar"

Auch im Pamir Bazar wird das Deutsche also zur Benennung und Charakterisierung der Waren sowie zur Angabe der Preiseinheit genutzt. Das Deutsche kommt damit an den Stellen zum Zuge, an denen ein Verständnis der zu vollziehenden sprachlichen Handlung durch den Leser für die Realisierung des Zwecks der Institution Einzelhandel unabdingbar ist – ein Kunde wird nur einkaufen, wenn er weiß, was er einkauft und welchen Preis er dafür bezahlen muss. Das Werben und Benennen des Ladens dagegen bildet nicht den Kern des Handlungsmusters Kaufen-Verkaufen, das den Zweck des Einzelhandels ausmacht, sondern dient eher dazu, ein Handlungssystem zwischen Verkäufer und potentiellem Käufer überhaupt erst herzustellen. Die Immigrantensprachen werden also an den Rändern eines Praxeogramms oder Handlungsmusters genutzt; die sprachlichen Handlungen, die den Kern des Handlungsmusters bilden, scheinen dagegen eher auf Deutsch vollzogen zu werden (vgl. Redder & Scarvaglieri, in diesem Band). Hinsichtlich der Linguistic Landscape ist dies vermutlich darauf zurückzuführen, dass Deutsch die Sprache ist, die von den meisten Besuchern St. Georgs gesprochen und gelesen werden kann, so dass es wirtschaftlich sinnvoll erscheint, bestimmte Handlungen in dieser allgemeinen Verkehrssprache zu realisieren. Die Immigrantensprachen scheinen dagegen genutzt zu werden, um insbesondere den Kreis potentieller Kunden aus der eigenen Sprachgruppe an sich zu binden und mit ihm in ein gemeinsames, dauerhaftes Handlungssystem einzutreten.

Diese funktionale Struktur finden wir im Einzelhandel der Steindamm-Gegend quasi durchgehend; sie kennzeichnet das sprachliche Handeln mittels öffentlich sichtbarer Schilder in dieser Gegend (weitere Beispiele haben wir in Scarvaglieri et al. 2013 besprochen). An dieser Stelle möchten wir zur Konturierung der Analyse ein etwas anders gelagertes Datum aus der Langen Reihe diskutieren, das ebenfalls Aufschlüsse über die je unterschiedliche Funktionalisierung verschiedener Sprachen gibt. Bei Bild 7 handelt es sich um eine Fotographie des Eingangsbereichs zu dem Atelier der Visagistin „Niko Kazal" in der Langen Reihe. Ganz oben ist der Name des Ladens abgebildet, darunter heißt es „STYLING & PHOTOGRAPHY FOR PEOPLE AND PERSONALITY". Auch die Telefonnummer wird auf Englisch („PHONES") markiert, so dass in den permanent im Eingangsbereich angebrachten Schriftzügen nur das Englische auftaucht. Dass es sich um ein Geschäft in Deutschland handelt, wäre allenfalls an der E-Mail-Adresse, die auf „.de" endet, erkennbar. Wie anhand der Spiegelung einer Leiter in der verglasten Fronttür zu erkennen, werden an der Außenfassade des Gebäudes zum Zeitpunkt der Fotographie allerdings diverse Renovierungsarbeiten ausgeführt, was den Zugang erschwert und beim Betrachter auch die Annahme aufkommen lassen könnte, das Atelier sei geschlossen. Daher wurde mit Kreppband ein mit blauem Filzstift beschriebener Zettel an der Eingangstür angebracht, der Interessierte darauf hinweist, dass der Laden geöffnet ist („Niko hat geöffnet.") und wie man ihn betreten kann („Bitte hier oben durch nach unten gehen."). Den ausschließlich auf Deutsch verfassten Text schließen ein großgeschriebenes „Danke" sowie eine kleine gemalte Blume ab.

Auch in diesem Beispiel findet sich ein Unterschied zwischen sprachlichen Handlungen, die auf Deutsch realisiert werden, und Handlungen, die in anderen Sprachen vollzogen werden. Das Atelier wird permanent nur auf Englisch charakterisiert und (im weiteren Sinne) beworben. Das Deutsche kommt in der Linguistic Landscape dieses Geschäfts im Alltag offensichtlich nicht vor; es scheint nur dann zum Zug zu kommen, wenn eine Ausnahmesituation vorliegt. Diese Ausnahmesituation macht es in dem vorliegenden Fall nötig, gezielt auf Passanten und Betrachter einzuwirken und mentale Prozesse bei ihnen auszulösen, die es ihnen ermöglichen, trotz Hindernissen ihren Weg in das Atelier zu finden, um zu Kunden werden zu können. Der dazu nötige detaillierte und nicht eben einfach nachzuvollziehende Eingriff in das Handeln des Rezipienten („Bitte hier oben durch nach unten gehen"), wird nicht etwa in der Sprache vollzogen, die ansonsten die Front des Ateliers bestimmt, sondern in der Mehrheitssprache, unabhängig von jeglichem symbolischen, wohl aber von praktischen Wert. Indem hier das Deutsche verwendet wird, wird also sichergestellt, dass die sprachliche Handlung vom Rezipienten auch tatsächlich nachvollzogen werden kann, dass sie ihren Zweck erfüllt. Im Vergleich zum Benennen oder Bewerben ist die Handlung des Wegweisens relativ komplex und damit schwieriger nachzuvollziehen. Sie wird daher in der Sprache realisiert, von der der sprachliche Produzent (Autor) ausgehen kann, dass sie von den meisten Lesern in diesem Areal auf einem hohen Niveau beherrscht wird.

Bild 7: Eingangsbereich des Ateliers der Visagistin „Niko Kazal" in der Langen Reihe

Damit zeigt sich auch hier, dass Handlungen auf Deutsch realisiert werden, die für das Zustandekommen eines Handlungssystems unverzichtbar sind. Schließlich kann kein Passant zum Kunden werden, wenn er den Eingang zum Atelier nicht findet und es folglich gar nicht betritt. In der Sprache der Globalisierung, mit der sich u. a. Weltläufigkeit, Internationalität oder ,up-to-dateness' verbinden, werden demgegenüber, kennzeichnend für die Lange Reihe, Handlungen vollzogen, die das Interesse von Passanten wecken und ihnen grundlegende Informationen über den Charakter der Geschäftseinheit geben sollen. Mit dieser Sprachenwahl wird der Aufbau eines Images von einem in der Zeit und im Trend stehenden Dienstleister unterstützt (vgl. die Website des Unternehmens unter www.nikokazal.de). Angesprochen wird eine zumindest eingeschränkt mehrsprachige Kundschaft, für die das Image eines Unternehmens und der symbolische Wert von Produkten und Dienstleistungen von (vermutlich auch sozial distinktiver) Bedeutung sind (ähnliche Unterschiede zwischen der Verwendung von Deutsch und Englisch beschreibt Lüdi 2007: 142 für Basel).

Damit lässt sich bezüglich der sprachlichen Landschaft in St. Georg festhalten, dass es eine funktionale Trennung, eine Art ,Arbeitsteilung', von Sprachen gibt. Mehrsprachigkeit taucht vor allem an den Stellen auf, an denen es darum geht, mit dem Kunden eine Beziehung aufzubauen, mit ihm in ein gemeinsames Handlungssystem einzutreten. Typische sprachliche Handlungen, die in „nicht deutschen" Sprachen realisiert werden, sind das Benennen des eigenen Geschäfts und das Auflisten und Bewerben der feilgebotenen Produkte und Dienstleistungen. Andere sprachliche Handlungen wie das Deklarieren der Waren, die Angabe der Preiseinheit oder komplexere sprachliche Handlungen, die den Kern des Handlungsmusters Kaufen-Verkaufen bilden bzw. für seinen Vollzug unverzichtbar sind, werden dagegen monolingual Deutsch realisiert. Mehrsprachigkeit scheint damit gegenwärtig vor allem an den Rändern der gesellschaftlich etablierten Handlungsformate von Relevanz zu sein (vgl. Redder 2013). Damit wird Rehbeins Diagnose, dass „das Potential mehrsprachiger Kommunikation [ist] in Hamburg noch längst nicht entfaltet" (2010: 100)[2] ist, anhand der vorliegenden Daten u. E. bestätigt. Weiter entwickelt tritt Mehrsprachigkeit in Institutionen auf, deren Agenten selbst wirklich mehrsprachig sind (vgl. Redder & Scarvaglieri, in diesem Band).

5.2 Die hörbare sprachliche Landschaft (Linguistic Soundscape) von St. Georg

Der folgende Abschnitt präsentiert eine Auswahl aus den Ergebnissen, die wir mit den oben (Kap. 3.2) vorgestellten sowie von uns teilweise adaptierten, teilweise neu entwickelten Methoden des „Linguistic Soundscaping" erreichen konnten. Dabei konzentrieren wir uns an dieser Stelle (s. aber Pappenhagen

---

2 Rehbein stützt diese Diagnose insbesondere auf einen Vergleich der in der Bevölkerung vorhandenen sprachlichen Kompetenzen mit den Möglichkeiten ihrer Anwendung in institutionellen Zusammenhängen. In dieser Hinsicht kommt er zu dem Schluss, dass das in der Hamburger Bevölkerung vorliegende Potential mehrsprachiger Kommunikation noch kaum ausgeschöpft wird, da Institutionen weitgehend einsprachig deutsch operieren. Dies ist, so eine Beobachtung im Zusammenhang unserer Untersuchungen selbst dann der Fall, wenn individuell weitere Sprachen zur Verfügung stünden (Pappenhagen 2012). Im Vergleich zur Situation in Hamburg erkennt Rehbein für Barcelona eine bessere Nutzung der Möglichkeiten mehrsprachiger Kommunikation.

et al., subm.) auf die statistischen Angaben, die wir mithilfe der Soundwalks erzielen konnten, sowie auf Teilergebnisse aus den ethnographischen Beobachtungen.

5.2.1 Die hörbare sprachliche Landschaft in Zahlen

Wie in 5.1 beschrieben, haben wir die Zeit, die wir und unsere studentischen Hilfskräfte in St. Georg verbracht haben, u.a. dafür genutzt, um die hörbaren Sprachen zu zählen. Dabei haben wir jedes Gespräch nur einmal gezählt, egal ob wir nur wenige Gesprächsfetzen hören konnten oder über mehrere Minuten Zeugen eines Gesprächs waren. Gezählt wurden also Kontakte pro Sprache.

Die Schwierigkeit bei einem solchen Vorgehen liegt v.a. in der korrekten Identifikation der jeweils gesprochenen Sprache: Oft handelt es sich um Sprachen, die der Hörende nicht selbst beherrscht, oft kann er zudem kaum mehr als wenige Sekunden eines Gesprächs anhören. Auch wenn es inzwischen eine Reihe von Möglichkeiten gibt, sich über das Internet hinsichtlich des Klangs verschiedener Sprachen zu informieren (etwa auf http://aboutworldlanguages. com/), so konnten wir doch keine korrekte Identifikation aller in Hamburg gesprochenen Einzelsprachen durch alle Untersuchenden sicherstellen. Daher mussten wir Einzelsprachen in relativ weite Sprachgruppen zusammenfassen, außerdem eine ebenfalls relativ große Restkategorie für Sprachen bilden, die wir auch hinsichtlich ihrer Zugehörigkeit zu einer Sprachgruppe nicht identifizieren konnten. Im Einzelnen dargestellt werden die Zahlen zur Soundscape der beiden Areale in Tabelle 3.

Tabelle 3: Gesprochene Sprachen in Hamburg-St. Georg

	Steindamm	Lange Reihe
N (erfasste Kontakte)	1855	1380
Formen des Deutschen[3]	39%	83%
Turksprachen	17%	3%
‚Englishes'	2%	3%
Slawische Spachen	4%	2%
Formen des Arabischen	8%	2%
Andere Sprachen	29%	7%

---

3   „Formen des Deutschen" verstehen wir als eine Sammelkategorie, die etwa Lernervarietäten, Formen des sog. Kiezdeutsch (Wiese 2012) oder das Niederdeutsche genauso

Diese Zahlen bestätigen eine Reihe von Befunden, die wir anhand der Linguistic Landscape gemacht hatten; andere Beobachtungen erscheinen dagegen in einem anderen Licht. Zunächst fällt erneut auf, dass das Deutsche – in welcher Varietät auch immer – in beiden Gebieten die am meisten gesprochene Sprache ist. Allerdings prägt das Deutsche die Lange Reihe wesentlich stärker als den Steindamm. Auf der Basis dieser Daten erscheint die Lange Reihe deutlich weniger mehrsprachig als anhand der Landscape-Daten. Keine der „nicht deutschen" Sprachen bzw. Sprachgruppen, die wir identifizieren konnten, hat einen Anteil von mehr als 3%. Sprachen wie Portugiesisch, Französisch oder Italienisch, die einen recht bedeutenden Anteil an der Linguistic Landscape haben, kommen in der Soundscape im Grunde nicht vor (ihr Anteil liegt jeweils deutlich unter 1%). Auch andere Sprachen wie das Türkische, das Arabische oder Slawische Sprachen, sind in der Soundscape der Langen Reihe nur schwach vertreten. Die Mehrsprachigkeit der Linguistic Landscape findet sich in der Soundscape der Langen Reihe also nur sehr eingeschränkt wieder.

Die unterschiedliche Verteilung von Sprachen und Sprachengruppen im Stadtteil lässt darauf schließen, dass Mehrsprachigkeit nicht alleine im Zusammenhang von Migration eine Rolle spielt. Dass eine Reihe von Sprachen im städtischen Raum um die Lange Reihe herum zwar in der Linguistic Landscape vertreten ist, aber diskursiv nicht genutzt wird, wirft die Frage auf, worauf dieser Unterschied zurückzuführen ist, welche Adressaten in diesen Sprachen schriftlich, aber nicht mündlich, angesprochen werden und welche sprachlichen Kompetenzen jeweils angenommen werden. Da die fraglichen „nicht deutschen" Sprachen in dem Areal nicht gesprochen werden, ist u. E. davon auszugehen, dass sich auch die Schilder in diesen Sprachen nicht an Personen richten, die diese Sprachen regelmäßig sprechen, sondern an Leser, die eingeschränkt mehrsprachig sind und bestimmte fremdsprachliche Ausdrücke und Phrasen verstehen, die Sprachen aber nicht selbst aktiv beherrschen bzw. im Alltag keinen Anlass haben, sie zu sprechen. Adressaten sind u. E. nicht Muttersprachler, sondern Personengruppen, die mit diesen Sprachen einen bestimmten symbolischen Gehalt verbinden. Gestützt wird diese Annahme durch die Tatsache, dass die Diskrepanz zwischen Land- und Soundscape gerade bei denjenigen Sprachen auftritt, denen ein hohes soziales Prestige zukommt, mit denen sich also positive Assoziationen verbinden und die daher gut für ökonomische Zwecke funktionalisiert werden können. Denn gerade in der Linguistic Landscape von Geschäften, die internationale Mar-

---

umfasst wie die standardnahe Nutzung des Deutschen, welche nach unseren Eindrücken auch in diesem Hamburger Stadtteil den Normalfall bildet.

ken verkaufen, wird die Sprachenwahl auch zu einer Frage des ökonomisch realisierbaren Prestiges einer Sprache (vgl. Lüdi 2007), das es ermöglicht, den angebotenen Produkten einen zusätzlichen ‚ideellen' Mehrwert zu verleihen. Die Mehrsprachigkeit in der Langen Reihe scheint sich also weniger an Muttersprachler der jeweiligen Sprachen zu richten als an eine eher bildungspolitisch oder „ideell" mehrsprachige, zahlungskräftige Kundschaft, die Wert auf distinguierte Produkte und Dienstleistungen legt. Somit griffe das Diversity-Konzept zur Bestimmung der sprachlichen Verhältnisse hier zu kurz.

Im Unterschied zur Langen Reihe decken sich am Steindamm die Daten für schriftliche und mündliche Mehrsprachigkeit relativ genau. Hier fällt zunächst auf, dass das Deutsche dominiert; dies in einem Gebiet, das einem Besucher, der erwartet, dass Hamburg kulturell und sprachlich nahezu ausschließlich deutsch geprägt ist, aufgrund der vielen angebotenen exotischen Produkte und der verschiedenen Schriftsysteme in der LL auf den ersten Blick sehr fremd, sehr „nicht deutsch" erscheinen mag. Das Deutsche ist am Steindamm also stärker vertreten, als auf den ersten Blick erkennbar. Außerdem fällt der hohe Anteil an Sprachen auf, die wir nicht eindeutig identifizieren konnten – was auf eine enorme sprachliche Vielfalt schließen lässt, die wir am Steindamm finden und die die Vielfalt der Linguistic Landscape noch zu übertreffen scheint. Ansonsten konnten wir mit dem Türkischen bzw. den Turksprachen und den verschiedenen Ausprägungen des Arabischen bedeutende Anteile der Immigrantensprachen identifizieren, die auch die Linguistic Landscape dominieren – andere wichtige Immigrantensprachen wie Hindi, Farsi oder Thai konnten nicht immer sicher identifiziert werden und fallen daher unter „andere Sprachen".

Diese Befunde weisen u. E. darauf hin, dass es sich beim Steindamm um eine Form migrantischer Mehrsprachigkeit handelt, da die Herkunftssprachen sowohl schriftlich als auch mündlich verwendet werden. Die hohen Anteile an Deutsch sind darauf zurückzuführen, dass nicht nur innerhalb einer Community aus einem Herkunftsland kommuniziert wird, sondern dass man sich je auch an Deutsche sowie an Immigranten aus anderen Herkunftsländern richtet. Das Deutsche scheint, darauf deutet auch die Tatsache hin, dass ihm in diesem Areal vielfach ein L2-Charakter anzuhören ist, als eine Verkehrssprache benutzt zu werden, welche die verschiedenen ethnischen und sprachlichen Gruppen überspannt (vgl. auch hier die Ergebnisse Lüdis (2007: 146f.)).

5.2.2 Ethnographische Beobachtungen zur hörbaren sprachlichen Landschaft St. Georgs

Unser Untersuchungsteam hat nicht nur Sprachen im öffentlichen Raum gezählt, sondern auch beobachtet, wie Sprachen an welchen Orten genutzt werden. Dazu haben wir unsere ethnographischen Beobachtungen auch in die Geschäfte des Steindamms, die bisher nur von außen beschrieben wurden, hinein verlegt. Auf diese Weise konnten wir die Untersuchung schrittweise systematisieren: Während das Linguistic Landscaping rekonstruktiv, textuell fixiert ist und keine unmittelbare Beobachtung interaktiver Sprecher-Hörer-Kommunikation in Form der konkreten Rezeption zulässt, überwindet das quantitative Soundscaping zumindest die Beschränkung auf geschriebene Sprache und ermöglicht damit, wie gesehen, bereits weitergehende Schlüsse über die jeweils interaktiv praktizierten Ausformungen von Mehrsprachigkeit.

Allerdings mögen auch diese Beobachtungen noch vergleichsweise ungeordnet erscheinen – schließlich ist der öffentliche Raum – verglichen mit Ländern, die eine sehr strenge Sprachpolitik verfolgen – nur wenig reglementiert und strukturiert, so dass sich das sprachliche Verhalten möglicherweise nur geringfügig von dem in anderen Gesellschaften mit ähnlichen Voraussetzungen unterscheidet. Eine diskursive Topographie der Mehrsprachigkeit (Redder 2013), wie sie das Ziel unserer Untersuchungen ist, kann sich daher nicht allein auf die Beobachtung des öffentlichen Raumes stützen. Vielmehr erscheint es unverzichtbar, die Kommunikation in institutionell geprägten Räumen zu untersuchen, um die Strukturierung einer Gesellschaft zu verstehen (Ehlich & Rehbein 1994). Die unten dargestellten Daten sehen wir als einen ersten Schritt dahin (weitere Schritte gehen Redder & Scarvaglieri, in diesem Band). Tabelle 4 gibt an, wie oft welche Sprache in den Lebensmittelgeschäften und (Schnell-)Restaurants, in denen wir teilnehmende Beobachtungen und beobachtende Teilnahmen durchgeführt haben, zu hören war.

Tabelle 4: Gesprochene Sprachen in Geschäften und Restaurants im Steindamm

Afrikanische Sprache	2
Arabisch	69
Deutsch	149
Englisch	2
Französisch	1
Hindi	14
Slawische Sprache	3
Turksprachen	74
asiatische Sprache	2
Andere Sprachen	13
Gesamt	329

Die Tabelle 4 zeigt, dass das Deutsche auch hier wieder den größten Anteil hat; es macht allerdings nicht mehr als die Hälfte aller Sprachvorkommen aus – ein weiterer Hinweis auf die genuine Mehrsprachigkeit des Steindamm-Areals. Diese zeigt sich auch darin, dass die entsprechenden Immigranten-sprachen, besonders Türkisch und Arabisch, erneut sehr stark vertreten sind. Auffällig ist des weiteren, dass Russisch sowie andere Slawische Sprachen sowohl mündlich als auch schriftlich nur sehr wenig verwendet werden, ob-wohl Immigranten aus osteuropäischen Ländern einen erheblichen Anteil an der Wohnbevölkerung St. Georgs stellen. Dies ist zum einen als Hinweis auf den funktionalen Charakter des Stadtteils zu verstehen, der sprachlich weit mehr von Aktanten bestimmt wird, welche den Stadtteil eigens aufsuchen, um Dienstleistungen oder Produkte zu erwerben, als von der Wohnbevölkerung. Zum anderen könnte es ein Hinweis auf die vorangeschrittene sprachliche „Integration" dieser Gruppe bzw. auf ihren „Sprachverlust" darstellen.

Während der ethnographischen Untersuchung von Geschäften und Res-taurants haben wir außerdem wiederholt ein weiteres Phänomen beobachtet, das wir nicht mit Zahlen oder Transkriptauszügen untermauern können, das aber dennoch Aufschluss über die kommunikative Realität am Steindamm geben kann. Während die Kunden z. B. an der Fleischtheke eines türkischen oder kurdischen Supermarktes warten, unterhalten sie sich in Gruppen unter-einander z. B. auf Ewe, Arabisch oder Englisch. Die Mitarbeiter des Geschäfts sprechen untereinander Türkisch oder Kurdisch, sobald aber die Kommuni-kation über die jeweilige Sprachgruppe hinausgeht, sobald also z. B. ein neuer Bestellvorgang eingeleitet wird, wechseln die Aktanten aus unterschiedlichen

Sprachgruppen in das Deutsche. Dies zeigt u. E., dass das Deutsche als eine Intergruppensprache aufgefasst und benutzt wird – als die Sprache also, die die verschiedenen Sprachgruppen verbindet und Kommunikation über ansonsten möglicherweise getrennte ethnische oder sprachliche Communities hinaus ermöglicht. Das Deutsche ist im Steindamm die *Verkehrssprache*, die standardmäßig genutzt wird, sobald jemand adressiert wird, der nicht der eigenen Sprachgruppe angehört.

6. Praxen gesellschaftlicher Mehrsprachigkeit in Hamburg-St. Georg – Zusammenschau

Die diskutierten Daten über hörbare und sichtbare Mehrsprachigkeit in Hamburg-St. Georg zeigen insgesamt, dass sich in den Gebieten um Lange Reihe und Steindamm verschiedene Konfigurationen gesellschaftlicher Mehrsprachigkeit unterscheiden lassen. Der Steindamm wird hinsichtlich schriftlicher wie mündlicher Sprachverwendung durch Sprachen der Immigration, wie Türkisch, Arabisch oder Farsi, geprägt. Es handelt sich um eine *migrationsinduzierte Form der Mehrsprachigkeit*, die dadurch gekennzeichnet ist, dass Immigranten ihre Herkunftssprachen zur Kommunikation miteinander verwenden. Diese Form der Mehrsprachigkeit ist quasi naturwüchsig entstanden, sie kann als „bottom up" bezeichnet werden. Dabei fällt auf, dass es sich nicht um in sich abgeschlossene ethnische oder sprachliche Communities handelt, in denen ausschließlich die Herkunftssprache benutzt wird, sondern dass das Deutsche, als die Sprache, die schriftlich wie mündlich am häufigsten verwendet wird, die Funktion einer Verkehrssprache übernimmt, welche die einzelnen Gruppen verbindet und Kommunikation und (materiellen wie immateriellen) Austausch über einzelne Kollektive hinweg ermöglicht.

Auch die Lange Reihe erscheint anhand der schriftlichen Sprachverwendung als mehrsprachig – immerhin wird auf gut der Hälfte aller Schilder eine „nicht deutsche" Sprache verwendet. Allerdings unterscheidet sich diese Ausformung von Mehrsprachigkeit hinsichtlich der konkret benutzten Sprachen erheblich von der am Steindamm: Zum einen tauchen hier mit Englisch, Italienisch, Portugiesisch und Französisch nur Sprachen auf, denen man einen hohen symbolischen Wert zuschreiben kann, zum anderen hat keine dieser Sprachen einen nennenswerten Anteil an der hörbaren Sprachlandschaft, an der Linguistic Soundscape, der Langen Reihe. Dies deutet darauf hin, dass es sich um eine Form der Mehrsprachigkeit handelt, die sich weniger an Immigranten als an eine zahlungskräftige deutsche oder touristische Kundschaft richtet. Diese Kundschaft hat eine gewisse rezeptive Kenntnis der genannten Sprachen und verbindet mit ihnen positive Assoziationen, so dass sie zum einen in der Lage ist, einfache sprachliche Handlungen, wie das Benennen von Geschäften oder das Auflisten von Produkten, nachzuvollziehen, und zum anderen bereit ist, ihr Konsumverhalten teilweise auch nach symbolischen Werten, wie sie u.a. mittels Sprache transportiert werden können, auszurichten. Es handelt sich um eine Form der Mehrsprachigkeit, die die materiell besser gestellten Teile der Gesellschaft anspricht, so dass man von einer *„gentrifizierenden"* oder *„gentrifizierten" Form von Mehrsprachigkeit*, oder, da vor allem sozial arrivierte Schichten adressiert werden, auch von einer „top-down"-Mehrsprachigkeit sprechen könnte.

Anhand der Analyse konkreter textbasierter Kommunikation wurde außerdem klar, dass das Deutsche am Steindamm nicht nur als Verkehrssprache verwendet wird, sondern dass es generell zu einer Art 'Arbeitsteilung' zwischen dem Deutschen und anderen Sprachen kommt. Handlungen, die den Kern eines Handlungsmusters bilden bzw. für den Vollzug eines Handlungsmusters unentbehrlich sind, scheinen eher auf Deutsch vollzogen zu werden, während Handlungen an den Rändern eines Handlungsmusters bzw. Handlungen, die ein Handlungssystem erst etablieren sollen, in verschiedenen Sprachen, also mehrsprachig, realisiert werden. Das Deutsche wird nicht nur als die Sprache verwendet, in der „die ‚harte' Information" (Lüdi 2007: 142) vermittelt wird, sondern insbesondere für solche Handlungen, die auf jeden Fall verstanden werden müssen, damit das für den Einzelhandel fundamentale Muster des Kaufens und Verkaufens zum Abschluss gebracht werden kann. Dies hat den Vorteil, dass auch Personen, die nicht der eigenen Sprachgruppe angehören, aber die Verkehrssprache beherrschen, zu Kunden werden können. Die Immigrantensprachen dienen dagegen eher dem Aufbau eines Handlungssystems mit Personen der eigenen Sprachgruppe, die auf diese Weise besonders eng an das eigene Geschäft gebunden werden können. Das Deutsche scheint damit stärker zu teleologischen Zwecken verwendet zu werden, während die Immigrantensprachen eher zu kommunitären Zwecken verwendet werden (zu dieser Unterscheidung s. Ehlich 1998).

Bezüglich der in Kapitel 2 thematisierten Diskussion über gesellschaftliche Mehrsprachigkeit als Linguistic (Super-)Diversity möchten wir festhalten, dass sich die hier referierten Ergebnisse u. E. nicht hätten erzielen lassen, wenn die einzelnen Daten, so wie wir sie vorgefunden haben, einfach als Ergebnis sprachlicher wie sozialer Vielfalt gefasst worden wären. Eine Reihe von Fragen, insbesondere solche nach der Funktion einzelner Sprachen und nach den Konfigurationen, die verschiedene Sprachen bzw. verschiedene Ausformungen von Mehrsprachigkeit bilden, hätte sich unter dem Dach der Super-Diversity gar nicht gestellt; das analytische Potential der Daten wäre verschenkt worden, weil ohnehin klar gewesen wäre, worauf sie sich jeweils zurückführen lassen. Auch wenn es gegenwärtig also eine gesteigerte Form gesellschaftlicher Vielfalt geben mag, kann die linguistische Analyse u. E. mehr leisten als ein Nachzeichnen der Details, in denen sich eine solche Vielfalt verliert.

Literatur

Arnault, K. (2012). *Sociolinguistic Diversity – Bibliography* (Working Papers in Urban Language & Literacies, 12–10). Göttingen: Max Planck Institute for the Study of Religious and Ethnic Diversity.

Auer, P. (2010). Sprachliche Landschaften. Die Strukturierung des öffentlichen Raums durch die geschriebene Sprache. In Deppermann, A. & Linke, A. (Hrsg.), *Sprache intermedial. Stimme und Schrift, Bild und Ton*, 271–298. Berlin: de Gruyter

Bauman, R. (2001). The ethnography of genre in a Mexican market: form, function, variation. In Eckert, P. & Rickford, J. (Hrsg.), *Style and sociolinguisticvariation*, 57–77. Cambridge: Cambridge University Press.

Backhaus, P. (2006). Multilingualism in Tokyo. A look into the Linguistic Landscape. In D. Gorter (ed.), *Linguistic landscape. A new approach to multilingualism*, 52–66. Clevedon: Multilingual Matters.

Backhaus, P. (2007). *Linguistic landscapes. A comparative study of urban multilingualism in Tokyo*. Clevedon: Multilingual Matters.

Ben-Rafael, E., Shohamy, E., Amara, M. H., Trumper-Hecht, N. (2006). Linguistic Landscape as Symbolic Construction of the Public Space: The Case of Israel. In D. Gorter (ed.), *Linguistic landscape. A new approach to multilingualism*, 7-30. Clevedon: Multilingual Matters.

Blommaert, J., Rampton, B. (2011). Language and Superdiversity. *Diversities*, 13(2), 1–21.

Bourdieu, P. (1977). The economics of linguistic exchange. *Social science information*, 16 (6), 645–668.

Breckner, I., Peukert, H., Pinto, A. (2013). The Delicate Search for Language in Spaces: Multilingualism as a Resource in Urban Development? In Siemund, P., Gogolin, I., Schulz, M. E. & Davydova, J. (eds.), *Multilingualism and language contact in urban areas*, 219–226. Amsterdam: Benjamins

Brown, K. (2012). The Linguistic Landscape of educational spaces. Language revitalization and schools in southeastern Estonia. In Gorter, D., Marten, H. & van Mensel, L. (eds.), *Minority languages in the linguistic landscape*, 281–298. New York: Palgrave Macmillan

Busch, B. (2009). Local actors in promoting multilingualism.In Hogan-Brun, H., Mar-Molinero, C. & Stevenson, P. (eds.), *Discourses on Language and Integration. Critical perspectives on language testing regimes in Europe*, 129–152. Amsterdam: Benjamins.

Cenoz, J. & Gorter, D. (2008). The linguistic landscape as an additional source of input in second language acquisition. *International review of applied linguistics in language teaching* 46, 3, 267–287.

Creese, A., Blackledge, A. (2010a). Towards a sociolinguistics of superdiversity. *Zeitschrift für Erziehungswissenschaft*. Jg. 13, H. 4, 549–572.

Creese, A., Blackledge, A. (2010b). Translanguaging in the bilingual classroom: a pedagogy for learning and teaching. *The Modern Language Journal*, (94), 103–155.

Eckert, P. (2010). Who's there? Language and space in social anthropology and interactional sociolinguistics. In Auer, P., & Schmidt, J. E. (eds.), *Language and Space. An International Handbook of Linguistic Variation. Theories and Methods*, 163–178. Berlin: Mouton de Gruyter.

Ehlich, K. (1998). Medium Sprache. In Strohner, H., Sichelschmidt, L. & Hilscher, M. (Hrsg.), *Medium Sprache*, 9–21. Frankfurt/M.: Lang

Ehlich, K. (2011). Stadt/Sprachen/Spektrum. Von den sprachlichen Folgen der „Globalisierung" im urbanen Raum. In Meßling, M., Läpple, D. & Trabant, J. (Hrsg.), *Stadt und Urbanität. Transdisziplinäre Perspektiven*, 131–145. Berlin: Kadmos.

Ehlich, K., Rehbein, J. (1994). Institutionsanalyse. Prolegomena zur Untersuchung von Kommunikation in Institutionen. In Brünner, G., & Gräfen, G. (Hrsg.), *Texte und Diskurse. Methoden und Forschungsergebnisse der funktionalen Pragmatik*, 287–327. Opladen: Westdeutscher Verlag.

García, O., Flores, N., Woodley, H. (2012). Transgressing monolingualism and bilingual dualities: Translanguaging pedagogies. In Yiakoumetti, A. (Hrsg.), *Harnessing linguistic variation to improve education*, 45–75. Bern: Lang.

García, O., Makar, C., Starcevic, M., Terry, A. (2011). The translanguaging of Latino kindergarteners. In Potowski, K. & Rothman, J. (eds.), *Bilingual youth: Spanish in English-speaking societies*, 34–55. Amsterdam: Benjamins.

Gorter, D. (ed.) (2006). *Linguistic landscape. A new approach to multilingualism*. Clevedon: Multilingual Matters.

Gorter, D., Marten, H., Mensel, L. v. (eds.) (2012). *Minority languages in the linguistic landscape*. New York: Palgrave Macmillan.

Hausendorf, H., Kesselheim, W. (2008). *Textlinguistik fürs Examen*. Göttingen: Vandenhoeck & Ruprecht.

Hinnenkamp, V. (1998). Mehrsprachigkeit in Deutschland und deutsche Mehrsprachigkeit. Szenarien einer migrationsbedingten Nischenkultur der Mehrsprachigkeit. In Kämper, H. & Schmidt, H. (Hrsg.), *Das 20. Jahrhundert. Sprachgeschichte – Zeitgeschichte*, 137–162. Berlin: de Gruyter.

Jaworski, A., Thurlow, C. (eds.) (2010). *Semiotic landscapes. Language, image, space*. London: Continuum.

Jørgensen, J. N. (2004). Languaging and languagers. In Dabelsteen, C. B. & Jørgensen, J. N. (eds.), *Languaging and language practicing.* Copenhagen studies in bilingualism, Vol. 36, 5–22. Copenhagen: University of Copenhagen.

Jørgensen, J. N. (2008). Polylingual languaging around and among children and adolescents. *International Journal of Multilingualism,* 5 (3), 161–176.

Jørgensen, J. N., Karrebaek, M., Madsen, L., Möller, J. (2011). Polylanguaging in superdiversity. *Diversities,* Jg. 13, H. 2, 23–27.

Landry, R., Bourhis, R. Y. (1997). Linguistic Landscape and Ethnolinguistic Vitality. An Empirical Study. *Journal of Language and Social Psychology,* 16 (1), 23–49.

Lüdi, G. (2007). Basel: einsprachig und heteroglossisch. *Zeitschrift für Literaturwissenschaft und Linguistik (LiLi* 148), 132–157.

Lüdi, G. (2010). L'analyse du paysage linguistique comme instrument pour analyser la gestion des langues dans les entreprises. In Lüdi, G. (Hrsg.), *Le plurilinguisme au travail entre la philosophie de lentreprise, les représentations des acteurs et les pratiques quotidiennes.* Acta Romanica Basliensia 22, 87–106. Basel: Universität Basel.

Otsuji, E., Pennycook, A. (2010). Metrolingualism: fixity, fluidity and language in flux. *International Journal of Multilingualism,* 7(3), 240–254.

Pappenhagen, R. (2012). Linguistic requirements of non-native clients in their contact with German administrations. Vortrag im Rahmen der 2nd LiNNEE Conference: Multilingualism in the public sphere, Dubrovnik.

Pappenhagen, R., Scarvaglieri, C., Redder, A. (subm). „Linguistic Soundscaping" – Expanding the linguistic landscape scenery? In Blackwood, R. et al (eds.) Proceedings of the4th Workshop on Linguistic Landscape (Addis Abeba, 2012).

Pennycook, A. (2010). *Language as a local practice.* London: Routledge.

Rampton, B. (1995). *Crossing. Language and ethnicity among adolescents.* London: Longman

Redder, A. (2013). Multilingual communication in Hamburg. In Siemund, P., Gogolin, I., Schulz, M. & Davydova, J. (eds.), *Multilingualism and Language Diversity in Urban Areas. Acquisition, identities, space, education,* 257–286. Amsterdam: Benjamins.

Reershemius, G. (2011). Reconstructing the past? Low German and the creating of regional identity in public language display. *Journal of Multilingual and Multicultural Development* 32(1), 33–54.

Rehbein, J. (2010). Sprachen, Immigration, Urbanisierung – Elemente zu einer Linguistik städtischer Orte der Mehrsprachigkeit. In Commelas, P. & Lleó, C. (Hrsg.), *Recerca i gestió del multilingüisme/Mehrsprachigkeitsforschung und Mehrsprachigkeitsmanagement. Algunes propostes des d'Europa/Europäische Ansichten,* 81–116. Münster: Waxmann.

Rehbein, J., ten Thije, J. D., Verschick, A. (2012). Receptive multilingualism. *The international journal of bilingualism: special issue.* London: SAGE.

Rösing, H. (2000). Soundscape. Urbanität und Musik. In Kokot, W., Hengartner, T. & Wildner, K. (Hrsg.), *Kulturwissenschaftliche Stadtforschung. Eine Bestandsaufnahme*, 69–83. Berlin: Reimer.

Scarvaglieri, C., Redder, A., Pappenhagen, R., Brehmer, B. (2013). Capturing diversity. Linguistic Land- and Soundscaping. In Duarte, J. & Gogolin, I. (eds.), *Linguistic super-diversity in urban areas. Research approaches*, 45-74. Amsterdam: Benjamins.

Semidor, C. (2006). Listening to a City with the Soundwalk Method. *Acta Acustica united with Acustica*, 92 (6), 959–964.

Schulte-Fortkamp, B., Dubois, D. (2006). Recent Advances in Soundscape Research. *Acta Acustica united with Acustica*, 92 (6), V-VIII.

Schafer, M. (1977). *The tuning of the world*. New York: Knopf.

Statistisches Amt für Hamburg und Schleswig-Holstein (2011). Hamburger Stadtteilprofile 2011. Online verfügbar unter http://www.statistik-nord.de/uploads/tx_standocuments/NR11_Stadtteil-Profile_2011.pdf

Vertovec, S. (2006). *The emergence of super-diversity in Britain* (Working Paper, 25). Oxford: ESRC Centre on Migration. Online verfügbar unter http://www.compas.ox.ac.uk/fileadmin/files/pdfs/Steven%20Vertovec%20WP0625.pdf, zuletzt geprüft am 05.05.2010.

Vertovec, S. (2007). Super-diversity and its implications. *Ethnic and Racial Studies,* 29 (6), 1024–1054.

Wiese, H. (2012). Kiezdeutsch. Ein neuer Dialekt entsteht. München: Beck

Scollon, R., Scollon, S. W. (2003). *Discourses in place. Language in the material world*. London: Routledge.

Shohamy, E., Goldberg, A., Ben-Rafael, E., Barni, M. (eds.) (2010). *Linguistic landscape in the city*. Bristol: Multilingual Matters.

Shohamy, E., Gorter, D. (eds.) (2009). *Linguistic landscape. Expanding the scenery*. New York: Routledge.

Jannis Androutsopoulos, Yin Feng Hsieh, Joanna Kouzina, Reyhan Şahin

Vernetzte Mehrsprachigkeit auf Facebook: Drei Hamburger Fallstudien

Zusammenfassung

Die gesellschaftliche Ausbreitung digitaler Kommunikationstechnologien führt nicht nur zu einer Erweiterung der Schauplätze für mehrsprachige Kommunikation, sondern auch zu einer Umstrukturierung ihrer soziopragmatischen Rahmenbedingungen und semiotischen Erscheinungsformen. Gegenwärtig populäre Plattformen sozialer Vernetzung wie Facebook stellen kommunikative Räume dar, die von einem kreativen Umgang mit vielfältigen sprachlich-semiotischen Ressourcen gekennzeichnet sind. In diesem Beitrag entwickeln wir mit dem Konzept der „vernetzten Mehrsprachigkeit" einen Zugang zu diesen kommunikativen Räumen und legen ihn an empirischen Beispielen dar. Der Beitrag präsentiert Ergebnisse aus drei Fallstudien zu den sprachlichen Praktiken von jungen Menschen mit griechischem, taiwanesischem und türkischem Hintergrund im Sozialen Netzwerk Facebook. Untersucht werden ihre digitalen Sprachrepertoires, ihre Sprachwahl in initiativen und responsiven Beiträgen sowie die Rolle Hamburgs als Standort und Diskussionsthema in der vernetzten Kommunikation.

1. Einleitung

Dieser Beitrag untersucht mehrsprachige Praktiken in der Kommunikation von sechs jungen Menschen im Sozialen Netzwerk Facebook. Die nach einem gemeinsamen Forschungsdesign durchgeführten Fallstudien nehmen die kommunikativen Praktiken von jeweils zwei jungen Menschen mit griechischem, taiwanesischem und türkischem Hintergrund unter die Lupe. Gemeinsam gehen sie der Frage nach, wie sie die ihnen verfügbaren Sprachen unter den spezifischen Rahmenbedingungen der derzeit weltweit populärsten Netzwerkplattform kommunikativ einsetzen. Im Einzelnen untersuchen wir das Sprachrepertoire der sechs Nutzerinnen bzw. Nutzer, darunter die Verwendungshäufigkeit verschiedener Sprachen in Abhängigkeit von den gewählten Beteiligungsrollen, die Rolle von Code-Switching in ihrem digitalen Sprachgebrauch, schließlich die gruppenübergreifenden Gemeinsamkeiten und individuellen Unterschiede ihrer mehrsprachigen Praktiken.

Mit diesen Fragestellungen positioniert sich der Beitrag an der Schnittstelle zwischen gesellschaftlicher Mehrsprachigkeits- und internetbasierter Kommunikationsforschung, denen unsere theoretischen Ausgangspunkte entstammen. Eine zentrale These in der aktuellen Mehrsprachigkeitsdiskussion lautet, dass in Zeiten globaler Mobilität, Migration und Mediatisierung herkömmliche Beschreibungsansätze von Zwei- und Mehrsprachigkeit nicht mehr ausreichen. Neue Konzepte wie *polylingualism* und *translanguaging* legen den Schwerpunkt auf die Rekonstruktion individueller und gruppenspezifischer Sprachrepertoires, auf die Analyse mehrsprachiger Praktiken unter Berücksichtigung aller semiotischen Modalitäten des Sprachlichen, und auf die Aufdeckung kleiner Momente des fließenden, unerwarteten und nicht vorhersehbaren Umgangs mit sprachlichen Ressourcen (vgl. Androutsopoulos 2013b, Hinnenkamp 2012, Jørgensen et al. 2011, Li 2011 sowie die Einleitung zu diesem Band).

Die linguistische Untersuchung internetbasierter Kommunikation kann von neuen Ansätzen der Mehrsprachigkeitsforschung einerseits profitieren, andererseits zu ihrer Theoriebildung beitragen. Bisherige Forschung zeigt, dass Mehrsprachigkeit für viele Menschen weltweit zum digitalen Alltag gehört. Formen und Funktionen des aus der mündlichen Nähekommunikation vertrauten Code Switching werden dabei in die digitale Schriftlichkeit übertragen und dort als sinnstiftende Ressource verwendet.[1] Ergänzend zur Code Switching-Forschung kommen Konzepte wie Polylingualismus bzw. *translanguaging* dem ausgesprochen heterogenen Charakter digitaler sprachlicher Praktiken angemessen entgegen. Gegenwärtig populäre Plattformen sozialer Vernetzung wie Facebook sind u. E. als kommunikative Räume zu begreifen, die von einem transnationalen „Fluss" sprachlich-semiotischer Ressourcen und einem kreativen Umgang mit denselben gekennzeichnet sind. In diesem Beitrag entwickeln wir mit dem Konzept der „vernetzten Mehrsprachigkeit" einen Zugang zu diesen kommunikativen Räumen und legen ihn am Beispiel der digitalen sprachlichen Praktiken junger Menschen mit unterschiedlichem ethnisch-sprachlichem Hintergrund empirisch dar.

Die empirische Schwerpunktsetzung unserer Fallstudien auf Menschen mit „Migrationshintergrund" entspricht dem in der Forschung gesicherten Ergebnis, dass Migration und Transnationalität in besonderem Maße zu mehrsprachigen Praktiken in der digitalen Kommunikation führen (vgl. Androutsopoulos 2013a, Sharma 2012). Sprecher mit transnationalen Bewegungen und Beziehungen unterhalten soziale Netzwerke und kommunikative Kreisläufe in

---

1   Vgl. Androutsopoulos (2013a) für eine Forschungsübersicht.

mehreren Sprachgemeinschaften und sind daher auf die ständige Mobilisierung mehrsprachiger Repertoires angewiesen. Oft, so auch in unseren Daten, umfassen diese Repertoires mindestens drei Sprachen: eine Mehrheitssprache (hier: Deutsch), eine Herkunfts- bzw. Minderheitssprache (hier: Griechisch, Chinesisch, Türkisch) sowie Englisch als global verfügbare Sprachressource. Unsere Ergebnisse zeigen allerdings, dass der „Migrationshintergrund" der hier beforschten Facebook-Nutzer lediglich eine Folie abgibt, vor der individuelle, biographisch bedingte sowie kontextspezifische Besonderheiten in ihren sprachlichen Praktiken hervortreten. In diesem Zusammenhang trägt dieser Beitrag einerseits dazu bei, einen methodisch-analytischen Zugang zur soziolinguistischen Untersuchung digitaler mehrsprachiger Praktiken zu entwickeln und exemplarisch vorzustellen. Andererseits tragen die vergleichenden Ergebnisse dazu bei, verallgemeinernden Annahmen über das Verhältnis von Mehrsprachigkeit und „Migrationshintergrund" ein differenzierteres Bild entgegen zu stellen.

Der Beitrag ist wie folgt aufgebaut: Die zwei einleitenden Abschnitte des Beitrags stellen das theoretische und analytische Gerüst der Studie vor. Abschnitt 2 präsentiert den Ansatz der „vernetzten Mehrsprachigkeit" der im Kontext dieses Projekts entstanden ist. Abschnitt 3 skizziert unseren Zugang zum Kommunikationsraum des sozialen Netzwerks Facebook. Daraufhin erläutert Abschnitt 4 die angewandten Verfahren der Datenerhebung, -aufbereitung und -analyse. Die Darstellung der Ergebnisse aus den Fallstudien ist in drei weiteren Abschnitten aufgeteilt. Eine Zusammenfassung und Diskussion der Ergebnisse schließt den Beitrag ab.

2. Vernetzte Mehrsprachigkeit: Konzept und Forschungsansatz

Das Konzept der vernetzten Mehrsprachigkeit (vgl. Androutsopoulos 2013b) hebt drei Dimensionen der digitalen kommunikativen Praxis hervor und fragt nach ihren Implikationen für mehrsprachigen Sprachgebrauch. Stichwortartig handelt es sich um Aspekte von Schriftlichkeit, Öffentlichkeit und Hypertextualität. Keine davon ist nur für Mehrsprachigkeit spezifisch, doch tragen sie in ihrer Wechselwirkung dazu bei, dass digital-schriftliche mehrsprachige Praktiken spezifische Züge aufweisen, die weder restlos auf technologische Rahmenbedingungen noch auf eine direkte Entsprechung zum mündlichen Sprachgebrauch zurückgeführt werden können.

Digitale Schreibrepertoires: Der Ansatz der vernetzten Mehrsprachigkeit geht zunächst davon aus, dass digital geschriebene Sprache als eigenständiger Modus sprachlicher Produktion aufzufassen ist, die nicht auf die medial grafische Realisierung des alltäglichen Sprachgebrauchs reduziert werden kann, sondern sowohl auf der Ebene von Sprachrepertoires als auch auf der Ebene einzelner schriftsprachlicher Mittel eigene Wege geht. Die Rahmenbedingungen, Formen und Funktionen geschriebener Sprache im Internet sind bereits vergleichsweise gut untersucht worden. Fest scheint zu stehen, dass die Möglichkeiten internetbasierter Kommunikation (z. B. ihre Entgrenzung in Raum und Zeit) Probleme der Diskursorganisation und des Beziehungsmanagements hervorbringen, die einen innovativen Umgang mit Schriftlichkeit ausgelöst haben. Sprachgebrauch im Internet ist demzufolge als Ausbau des medial schriftlichen, konzeptionell mündlichen Bereichs auf dem konzeptionellen Kontinuum von Mündlichkeit und Schriftlichkeit beschrieben worden (vgl. Siebenhaar 2005). Hervorzuheben ist allerdings, dass dieses Verständnis von konzeptioneller Mündlichkeit im Internet in dominant monolingualen Gesellschaften, die über ausgebaute Schriftlichkeit und orthographische Standardisierung verfügen, entwickelt wurde und auf mehrsprachige Verhältnisse nicht ohne Weiteres übertragbar ist. In manchen mehrsprachigen Gesellschaften fallen die in (medial) mündlicher und schriftlicher Kommunikation zulässigen Elemente des Sprachrepertoires auseinander, wobei institutionelle Schriftlichkeit spezifischen Sprachen bzw. Varietäten vorbehalten ist, die mündlich weniger bzw. kaum gebraucht werden (vgl. Diskussion in Androutsopoulos 2013a, 2013b). In postkolonialen Ländern wie Jamaika, Senegal oder Südafrika wird primär in den früheren Kolonialsprachen geschrieben, während die Verschriftlichung der Verkehrs- und Stammessprachen unüblich war und erst im Internet ansatzweise öffentlich erprobt wird. In einem Teil unserer Daten zeigt sich diese Sprachrepertoire-Schere erstens darin, dass bestimmte Herkunftssprachen zwar mündlich, aber nicht schriftlich beherrscht werden (vgl. die Beschreibung der deutsch-taiwanesischen Daten in Abschnitt 7); zweitens in Praktiken der informellen Latinisierung von Sprachen, die mit einem anderen Schriftsystem geschrieben werden[2]; drittens in spezifischen Verwendungsmustern englischer Sprachmittel, die sich vom sprechsprachlichen Usus derselben Sprecher qualitativ und quantitativ zu unterscheiden scheinen. Außerdem bietet die Beherrschung zweier oder mehrerer Orthographien bzw. Skripte (Schriftsysteme) Möglichkeiten für kreative Wechsel und Mischungen, wobei beispielsweise ein Wort nach

---

2 Vgl. Beiträge in Danet & Herring (2007), Sergeant et al. (2012: 519).

den Rechtschreibregeln der Kontaktsprache geschrieben wird oder einzelne Buchstaben der Kontaktsprache in die Schreibung der jeweils anderen Sprache übernommen werden (vgl. Hinnenkamp 2008). Im Sinne eines weiten, semiotisch flexiblen Verständnisses mehrsprachiger Praktiken gehören Orthographie und Schriftsystem zu den spezifisch schriftlichen Ressourcen, die für Internet basierte Kommunikation zur Verfügung stehen.

Vernetzte Öffentlichkeiten: Kommunikation auf Facebook hängt zentral mit der Herstellung und Pflege von netzwerkspezifischen Öffentlichkeiten zusammen. Boyd (2011: 43) definiert Soziale Netzwerke als Computer vermittelte Kommunikationsräume, die es ihren Nutzern ermöglichen, a) ein öffentliches bzw. halböffentliches Profil anzulegen, b) eine aus Nutzern derselben Plattform zusammengestellte Liste an Verbindungen aufzubauen und c) kommunikative Aktivitäten innerhalb dieser Liste zu betrachten und daran zu partizipieren.[3] In Sozialen Netzwerken können Beiträge und Aktivitäten eines jeden Nutzers von allen anderen mit ihm vernetzten Nutzern – aber eben nur von diesen – betrachtet und kommentiert werden. Zwar eröffnen Soziale Netzwerke eine Bandbreite an Kommunikationsmöglichkeiten, die von der Privatnachricht bis zur allgemein zugänglichen Profilseite eines Unternehmens reichen. Im Folgenden interessiert jedoch nur der teilöffentliche Bereich der von Privatpersonen aufgebauten, persönlichen Netzwerke, deren Größe stark variieren kann. Die Facebook-Netzwerke der von uns untersuchten NutzerInnen reichen von ca. 100 bis zu mehr als 1000 Partnern oder „Freunden".

Private Facebook-Netzwerke sind in personaler und sprachlicher Hinsicht oft ausgesprochen heterogen. Sie setzen sich zusammen aus Verbindungen eines Individuums, die weder untereinander bekannt sein noch am gleichen Ort leben oder allesamt die gleichen Sprachen sprechen müssen. Die Überwindung von Zeit-, Raum- und Sprachgrenzen, die ohnehin als zentrale Leistung der Internet basierten Kommunikation gilt, wird in Sozialen Netzwerken auf einer interaktiven Mikroebene abgebildet und potenziert. Unter Bedingungen transnationaler Mobilität gehören zu den Netzwerk-„Freunden" beispielsweise Schulkameraden und Urlaubsbekanntschaften, Freunde aus der Nachbarschaft und Verwandte aus dem Herkunftsland der Eltern, deren Beiträge in verschiedenen Sprachen verfasst sein können. Diese Kookkurrenz

---

3 Im Original spricht Boyd (2011: 43) von „Environments of computer-mediated communication which ‚allow individuals to (1) construct a public or semi-public profile within a bounded system, (2) articulate a list of other users with whom they share a connection, and (3) view and traverse their list of connections and those made by others within the system" (vgl. auch Boyd & Ellison 2007).

kommunikativer Akte unterschiedlicher sozialer Beziehungen wird auch als ‚Zusammenfall von Kontexten' beschrieben („context collapse", Marwick & Boyd 2011).

Eine heterogene Netzwerk-Öffentlichkeit bringt zwei mit der Bewältigung von Mehrsprachigkeit verbundene Probleme an den Tag, die als Adressierungs- und Aushandlungsproblem bezeichnet werden können. Vernetzte Partner müssen bei der Eröffnung eines kommunikativen Ereignisses (vgl. Abschnitt 3) entscheiden, ob und wie sie durch ihre Sprachwahl bestimmte Teilmengen von Adressaten ein- oder ausschließen. Dieses Dilemma potenziert sich in dem Maße, in dem Facebook-Netzwerke Partner mit unterschiedlichen Erstsprachen enthalten. Hier stellt der immer wieder zu beobachtende Rückgriff auf Englisch eine verbreitete Kompromisslösung dar. Zweitens kann die einmal getroffene Sprachwahl im Verlauf eines kommunikativen Ereignisses immer wieder nachverhandelt werden, sofern Partner mit verschiedenen Sprachkenntnissen daran partizipieren. Wie in zwei- bzw. mehrsprachigen Interaktionen generell findet diese Nachverhandlung oft implizit statt, beispielsweise indem Folgebeiträge in einer anderen Sprache gehalten sind, worauf die Beteiligten wiederum konvergierend oder divergierend reagieren müssen. Aushandlungsprobleme werden aber auch metasprachlich-normativ gelöst, indem die Sprachwahl eines Netzwerkpartners auf ihre Angemessenheit hin kommentiert und dadurch in einer Art Sprachpolitik des digitalen Alltags reguliert wird. In diesem Sinne kann die heterogene, translokale Öffentlichkeit eines Facebook-Netzwerks eine Destabilisierung oder „Ent-Automatisierung" der Sprachwahl mit sich bringen. Digital vermittelte Interaktionen sind im Hinblick auf die Sprachpräferenzen der Beteiligten grundsätzlich offen und müssen immer wieder lokal verhandelt werden.

Rückgriff auf Netzressourcen: Vernetzte Kommunikation auf Facebook ist zwar im Hinblick auf die Öffentlichkeit der Beiträge eingeschränkt, dafür können die Beteiligten semiotische Ressourcen von ihrer eigenen Festplatte wie vom weltweiten Netz in ihre aktuell ablaufende Kommunikation hypertextuell einbinden. Das Einbinden von Fotos oder Videos ist nach unseren Beobachtungen eine häufige Praktik der vernetzten Partizipation, die neben ihrer Themen setzenden Funktion die Sprachlichkeit der digitalen Kommunikation erweitern kann. Auch wenn ein bestimmter Profileigner beispielsweise nur Deutsch schreibt, kann er oder sie auch mal ein italienisches Video auf seine Profilseite einbinden oder die von einem vernetzten „Freund" aus Finnland verlinkten finnischen Videos samt der ebenfalls auf Finnisch geschriebenen Kommentare betrachten. Der Zugriff auf Netzressourcen bewirkt also eine prinzipielle Offenheit bezüglich der Sprachen, die im virtuellen Raum überhaupt rezeptiv wahrgenommen und auch kommunikativ aufgegriffen werden. In diesem Sinne können Netzressourcen das Sprachrepertoire der vernetzten Kommunikationspartner um minimale Kenntnisse in einer Sprache erweitern (vgl. Blommaert & Backus 2012). Auch Übersetzungstools zählen zu den für mehrsprachige Praktiken relevanten Netzressourcen. Auf Facebook sind Übersetzungshilfen in die Plattform implementiert und bieten (mehr oder minder brauchbare) Übersetzungen von Beiträgen, die von den eigenen Spracheinstellungen bzw. der eigenen Sprachproduktion abweichen.[4] Übersetzungstools sind eine Ressource der Verständigung aber auch des Sprachspiels, indem ihre Ergebnisse auch spaßeshalber eingesetzt oder reflexiv thematisiert werden. Beispielsweise kann das unerwartete Auftauchen eines Beitrags in einer Sprache, die ein bestimmter „Freund" bekanntermaßen nicht beherrscht, einen Anlass für sprachreflexive Kommentare über sprachliche und digitale Kompetenzen geben.

3. Soziale Netzwerke: Kommunikationsereignisse und Beteiligungsrollen

Unser Forschungsansatz vertritt einen im weitesten Sinne interaktiven Zugang, der nicht technologische Rahmenbedingungen in den Vordergrund stellt, sondern die darin für die Beteiligten eröffneten kommunikativen Handlungsmöglichkeiten. Daher wird an dieser Stelle auf eine ausführliche Vorstellung des Kommunikationsraums Facebook verzichtet.[5] Stattdessen führen wir eine analytische Terminologie ein, die sich von den alltäglichen Bezeichnungen für vernetzte Kommunikation unterscheidet. Ihre zentralen Analyseeinheiten sind das Kommunikationsereignis, die Beteiligungsrolle, der Beitrag und seine mediale Ausgestaltung.

Wir konzeptualisieren Kommunikation auf Facebook als eine fortwährend erweiterte Abfolge von Kommunikationsereignissen, die unter vernetzten Partnern stattfinden, auf deren Profilseiten in umgekehrt chronologischer Reihenfolge aufgelistet werden und flächig voneinander abgegrenzt sind.

---

4   Beispielsweise wird einem Nutzer mit Spracheinstellung auf Deutsch und eigener Sprachproduktion auf Deutsch und Englisch Übersetzungshilfe bei den italienischen Beiträgen eines „Freundes" angeboten. Vgl. auch Beispiel (14) unten.

5   Zur immer noch spärlichen linguistischen Literatur zu Facebook vgl. Bolander & Locher 2010, Lee 2011, Wich-Rief 2012, Sharma 2012, Seargeant et al. 2012, Trester & West 2013.

Der Terminus „Kommunikationsereignis" spielt auf den soziolinguistischen Begriff der Sprechereignisse an (*speech events*, Hymes 1979: 49ff.) Zwar übernehmen wir Hymes' Beschreibungskategorien nicht direkt, folgen dennoch seinem Verständnis von Sprechereignissen als Grundbausteinen des kommunikativen Lebens. Übertragen auf Facebook betrachten wir als Kommunikationsereignis nicht jeden einzelnen Beitrag, sondern die Zusammenbindung von Beiträgen in größeren, voneinander abgegrenzten Einheiten, die im Übrigen auch in der Facebook eigenen Programmiersprache „events" heißen. Den Terminus Beitrag verwenden wir dabei als Oberbegriff für alle von Nutzern verfassten Einträge. Facebook-Ereignisse sind durch ihre grafisch-visuelle Gestaltung leicht voneinander zu unterscheiden. Sie bestehen aus mindestens einem initiativen (eröffnenden) Beitrag, der durch daran anschließende, responsive Beiträge sowie nichtsprachliche Symbole der Kenntnisnahme („Likes") erweitert werden kann. Initiative Beiträge werden konventionell Statusmeldungen, responsive Beiträge werden Kommentare genannt.

Kommunikationsereignisse können analytisch aus mehreren Perspektiven untersucht werden. Unser Schwerpunkt liegt auf den Kategorien der Beteiligungsrollen, der semiotischen Ressourcen und der interaktiven Sequenzierung. In privaten Facebook-Netzwerken stehen grundsätzlich zwei institutionelle (da von der kommerziellen Plattform so angelegte) Rollen zur Verfügung: die des „Profileigners" und die des „Freundes". Diese Unterscheidung ist methodisch wichtig, weil wir Facebook-Daten jeweils aus der Perspektive eines spezifischen Profileigners erheben. Eigner und „Freunde" können sich in ihren Sprachrepertoires unterscheiden, was in transnational strukturierten Netzwerken immer wieder Anlass für Sprachwahlentscheidungen gibt. Weiterhin können Beiträge nach zwei interaktiven Rollen eingeteilt werden: Initiative Beiträge (so genannte Statusmeldungen mit oder ohne eingebundene Inhalte) eröffnen Ereignisse, responsive Beiträge („Kommentare") nehmen darauf Bezug und entwickeln sie thematisch weiter, wobei damit noch nicht bestimmt ist, wie responsive Beiträge untereinander sequenziert sind und welche Sprachhandlungen durch sie vollzogen werden. Innerhalb eines Ereignisses können Eigner einer Profilseite und „Freunde" sowohl initiative als auch responsive Beiträge verfassen.

Vernetzte Kommunikation auf Facebook entfaltet sich also, indem ein Ereignis initiierender Beitrag Kommentare des vernetzten Publikums nach sich zieht. Ereignisse können dabei als Sequenzen aus mindestens einem initiativen Beitrag und einer noch unbestimmten Anzahl von responsiven Beiträgen analysiert werden. Diese Minimalunterscheidung eignet sich für die hier vorgenommene Sprachrepertoire-Analyse, da sie rollenbedingte Unterschiede in der Sprachwahl an den Tag bringt (vgl. auch Sergeant et al. 2012: 516). Initiative Beiträge richten sich – sofern sie nicht an spezifische Partner adressiert sind – an die gesamte eigene Netzwerk-Öffentlichkeit. Responsive Beiträge richten sich aber grundsätzlich an den initiativen Beitrag eines Ereignisses bzw. an bestimmte Vorbeiträge innerhalb des Ereignisses. Allerdings sind alle öffentlichen Beiträge in einem Sozialen Netzwerk grundsätzlich mehrfachadressiert, da sie vom gesamten Netzwerk gelesen werden können, auch wenn sie explizit an spezifische Adressaten gerichtet sind. Innerhalb eines Netzwerks kann grundsätzlich jedes Mitglied partizipieren; dass dies faktisch nicht geschieht, ist nach unseren Beobachtungen nicht zuletzt auf Unterschiede in der Sprachwahl zurückzuführen.

Zusätzlich sind Kommunikationsereignisse nach der Medialität der eingebundenen semiotischen Materialien zu unterscheiden. Neben eingetipptem Text können Beiträge ganz verschiedene eingebundene Begleitinhalte umfassen: Videos aller Art (wobei in unseren Daten vor allem Musikvideos zu finden sind), Bilder aller Art (eigene, verlinkte oder weitergeleitete Fotos und Illustrationen); Hyperlinks zu redaktionellen Online-Inhalten; „Apps" (Anwendungen wie Games oder Quiz-Applikationen); sowie Ortsmarkierungen (vgl. Abschnitt 5). Das eingebundene Material kann den Kern eines initiativen Beitrags (mit oder ohne eingetippten Kommentar des Autors) bilden und dabei responsive Beiträge auslösen, die sich nach unseren Beobachtungen oft auf die Kommentierung eben dieses Materials beziehen. In diesem Beitrag untersuchen wir die eingebundenen Materialien nur im Hinblick auf ihre potenzielle Rolle in der mehrsprachigen Kommunikation. Beispielsweise können Videos oder beschriftete Bilder bestimmte Sprachen in den kommunikativen Verlauf einer Profilwand einführen und eröffnen den Beteiligten prinzipiell die Möglichkeit, die eigene Sprachproduktion mit der Sprache der eingebundenen Inhalte in Verbindung zu bringen, etwa durch Verfahren der Zitation und Stilisierung.

4. Hamburger Fallstudien: Datenerhebung und -auswertung

Die hier ausgewerteten Daten sind Teil drei größerer Datensätze, die von jeweils einer der drei Koautorinnen zwischen Ende 2010 und Ende 2012 erhoben worden sind.[6] Die genauen Modalitäten der Datenerhebung sind für jede Fallstudie verschieden. Die griechisch-deutschen Daten wurden über eine griechische Sekundarschule erhoben (Kouzina 2011), die anderen beiden Datensets durch persönliche Kontaktaufnahme zu Familien (Hsieh) bzw. einzelnen Informantinnen (Şahin). Die kompletten erhobenen Datensätze dokumentieren längere kommunikative Zeiträume und flankieren die Online-Daten durch Interviews bzw. Medientagebücher. Für diesen Beitrag werden zu Vergleichszwecken jedoch nur Daten für jeweils zwei Personen und einen Zeitraum von jeweils zwölf Monaten pro Person ausgewertet (vgl. Tabelle 1).

Tabelle 1: Übersicht über die drei Datensätze
(Alter zum Zeitpunkt der Erhebung)

Sprecher	Hintergrund	Gender	Alter	Erhebung
Zach	Griechisch	M	19	01.-12.2011
Dema	Griechisch	W	17	01.-12.2011
Ingo	Taiwanesisch	M	15	05.2011–04.2012
Nick	Taiwanesisch	M	16	08.2011–07.2012
Buket	Türkisch	W	21	01.-12.2011
Melda	Türkisch	W	22	01.-12.2011

Die Erhebung und Auswertung der drei Datensätze folgt gemeinsamen Leitlinien, die im Rahmen des Projekts entwickelt wurden und auf den Kommunikationsraum Facebook zugeschnitten sind. Gewählt wurde ein „mixed-methods"-Ansatz, der Verfahren von Online-Ethnografie mit qualitativen und quantitativen linguistischen Auswertungen kombiniert (vgl. Androutsopoulos 2008, 2013b). Grundlegend ist dabei der persönliche Zugang zu den InformantInnen, die uns Zugang zu ihrem Netzwerk und weitere begleitende Informationen anbieten. Der Forschungsablauf beginnt mit einer Phase der Kontaktanbahnung und Zugangsgewinnung (u.a. Korrespondenz mit den Nutzern bzw. der Schule, erstes Treffen mit explorativem Vorgespräch, Einholung der erforderlichen Einverständniserklärungen usw.). Daraufhin folgt die Erstellung eines dezidierten „Forscherprofils" auf Facebook, wodurch der

6 Die hier vorgestellten Fallstudien wurden im Rahmen des LiMA-Projekts „Superdiversity and digital literacy practices" (Laufzeit: 09.2011–12.2012, Leitung: Jannis Androutsopoulos, Mitarbeit: Kasper Juffermans und Joanna Kouzina) durchgeführt. Ying Fen Hsieh sammelte die deutsch-taiwanesischen Daten im Rahmen eines Forschungspraktikums; Reyhan Şahin führte die Erhebung und Analyse der deutsch-türkischen Daten im Rahmen eines Postdoc-Übergangsstipendiums der Universität Hamburg durch.

Zugang zum Netzwerk der beforschten Person stattfinden kann. Die eigentliche Erhebung der digitalen Daten besteht aus der wiederholten Sichtung aller zugänglich gemachten Profile und der allmählichen Speicherung der Profildaten. Dabei folgen wir klaren Einschränkungen bei der digitalen Datensammlung: Dokumentiert werden nur private Profile, nur öffentliche Beiträge (keine Privatnachrichten), nur die Hauptseite des Profils (keine Foto-Alben). Das dabei anfallende Datenvolumen pro Person kann recht umfangreich sein, beispielsweise umfasst das Jahresaufkommen des griechischen Nutzers Zach 490 Druckseiten, allerdings sind die vom multimodalen Kontext befreiten, von einem Nutzer selbst eingetippten Beiträge von erheblich geringerem Umfang. Parallel zur linguistischen Analyse werden Interviews durchgeführt, wobei die Beforschten Auszüge aus ihren Daten vorgelegt bekommen und gebeten werden, sie zu kommentieren und Hintergrundinformation beizusteuern. Obwohl die flankierenden Daten in diesem Beitrag nur auszugsweise angeführt werden, ist das durch sie gewonnene Hintergrund- und Kontextwissen für die Interpretation der Ergebnisse ausgesprochen wichtig.

Das wichtigste Analyseverfahren für die Zwecke dieses Beitrags ist die Kodierung jedes einzelnen Beitrags auf den Schreiber (Profileigner bzw. „Freund"), die Beteiligungsrolle (initiativ bzw. responsiv), die eventuell vorhandenen Begleitinhalte (Foto, Video, Applikation) und die Sprachwahl, wobei wir induktiv zwischen einzelnen Sprachen und zweisprachigen, seltener auch dreisprachigen Kombinationen unterscheiden. Den hier untersuchten Nutzern ist zumeist eine dreisprachige Grundkonstellation gemein, bestehend aus der Mehrheitssprache (Deutsch), der jeweiligen Herkunftssprache (Griechisch, Chinesisch, Türkisch) sowie Englisch. Ihre Anteile unterscheiden sich gruppenübergreifend und im individuellen Vergleich. Das Ergebnis dieses Vorgehens wird dargestellt in Form von Sprachrepertoire-Tabellen, die neben der Sprachwahl nach der Beteiligungsrolle unterscheiden, so dass auf Grundlage der Tabellen und der qualitativen Analyse einzelner Kommunikationsereignisse der Zusammenhang zwischen diesen beiden Parametern untersucht werden kann. Zu beachten ist dabei, dass nur initiative Beiträge mit eigenständiger Sprachproduktion der Beteiligten berücksichtigt werden. Beiträge ohne eigene Spracheingabe, die beispielsweise nur aus eingebundenen Inhalten bestehen, werden aus der Zählung ausgeschlossen.[7]

---

7   Vom Netz „importierte" Sprache wird also hinsichtlich ihrer interaktiven Rekontextualisierung berücksichtigt, aber nicht als eigenständiger sprachlicher Beitrag der Probanden kodiert. Folglich enthalten unsere Rohdaten durchweg mehr Kommunikationsereignisse als die hier ausgewerteten initiativen Beiträge.

Die durch die Kodierung erfassten Sprachkombinationen werden zusätzlich mit Verfahren der funktional-sequenziellen Code Switching-Analyse untersucht. Wir arbeiten mit dem von Peter Auer entwickelten, interaktionsanalytischen Ansatz, der in der sequenziellen Beschreibung bilingualer Interaktionen zwischen den Grundverfahren der Insertion und Alternation unterscheidet und einen Schwerpunkt auf die Diskursfunktionen des Sprachwechsels legt.[8] Allerdings kann die vorgenommene Kodierung nur beitragsinternen Sprachwechsel erfassen, so dass beitragsübergreifende Sprachalternationen durch qualitative Datensichtung identifiziert werden.

Auch Probleme und Grenzen dieses Verfahrens sollen an dieser Stelle angesprochen werden. Die vorgenommene Kodierung nach „Einzelsprachen" ist zwar praktikabel, theoretisch und methodisch jedoch nicht unproblematisch. In der aktuellen Theoriediskussion (vgl. Abschnitt 1) wird die Annahme in sich geschlossener und abgegrenzter Einzelsprachen als ideologisches Konstrukt zurückgewiesen. Auch wenn wir hier Einzelsprachen als operationale Kategorien verwenden, schließen wir uns dieser Kritik grundsätzlich an. In Anlehnung an Jørgensen et al. (2011) geht die Kodierung nach Einzelsprachen nicht mit *a priori* Annahmen über die (soziale, emotionale, kognitive usw.) Bedeutung der einzelnen sprachlichen Mittel aus Sicht der Schreibenden einher. Beispielsweise wird die Zuordnung einer bestimmten Sprache als Erst- bzw. Zweitsprache nicht vorausgesetzt, sondern anhand der Daten ethnographisch bestimmt.

Ein Nachteil der vorgenommenen Kodierung nach Einzelsprachen ist allerdings, dass stilistische Variation innerhalb der Einzelsprache sowie polylinguale Praktiken nicht angemessen berücksichtigt werden. Dies wird im qualitativen Teil der Analyse kompensiert. Zudem ergeben sich in den Daten immer wieder Abgrenzungs- und Unterscheidungsprobleme. Die folgenden vollständigen Beiträge veranschaulichen die Art von Problemen, die bei der Kodierung gelöst werden mussten.

Beispiel 1:   Ausgewählte vollständige Beiträge aus den untersuchten Profilseiten

(1a)   Dema: ♥♥

(1b)   Nick: *hahahaha :D*

(1c)   Zach: *UIII UIII UIII*

(1d)   Nick: *dang ran!* [Chinesisch: ‚natürlich!']

---

8   Zur Darstellung vgl. Dirim & Auer 2004, zur Übertragung auf internetbasierte Kommunikation vgl. Androutsopoulos 2006 und 2013a.

(1e)   Dema: *kalaaa eimaiii esuuuu???* :) [Griechisch: ‚mir geht es gut, dir?‘]

(1f)   Nick: *okok*

(1g)   Zach: *Partyyy Timeee!!!*

(1h)   ‚Freund‘:   *Amin!! Bääm, in ya face!* [Türk., Engl.: ‚Amen! Bumm, in dein Gesicht!‘]

Die ersten drei Beispiele stehen für den recht verbreiteten Typus von Kurz-beiträgen, die nach Einzelsprachen nicht klassifizierbar sind. Sie bestehen typischerweise aus Herzchen, Emotikons, Lachausdrücken und Graphemwie-derholungen, die in keiner uns bekannten Sprache lexikalisiert sind. Oft wis-sen wir trotz unseres ethnographisch gewonnenen Hintergrundwissens nicht einmal, was Zeichenketten wie zum Beispiel (1c) „bedeuten“, etwa welchen Emotionsausdruck sie zu kodieren versuchen oder welche prosodische Rea-lisierung ihnen entsprechen könnte.[9] Sofern im sequenziellen Kontext keine weiteren Hinweise über die von den Beteiligten beabsichtigte Einzelsprachen-zuordnung erkennbar sind, werden solche Beiträge einer Rest- bzw. Sonder-kategorie zugeordnet, die bei manchen unserer Probanden recht ausgeprägt ist. Kommen solche Zeichen aber nur begleitend innerhalb eines größeren, einer Einzelsprache zuzuordnenden Beitrages vor, werden sie nicht gesondert kodiert.[10]

Die beiden nachfolgenden Beispiele (1d-1e) veranschaulichen die Praxis der informellen Latinisierung, die für verschiedene Sprachen mit nicht lateini-schem Schriftsystem dokumentiert ist (vgl. Beiträge in Danet & Herring 2007). In unseren Daten kommt sie systematisch für das Griechische, vereinzelt auch für das Arabische und Chinesische vor. Speziell in Migrationskontexten kann Latinisierung mitunter die nicht erlernte Schrift der Herkunftssprache kom-pensieren, und Beiträge eines Nutzers in latinisierter Schreibung können mit solchen im Originalskript variieren.

Die Beispiele (1f-1g) stehen für das ebenfalls sehr häufige Phänomen der lexikalischen Entlehnungen, deren Abgrenzung von Code-Switching hier

---

9   Auch in Gesprächsdaten sind Lachausdrücke und Interjektionen bei der Abgrenzung von Sprachalternanzen problematisch (Hinnenkamp 2012: 77).

10   Bisweilen kann die Schreibung Hinweise darauf geben, welcher Sprache die Nutzer selbst einen bestimmten Lachausdruck zuordnen. Beispielsweise entspricht die Schrei-bung <hahaha> sowohl dem deutschen Usus als auch dem anderer Sprachen, während die Formvariante <ahahah> eine spezifisch englische Schreibung der Lachpartikel ist. Bei den griechischen Daten findet sich auch die Form <xaxaxa>, wobei das Graphem <x> in Anlehnung an die griechische Orthographie den Frikativlaut [x] (Ach-Laut) repräsentiert. Hier verweist die Schreibung auf die intendierte Sprachenzuordnung.

nicht ausführlich diskutiert werden kann (vgl. Petkova 2012). In unseren Daten geht es insbesondere um Sprachmittel aus dem Englischen, die in die Basissprache Deutsch inseriert werden (in den türkischen Daten spielen auch Sprachmittel aus dem Arabischen eine Rolle). Neben Inhaltswörtern handelt es sich dabei um englische Diskursmarker bzw. Gesprächswörter (z. B. *ok*) und vorgefertigte Phrasen, Zitate oder Slogans (z. B. *I love it*). Die Kodierung orientiert sich hier nach lexikographischen Kriterien (z. B. Verzeichnung in Duden Online) und nach der morphosyntaktischen, im Einzelfall auch orthographischen Integration (Perfektbildung, Genuszuordnung, Flexionsmarkierung usw.). Als Entlehnung eingestufte Einheiten tauchen dann im ermittelten Sprachrepertoire gar nicht auf, so etwa das hier reduplizierte Gesprächswort *ok* (1f.). Andernfalls werden die Beiträge entweder als „Englisch" (1g) oder „Deutsch/Englisch" kodiert und letztere nach Kategorien der Code Switching-Forschung weiter analysiert. Daraus folgt, dass die von uns als zwei- oder dreisprachig kodierten Beiträge im Hinblick auf ihre Struktur und Funktion keineswegs einheitlich sind, sondern im qualitativen Analyseteil weiter zu untersuchen sind.

Schließlich zeigt Beispiel (1h) eine Kombination von Elementen mehrerer Sprachen auf kleinstem Raum, die eine eindeutige Kodierung erschwert. Dieser einem längeren Dialog entnommene Kommentar beginnt mit der religiösen Formel *Amin*, die im Türkischen wie im Arabischen verwendet wird, und setzt mit einem englischen lautmalerischen Ausruf und einer englischen Phrase fort. Der englische Ausruf ist zwar nach den deutschen Rechtschreibkonventionen geschrieben, evoziert aber eine englische Lautrealisierung (in etwa ein gedehntes [æ]). Die englische Phrase *in your face*, die idiomatisch mit dt. ‚in deine Fresse' wiederzugeben wäre, bedient sich einer Nonstandard-Schreibung (*ya* für das Possesivpronomen *your*), die auf eine umgangssprachliche Lautrealisierung bzw. ein informelles Register des Englischen verweist. Phrase und Ausruf konnotieren ein aggressives Auftreten, wodurch der Schreiber an den Ton des Vorbeitrags anschließt (vgl. Abschnitt 8, Beispiel 16). Die stilistische Gestaltung dieses Beispiels wird hier im Detail ausgeführt um zu zeigen, wie das gewählte Kodierverfahren auf seine Grenzen stößt. Die Kodierung des Beitrags als zweisprachig (Türkisch und Englisch) ist zwar nicht falsch, jedoch unterkomplex, weil sie die durch die Schreibungsvarianten hervorgebrachten indexikalischen Bedeutungen nicht erfassen kann. In einer qualitativen, kontextspezifischen Betrachtung, die in unserem Vorgehen ein notwendiges Korrelat der vorgestellten Kodierung bildet, sind solche Beiträge dadurch gekennzeichnet, dass sie die Abgrenzung einzelner

Sprachen mehr oder weniger gezielt unterwandern und die Überschneidung und Überlagerung von Ressourcen aus mehreren Sprachen ausloten.

5. Die Stadt im vernetzten Diskurs

Noch vor der Vorstellung der Ergebnisse werfen wir einen kurzen Blick auf den Stellenwert der Stadt und Metropolregion Hamburg im vernetzten Diskurs der Beforschten. Man hätte annehmen können, dass in Zeiten der entgrenzten Kommunikation die Rückbindung auf das Lokale sich auflöst; das ist in den hier untersuchten Ereignissen aber nicht der Fall. Es lassen sich stattdessen verschiedene Muster der Bezugnahme auf den urbanen Raum festhalten, die man nach ihrer Medialität bzw. Themenbehandlung unterscheiden kann.

Bei den hier beforschten Nutzern spielt Hamburg als Diskussionsthema eine geringe Rolle, umso mehr ist es als ein zur Schau gestellter Standort wichtig. Eine zentrale Ressource für den Verweis auf Standorte ist die Facebook-eigene Funktion der Ortsmarkierung, wodurch Nutzer ihren aktuellen Aufenthaltsort auf einem digitalen Stadtplan anzeigen lassen können. Nicht alle hier beforschten Individuen nutzen die Ortsmarkierung. Unter den beiden Jugendlichen aus taiwanesischen Familien ist sie vor allem bei Nick beliebt, der seine außerschulischen Standorte sowie Auslandsreisen durch Ortsmarkierungen bekannt macht, während Ingos Profilseite nur wenige Hinweise darauf liefert, wo seine Aktivitäten stattfinden. Bei der türkischstämmigen Melda umfassen die markierten Aufenthaltsorte u.a. die Hamburger Innenstadt, einen Spielplatz in Altona, ein Straßenfest in Norderstedt, die Universität Hamburg. Darüber hinaus posten die Nutzer eigene oder weitergeleitete Fotos mit typischen Motiven oder öffentlichen Plätzen ihrer Stadt, meistens in Kombination mit entsprechenden Ortsangaben. Zach und Dema zeigen u.a. das Café „Alex im Alsterpavillon" oder die „Stadtpark Freilichtbühne", Melda postet Gruppenfotos mit ihren Freundinnen an der Universität oder diversen Stadtteilen Hamburgs. Solche Verortungen sind soziolinguistisch uninteressant, sofern die Ortsangabe nicht eigens eingetippt, sondern aus einer Liste vorgefertigter, standardisierter Formen ausgewählt wird. Interessanter wird es aus unserer Sicht, wenn die Nutzer räumliche Bezüge in ihren Beiträgen sprachlich herstellen, indem sie z. B. über Events in der Stadt berichten, ihre Aufenthaltsorte erwähnen (und nicht nur markieren) oder den gemeinsamen sozialen Raum hervorheben:

Beispiel 2:   Ortsreferenzen in Statusmeldungen

(2a) Zach: *Wow, 19.05.2012 David Guetta live in Hamburg!! Wer ist dabei? ;)*

(2b) Dema: *Ich bin Altona mit meinem Freund*

(2c) ‚Freundin': *Zach <- only 17 days, dann haben wir noch ein Gentleman mehr in Hamburg*

(2d) Nick: *vegas, baby*

Interessant aus Sicht dieser Untersuchung sind Raumthematisierungen weiterhin, wenn sie Treffpunkte einer sozialen Gruppe, der die Beforschten angehören, betreffen und daher indirekt soziale Zugehörigkeit indizieren. Bei Zach und Dema werden so per Ortsmarkierung Cafés, Restaurants oder Clubs präsentiert, in denen junge Hamburger Griechen häufig anzutreffen sind oder griechische Feste und Feiern stattfinden. Meldas Ortsthematisierungen lassen Hamburg als muslimisch-religiösen Standort erscheinen, sei es der Moscheeverein, der Flughafen, wo Melda ihre Pilgerfahrt nach Medina antrat, oder eine bestimmte islamische Veranstaltung an der sie regelmäßig teilnimmt. Solche Ortsthematisierungen perspektivieren die Stadt, indem sie ihre jeweils für ein bestimmtes Netzwerk wichtigen Gesichtspunkte hervorheben und Schlussfolgerungen auf Lebensstile und soziokulturelle Orientierungen zulassen. Diese Perspektivierung wird auch durch die individuell abonnierten Facebook-Gruppen geleistet. Bei Melda sind es z. B. die Islamische Gemeinde Norderstedt oder eine Gruppenseite für muslimische Jugendliche aus Hamburg-Harburg, deren Inhalte vorwiegend auf Türkisch verfasst sind. Dieses Beispiel zeigt, dass die ethnisch-kulturelle Perspektivierung des sozialen Raums im digitalen Diskurs nicht zuletzt durch Sprachwahl geleistet wird. Die Passung von Raum und Sprache in Sozialen Netzwerken ist auch unter dem Aspekt der Mobilität interessant. Beispielsweise schreibt Nick auf Englisch wenn er auf Reisen ist (Beispiel 2d). Englisch kann hier auf zwei Ebenen gelesen werden: Als Annäherung an die Sprache des besuchten Raums und als Ressource mit der Funktion einer *Lingua franca*, um die eigene Mobilität an das gesamte Netzwerk zu kommunizieren.

6.   Griechisch-deutsche Daten

Die Diskussion der Ergebnisse beginnt mit dem griechischstämmigen Informantenpaar, bestehend aus dem heute 21-Jährigen Zach und der 19-Jährigen Dema. Zach gehört der dritten griechischen Migrantengeneration an, ist in Deutschland aufgewachsen und hat nie in Griechenland gelebt. Dema emigrierte 2009 mit ihrer Familie aus beruflichen Gründen von Griechenland nach Deutschland. Während Zach zweisprachig aufgewachsen ist und (auch in dem mit uns geführten Interview) fließend zweisprachig kommuniziert, ist Dema in Griechenland einsprachig aufgewachsen und ohne Deutschkenntnisse nach Deutschland gekommen. Demas Facebook-„Freunde" sind (dem Namen nach) zu 98% Griechen bzw. griechischer Abstammung, bei Zach beträgt der Anteil griechischer Nachnamen 32% seines Facebook-Netzwerks (Stand: Februar 2011).[11] Die Aufschlüsselung der Sprachrepertoires (Tabelle 2) zeigt eine im Vergleich zu den anderen beiden Paaren rege Partizipation (wobei beide Nutzer zahlreiche initiative Beiträge ohne eigene Sprachproduktion aufweisen, die aus der Kodierung ausgeschlossen wurden). Hervorzuheben sind zunächst einige allgemeine, sprachenübergreifende Muster, die uns auch bei den anderen beiden Informantenpaaren begegnen: Beide verzeichnen mehr responsive als initiative, mehr einsprachig als zwei- oder dreisprachig kodierte Beiträge. Zudem fällt der hohe Anteil der „Rest"-Gruppe bei Dema auf, die ihre Statusmeldungen, geposteten Fotos und Videos oft nur durch Herzchen und Emotikons ausgestaltet.

Tabelle 2:   Sprachrepertoires von Zach und Dema (1.-12.2011)[12]

	DE	GR	EN	DE/GR	DE/EN	GR/EN	DE/GR/EN	Rest	N
Zach									
initiativ	56	39	38	11	9	5	3	2	163
in %	*34*	*24*	*23*	*7*	*6*	*3*	*2*	*1*	
responsiv	145	30	15	9	18	5	3	11	236
in %	*61*	*13*	*6*	*4*	*8*	*2*	*1*	*5*	
Dema									
initiativ	25	63	2	5	5	2	0	57	159
in %	*16*	*40*	*1*	*3*	*3*	*1*	*0*	*36*	
responsiv	8	107	19	2	0	38	1	29	203
in %	*4*	*53*	*9*	*1*	*0*	*19*	*0,5*	*14*	

Die Ergebnisse für Dema und Zach zeigen den Zusammenhang zwischen Mobilität und digitalen sprachlichen Praktiken besonders deutlich auf. Zach absolvierte im Herbst 2011 seinen Wehrdienst in Griechenland, was einen

---

11 Der Erhebungszeitraum umfasst insgesamt 21 Monate (Januar 2011 bis Ende September 2012), der Vergleichbarkeit mit den anderen beiden Paaren halber werden hier nur die Daten für das Jahr 2011 ausgewertet.

12 Hier und auf den nachfolgenden Tabellen sind alle Prozentsätze ab- bzw. aufgewundet.

häufigeren Griechisch-Gebrauch und bestimmte bilinguale Strategien mit sich brachte. Dema entschied sich nach anfänglicher Zurückhaltung für einen Aufenthalt in Deutschland, was sich in einer zunehmenden Häufigkeit deutscher Beiträge auf ihrer Profilseite niederschlägt.

Zachs dominante Sprache auf Facebook ist das Deutsche, gefolgt vom Griechischen und Englischen. Während in seinen initiativen Beiträgen für 2011 alle drei Sprachen in recht hohen Anteilen vorkommen, ragt in den responsiven Beiträgen das Deutsche viel deutlicher hervor. Dies ist ein Hinweis darauf, in welcher Sprache seine Online-Konversationen mit seinen Hamburger „Freunden" ablaufen. Im größtenteils auf Deutsch geführten Interview hebt Zach hervor, dass sein dreimonatiger Griechenland-Aufenthalt sich auf seinen Griechisch-Gebrauch positiv auswirkte:

> „Meine Kommentare und Statusmeldungen waren zu der Zeit an meine Freunde in Griechenland gerichtet und ich habe sie auch für mich auf Griechisch geschrieben. Das war ein guter Anlass, wenn ich schon mal da bin. Vor Ort in Griechenland konnte ich meine griechischen Sprachkenntnisse verbessern, das war eine Hilfe. Als ich wieder nach Deutschland gekommen bin, war mein Griechisch viel besser und flüssiger. Vor Ort gab es auch mal Worte, die ich nicht wusste auf Griechisch und bei denen ich nachfragen musste und da habe ich viel dazu gelernt." (Interview mit Zach, November 2012)

Während dieser Zeit entwickelt Zach eine bilinguale Strategie für seine initiativen Beiträge: ihre doppelte Ausführung auf Griechisch und Deutsch, in dieser Reihenfolge (Beispiel 3, 4). Ausschlaggebend war nach eigenen Angaben die Beschwerde eines „Facebook"-Freundes aus Hamburg, als Zachs Statusmeldungen zu Beginn seines Wehrdiensts nur auf Griechisch kamen. Diese bilingualen „Nachrichten vom Dienst" sind in einem standardnahen umgangssprachlichen Deutsch verfasst, die semantisch äquivalente griechische Fassung weist orthographische Unsicherheiten und unidiomatische Ausdrücke auf.[13]

Beispiel 3:   Zach am 2.11.2011

27 & σημερα! Η ημερες περνανε και μενουν η στιγμες../27 & heute! Die tage vergehen & es bleiben die erinnerungen..

---

13 Beispiele 3 und 4 haben gemein, dass Zach zur Schreibung des /i/-Lautes das griechische Graphem <η> verwendet anstelle anderer homophoner Grapheme wie <ι> und <οι>, die in der jeweiligen Wortumgebung orthographisch korrekt sind.

Beispiel 4:   Zach am 25.12.2011

Einen wunderschönen guten morgen an alle, fröhliche weihnachten & feiert schön zusammen!

Σας εύχομαι όλους καλές γιορτές, καλά χρηστούγεννα και να περάσετε όλη πολή καλά!

Diese parallel-doppelsprachigen Statusmeldungen stehen im Gegensatz zu einem anderen, bei Zach mehrmals dokumentierten Muster bilingualer Interaktion. Beispiel (5) zeigt ein Kurzereignis zu Zachs Namenstag:

Beispiel 5:   Zach und „Freundin" E am 28.10.2011 (Linke Spalte: Original; rechte Spalte: Übersetzung der griechischen Passagen; Zeilenumbrüche nachträglich eingebaut)

1	E	*Xroniaaa pollaaaaaaaaaaa mitzooooooooo*	‚Alles Gute zaaaach
		haha spät aber noch zu retten :D	[...] :D
		pos pai mikree	wie geht´s dir Kleiner?'
2	Zach	*Hahaha ti mou ta fernis mpagiatika..*	‚Hahaha was erzählst du
		danke danke, alles bestens schiebe gerade wache, werde in 40 min. abgelöst & dann für 3 ½ std. schlafen. schichten schichten schichten..sind aber nur noch 32 tage :P	mir da nachträglich.. [...] :P
		ti leei se sena?	wie sieht es bei dir aus?'

Beispiel (5) besteht aus einem an Zach adressierten, initiativen Beitrag einer „Freundin" und seiner Reaktion. Der initiative Beitrag beginnt mit einer Glückwunsch-Formel (auf Griechisch), es folgt eine spielerische Rechtfertigung für das verspätete Gratulieren (auf Deutsch), schließlich eine formelhafte Einladung zum Smalltalk (auf Griechisch). Aus interaktionsanalytischer Sicht liegt hier ein klarer Fall von diskursfunktionalem Code Switching vor: Der Kontrast zwischen den beiden Sprachen setzt Teile des Beitrags voneinander ab, und zwar so, dass die beiden phatisch-rituellen Teile auf Griechisch, die Rechtfertigung auf Deutsch erfolgen. Die durchgehende „Punktierung" durch Lachausdrücke, die zwischen den einzelnen Sprachhandlungen stehen, sowie die Iteration der Vokalgrapheme lassen sich als Kontextualisierung eines spielerisch-freudigen Tons lesen. Zachs Antwort beginnt mit einem (als spielerisch markierten) Vorwurf ob der verzögerten Gratulation (Griechisch). Daraufhin folgt eine knappe Danksagung (Deutsch). Gleich darauf findet als Replik zur Einladung auf Smalltalk ein Bericht über seine aktuelle Situation statt. Er besteht aus sechs kurzen Phrasen, die in ihrer parataktischen Abfolge eine kleine Erzählung konstituieren. Am Ende stellt Zach eine Frage, die zur Fortsetzung des Smalltalks einlädt (Griechisch). Wir sehen an diesem Austausch, wie beide Partner auf die gleichen Sprachen in der gleichen Abfolge zurückgreifen, um ihre beitragsinternen Teilhandlungen voneinander abzusetzen und zu kontrastieren. Die in jedem Beitrag zusammengeführten Adjazenzpaare sind aber verschieden: Die griechische Rechtfertigung wird auf Deutsch gekontert, der griechischen Aufforderung zum Erzählen auf Deutsch Folge geleistet.

Zweisprachige Beiträge dieser Art sind Zach zufolge „spontan". Sie setzten einen gemeinsamen bilingualen Hintergrund voraus und seien daher seinen „Freunden" aus der griechischen Community Hamburgs verständlich. Zach sagt dazu: „Es kommt automatisch, als wäre es eine eigene Sprache. Ich habe das Gefühl, du denkst gar nicht drüber nach, du schreibst einfach das was du sagen willst, dann kommt so eine Misch-Sprache heraus." Daher ist die Annahme naheliegend, dass Beispiele wie (5) auf bilinguale Praktiken des lokalen Alltags aufbauen, die in der netzwerkspezifischen Öffentlichkeit repräsentiert und möglicherweise stilistisch verdichtet werden. Im Gegensatz dazu sind die doppelt einsprachigen Statusmeldungen der Beispiele (3) und (4) auf ein anderes Teil-Auditorium hin konzipiert, das Zach „Griechenland-Griechen" nennt:

> „Griechenland-Griechen sind bei mir Familie oder Freunde, die kein Deutsch können und die deutschen Statusmeldungen nicht verstehen. An sie denke ich, wenn ich Allen gratulieren will. Dann schreibe ich die Statusmeldungen doppelt. Darüber denke ich nach. Es ist aber etwas anderes, wenn ich mische, da denke ich nicht drüber nach, das ist Gewohnheit, das ist normal unter Zweisprachigen." (Interview mit Zach, November 2012)

Die Sprachwahl Englisch ist Zachs zweite Strategie der gemeinsamen Adressierung mehrerer Teilbereiche seines Netzwerks. Sein auffallend hoher Anteil initiativer Beiträge auf Englisch bzw. Deutsch/Englisch (23% bzw. 7% respektive, vgl. Beispiele 6a, 6c bzw. 6b) geht größtenteils auf kurze, formelhafte und intertextuell geprägte englische Äußerungen (vgl. 6a, ein Popmusik-Zitat). Weitere Sprachen (vgl. 6d, eine Annäherung an das Italienische) sowie nur aus Emotikons bestehende Beiträge sind bei Zach selten.

Beispiel 6:   Zachs Statusmeldungen (Beiträge zwischen 15.4.2011 und 18.2.2012)

(6a)   *Bad boys, bad boys, whatcha gonna do, whatcha gonna do when they come for you?*

(6b)   *guckt Kevin allein zu Haus, i love it!* ♥

(6c)   *Coffee, fitness & Laptop.. ♥*

(6d)   *bestellt für sich & seinen Mitschülern bei Joeys Pizza.. Bo Apetito ;)*

Dema postet in erster Linie auf Griechisch. Deutsch steht bei ihren initiativen Beiträgen an zweiter, bei den responsiven an dritter Stelle (vgl. Tabelle 2 oben). Englische und zweisprachige Beiträge sind bei ihr seltener als bei Zach, dafür setzt sie auffallend oft Herzchen und Emotikons initiativ ein. Demas allmähliche Hinwendung zum Deutschen ist durch unsere Kombination aus Profil- und ethnographischen Hintergrunddaten gut rekonstruierbar. Als Dema im Jahr 2009 erstmals nach Deutschland kam, konnte sie kaum Deutsch. Ihr digitales Schreiben griff primär auf Griechisch, in initiativen Statusmeldungen auch auf Englisch zurück (Kouzina 2011). In Hamburg verbesserten sich ihre Deutschkenntnisse schnell, nicht zuletzt unter dem Druck ihrer neuen griechischstämmigen bilingualen FreundInnen. In den Daten von 2011 verfasst Dema Statusmeldungen gelegentlich auch auf Deutsch, vereinzelt auch bilingual auf Deutsch-Griechisch, Deutsch-Englisch oder Griechisch-Englisch.

Demas Statusmeldungen in Beispielen (7) und (8) zeigen satz- bzw. phraseninterne Wechsel zwischen Deutsch und Griechisch, die als Sprachmischung (language mixing) zu klassifizieren sind, da hier keine Diskursfunktion der einzelnen Alternanzen erkennbar ist. Bsp. (7) entspricht der griechischen Wortstellung und setzt im zweiten Satzteil das deutsche Wort „Griechenland" ein. Im Beispiel (8) ist die Wortfolge in beiden Sprachen grammatisch zulässig.

Beispiel 7:   Dema am 30.4.2011 und 7.6.2011 (Links: Original, rechts: Übersetzung der griechischen Anteile)

(7a)   *Se 52 meres ----> griechenland s erxomaiii....*   ,In 52 Tagen ---> griechenland ich komm zu dir....'

(7b)   *10 meres noch...*   ,10 Tage noch...'

Beispiel 8:   Demas Statusmeldungen

(8a)   29.01.2011: *Ich bin altona mit meinem Freud.....*

(8b)   31.01.2011: *Ich bin bei Mir zu Hause mit meinem schatzz (♥)*

(8c)   15.04.2011: *Ich bin mit M und L im nebenraum und chellen...:D*

Beispiel 9: Dema und „Freundin" I am 26.10.2011 (Links: Original, rechts: Übersetzung der griechischen Anteile)

I	*Xronia polla schaatz na xerese to onomaa s !! :**	‚Alles Gute schaatz du sollst dich an deinem Namen erfreuen!! :*'
Dema	*Thnxs schatzii Mou...Flkk ;)*	‚Thnxs mein schatzii...Küsschen ;)'

Demas deutsche Statusmeldungen (Beispiel 8) tragen Spuren ihrer lerner-
sprachlichen Kompetenz. Zu verzeichnen sind u.a. Unsicherheiten in der
Rechtschreibung, phonetische Schreibungen die von der orthographischen
Norm abweichen (z. B. *chellen*) und gelegentliche Auslassungen, die dem in der
Forschung dokumentierten, ethnolektalen Deutsch ähnlich sind (vgl. Keim
2011). In (8c) tragen die (hier anonymisierten) Vornamen ihrer Mitschüler die
griechische Flexionsmarkierung *–o* für den Akkusativ, während im deutschen
Sprachgebrauch für diese Vornamen der invariante Nominativ-Kasusmarker
–s üblich ist. Außerdem eignet sich Dema den gemischtsprachlichen Stil ihrer
in Deutschland aufgewachsenen, griechischstämmigen Facebook-„Freunde"
an. In Beispiel (9) wird *Dema* auf ihrer Profilseite von einer Freundin zum
Namenstag gratuliert. Der initiative Beitrag besteht aus einer zweiteiligen
griechischen Glückwunschformel und der Kosenamen-Anrede „*schaatz*".
Demas responsiver Kommentar setzt eine englische Danksagungsformel ein,
wiederholt und variiert den deutschen Kosenamen, integriert ihn in die griechische Wortstellung mit nachgestelltem Possessivpronomen (*schatzii mou*)
und schließt ab mit der griechischen Abkürzung *Flkk* für die Abschiedsformel
Filakia (‚Küsschen'). Kodiert man hier *Thnxs* als englische Formel, so hat man
ein Beispiel für Dreisprachigkeit auf engstem Raum, wobei die Mittel aller drei
Sprachen durch ihre formale Gestaltung (Abkürzungen, Graphem-Wiederho-
lungen, inkonsistente Großschreibung) auf Konventionen des informellen
digitalen Schreibens verweisen.

Deutsche und deutsch-griechische Beiträge nehmen bei Dema im Laufe
des Jahres 2011 zu, und zwar primär in den Statusmeldungen. Anders als Zach
greift Dema häufiger auf Deutsch in ihren initiativen Beiträgen zurück. Dies
lässt darauf schließen, dass sie ihre neu gewonnenen Deutschkenntnisse präsentiert, und tatsächlich reagieren manche „Freunde" darauf, indem sie ihren
neuen bilingualen Stil kommentieren auftretende Verständlichkeitsprobleme
thematisieren. Ihre responsiven Kommentare verfasst Dema weiterhin in erster Linie auf Griechisch.

7. Taiwanesisch-deutsche Daten

Das zweite Informantenpaar sind zwei männliche Gymnasiasten mit taiwanesischem Hintergrund. Sie wurden von Ying Fen Hsieh unter den in Hamburg ansässigen Familien mit einem oder beiden Elternteilen aus Taiwan rekrutiert.[14] In aufgezeichneten und transkribierten Einzelinterviews, die Ying Fen Hsieh teils in deutscher und teils in chinesischer Sprache führte, konnten weitere Informationen über die sprachlichen Fertigkeiten und Präferenzen der Jugendlichen erhoben werden. Der 15-Jährige Ingo entstammt einer taiwanesischen Familie mit zwei Kindern, der 16-Jährige Nick einer deutschtaiwanesischen Familie mit ebenfalls zwei Kindern. Die Beiden sind sich nicht persönlich bekannt. Ingo spricht flüssig Chinesisch, hat aber Schwierigkeiten mit dem Lesen und Schreiben im Chinesischen. Er versteht die taiwanesische Sprache, kann sie aber nicht sprechen. Nick spricht ebenfalls recht gutes Chinesisch, schreibt es aber nicht, allenfalls mithilfe von Google Translator, was er im Interview thematisiert. Seine Kommunikation mit Freunden und Verwandten aus Taiwan findet grundsätzlich auf Englisch statt. Beide Jungen zeigen im Interview und in der beobachteten mündlichen Kommunikation in der Familie kaum Code Switching.

Die anhand von jeweils zwölf Monaten an Profildaten erstellte Übersicht über die Sprachrepertoires (Tabelle 3) zeigt im Vergleich zum ersten Paar ein größeres Frequenzgefälle hinsichtlich der Beteiligungsrollen. Beide Jungen respondieren viel öfter als sie initiieren.[15] Zweitens sieht man eine unterschiedliche Gewichtung der beteiligten Sprachen: Chinesisch spielt eine untergeordnete Rolle bzw. ist im initiativen Modus nahezu abwesend. Die zweithäufigste Sprache nach Deutsch ist eindeutig das Englische. Ikons, Emotikons und einzelsprachlich nicht zuzuordnende Formen sind bei beiden Jungen seltener als bei Dema, aber häufiger als bei Zach. Bei Ingo kommen sie nur responsiv, bei Nick häufiger im initiativen Modus vor.

Deutsch ist Ingos dominante Sprache in beiden Beteiligungsrollen, wobei seine responsiven Beiträge um ein Vielfaches häufiger sind als die initiativen

---

14 Hamburg ist einer der wichtigsten Standorte für taiwanesische Staatsbürger in Deutschland. Nach Daten des Statistischen Bundesamtes („Ausländische Bevölkerung am 31.12.2011 nach Staatsangehörigkeit und Ländern") machte 2011 die taiwanesische Population in Hamburg 8,1% aller in Deutschland lebenden Staatsbürgern Taiwans aus. Nach der Feldforschung von Ying Fen Hsieh sind mindestens 15 taiwanesische Familien in Hamburg ansässig, amtliche Daten gibt es u.W. nicht.

15 Wobei auch hier initiative Beiträge ohne eigene Spracheingabe ausgeschlossen wurden; diese betragen ca. 8% aller Beiträge bei Ingo und sogar 30% bei Nick.

und Gebrauch von mehr Sprachen bzw. Sprachkombinationen machen. Sein Repertoire für initiative Beiträge beschränkt sich auf Deutsch und Deutsch/ Englisch, im responsiven Modus sind bei ihm auch Englisch, Deutsch/Englisch, Chinesisch, Deutsch/Chinesisch und ein beachtlicher Anteil an nur aus Ikons bzw. Emotikons bestehenden Beiträgen zu verzeichnen. Allerdings fällt sein Geburtstag vom Februar 2012 in die Erhebungszeit, und Ingos Danksagungen (N=75), die meisten davon Einwortbeiträge wie *danke* und *thx* sowie Emotikons, machen hier mehr als ein Drittel seiner responsiven Beiträge für das ganze Erhebungsjahr aus.

Tabelle 3.   Sprachrepertoires von Ingo (5.2011–4.2012) und Nick (8.2011–7.2012)

	DE	CH	EN	DE/CH	DE/EN	CH/EN	Rest	N
Ingo								
initiativ	42	-	-	-	5	-	-	47
in %	*89*	*-*	*-*	*-*	*11*	*-*	*-*	
responsiv	132	3	13	2	13	-	48	211
in %	*63*	*1*	*6*	*1*	*6*	*-*	*23*	
Nick								
initiativ	17	-	6	1	-	-	4	28
in %	*61*	*-*	*21*	*4*	*-*	*-*	*14*	
responsiv	77	7	21	-	1	-	11	117
in %	66	6	18	-	1	-	9	

Ingos Schreibstil im Deutschen ist geprägt durch Kennzeichen konzeptioneller Mündlichkeit, wie sie für informelles vernetztes Schreiben unter Jugendlichen üblich sind. Beispiel (10) ist ein komplett auf Deutsch gehaltenes Kommunikationsereignis unter Klassenkameraden zu einem schulspezifischen Thema. Zu ihrem Schreibstil gehören Elisionen und Klitisierungen, Diskursmarker und Gesprächspartikeln (*mal, ja, doch, halt, also, eh*), jugendsprachlicher Wortschatz (*chillen, liken, checken, bocken*), expressive Interpunktion und „westliche" wie „asiatische" Emotikons. Ingos Englisch besteht hauptsächlich aus einzelnen Wörtern bzw. Phrasen, die in dominant deutsche Äußerungen inseriert werden (*sry, liken, thx, yeah,* usw.). Komplexere, vollständig auf Englisch verfasste Beiträge sind bei Ingo die Ausnahme, so kommuniziert er im September und Oktober 2011 mit einem Freund aus Taiwan, der einen Deutschlandaufenthalt vorbereitet, durchgehend auf Englisch. Vollständige chinesische Sätze sind auch dokumentiert (Beispiel 12), doch lässt seine fehlende Schreibkompetenz einen häufigeren Chinesisch-Gebrauch nicht zu, wie Ingo selbst im Interview anmerkte.

Beispiel 10: Ingo und „Freund" G am 4.1.2012

1.	G	*Ingo, der Probedruck ist da! Wir treffen uns morgen Abend. Wäre gut, wenn du auch Zeit hättest (;*
2.	Ingo	*Das ist doch toll^^ Wann und wo?*
3.	G	*morgen abend..*
4.	Ingo	*Wie treffen, das check ich grad nicht.... via Skype???? oder was?????*
5.	G	*ne, bei lea oder so und dann fehler noch „beheben" und überlegen wie wir die poster noch gestalten*

Beispiel 11: Ingo und „Freunde" L und A am 14.9.2011 (Auszug)

1.	L	*ich hab gar keinen bock mehr auf server, so fett ist der singleplayer*
2.	Ingo	*i know iwie solls ja noch verschiedene Modis geben, ne richtig geil^^*
3.		*Werde vllt durchsuchten^^*
4.	L	*ich suchte jetzt schon den crative modus und hab schon übelst geile sachen gebaut*
5.	A	*ich probiers jetzt aus xD*
6.	Ingo	*wie kommst du in den creative mod??? Dont know how.......*
7.	A	*bei neues Spiel, Gamemode :*
8.	Ingo	*aso*
9.	Ingo	*kein Wunder wieso es nicht ging, ich lad ja immer meine alte^^ thx*

Beispiel 12: Ingo und „Freund" X am 15.2.2012 (Links: Original, rechts: Übersetzung der chinesischen Anteile)

1.	X	*Hey Ingo, Alles Gute zum Geburtstag~!! Have a blast~! :)*	
2.	Ingo	*hihihi 我明天才生日，可是你在臺灣吧^^ 时見跑的比这里快*	‚My birthday is tomorrow but you are in Taiwan, right^^ the hour there is ahead'
3.	Ingo	*謝謝^^ Und ja ich werd schön feiern xD*	‚Thank you'

Ingos Code Switching zwischen Deutsch und Englisch ist teils themengebunden, teils auf die sprachlichen Präferenzen seiner Interaktionspartner zugeschnitten. Beispiel (11) ist charakteristisch für die Insertion englischer Elemente in seine deutschsprachigen Beiträge. Ingo initiiert dieses Ereignis mit einer (hier nicht abgedruckten) Äußerung zu einem Computerspiel namens „Minecraft". Das turninitiale *i know* (Zeile 2) und das turnfinale *thx* (Zeile 9) lassen sich als Diskursmarker einstufen, die den jeweiligen Vorbeitrag ratifizieren. Das turnfinale *Dont know how*... (Zeile 6) ist als eigenständige Sprachhandlung analysierbar, die die vorangehend gestellte Frage begründet. Denkbar wäre eine höflichkeitstheoretische Interpretation des Codewechsels als Mittel der Abschwächung der Gesichtsbedrohung, die Ingo durch sein zugegebenes Unwissen vollzieht.[16] Denkbar wäre auch eine Analyse, die die englische Äußerung als durch die direkt vorangehende englische Bezeichnung (*creative mod*) ausgelöst sieht.[17] Diese und andere thematisch verwandte Kommunikationsereignisse auf Ingos Profilseite greifen ohnehin sehr oft auf englische Autosemantika (z. B. *server, gamemode* ...) zurück, die vermutlich zum usuellen Wortschatzes im Sachgebiet der Computergames zu gehören.

Ingos Chinesisch-Gebrauch in Beispiel (12) ist seine Reaktion auf den Geburtstagswunsch eines Deutsch sprechenden Freundes aus Taiwan. Der initiative Glückwunsch ist zweiteilig und zweisprachig und verwendet Code Switching, um die beiden Wunschformeln voneinander abzugrenzen. Ingos zweisprachige Rückmeldung erstreckt sich auf zwei Beiträge.[18] Auch hier ist Höflichkeit ein möglicher Interpretationsansatz: Da der „Freund" das richtige Geburtstagsdatum verfehlt hat, weist ihn Ingo darauf hin und merkt dabei an, dass dies wohl an der unterschiedlichen Zeitzone liegen dürfte. All dies sowie das nachfolgende turninitiale ‚Danke' vollzieht er auf Chinesisch, wählt also die ihm bekannte Erstsprache seines Adressaten, so wie dieser Ingo zuerst auf Deutsch gratuliert. Den Themen- und Gesprächsrollenwechsel, indem er auf sein eigenes Feiern zu sprechen kommt, vollzieht Ingo dann auf Deutsch (Zeile 3) und respondiert damit auf den zweiten Teil des Glückwunsches, der auf Englisch verfasst war. Wie vorhin bei Zach (vgl. Beispiel 5) sieht man hier, wie die Beteiligten sowohl eine reziproke Anlehnung (durch die Sequenzierung der einzelnen Sprachen in ihren Beiträgen) als auch einen stilistischen Kontrast zueinander (durch die Gestaltung einzelner Schritte in einem Adjazenzpaar in jeweils verschiedenen Sprachen) herstellen.

---

16 Zum Thema Höflichkeit in der internetbasierten Kommunikation vgl. Locher 2010.

17 Vgl. das Konzept des Triggering bei Clyne 2003.

18 Sie enthält vereinfachte chinesische Charaktere, und zwar 时见 statt des traditionellen 時間 (‚Zeit') und 这里 statt 這裡 (‚hier'). Vermutlich sind sie in der phonetischen Pinyin-Verschriftung verfasst und dann per Software in chinesische Schriftzeichen konvertieren worden.

Auch in Nicks Schreibrepertoire dominiert das Deutsche, gefolgt vom Englischen. Seine spärlichen initiativen Beiträge (durchschnittlich knapp ein Beitrag alle zwei Wochen) enthalten außerdem einen nennenswerten Anteil nicht einzelsprachig kodierbarer Beiträge und einen deutsch/chinesischen Beitrag – ein bilingualer Weihnachtsgruß, der an Zachs Doppelmeldungen erinnert.[19] Vollständig auf Englisch geschriebene initiative Beiträge verwendet Nick bei Auslandsreisen, um seine weltweiten „Freunde" kurz und knapp über seine Aufenthalte zu informieren, aber auch im Austausch mit Freunden aus Taiwan, mit denen er Englisch als einzige gemeinsame Verständigungssprache teilt. Im responsiven Bereich bleiben die Anteile deutscher und englischer Beiträge ähnlich, hinzu kommen sieben chinesische Beiträge einschließlich der lateinischen Verschriftung (Pinyin).[20]

Beispiel 13:   Nick und „Freunde" T und R am 27.11.2012

1.   Nick postet ein Foto der Golden Gate Bridge, ohne eigenen Textbeitrag

2.   T   *SF~~*

3.   R   *##plagiat*

4.   T   *San Francisco*

5.   Nick   *#waslaberschtdu*

Beispiel 14:   Nick und „Freund" C am 28.11.2011

1.   Nick postet deutschen Medienbericht über Taiwan, ohne eigenen Textbeitrag

2.   C   *People who speak traditional chinese can easily understand simplified*

3.   Nick   *Can you understand the article?*

4.   C   *„google translate"XD So I can understand about 70%*

5.   C   *I can only understand some simple sentences.*

6.   Nick   *70%, thats pretty good*

7.   C   *Key Word is google translate= =*

8.   Nick   *haha*

Beispiel 15:   Nick und „Freund" T am 20.10.2011

1.   T   *diggaaaaaaaaaaaaaaaaaaaaaa denk ma das du morgen geschichte mitbringen musst*

2.   Nick   *denk du erstmal dich aus jerusalem raus, is gefährlich da*

3.   T   *ahn ich nich*

---

19 Der Beitrag lautet: *frohe weihnachten!* 聖誕節快樂!

20 Es sind kurze Phrasen wie z. B. 可口可樂 ‚Coca Cola', 什麼 ‚was'.

4.	Nick	*„3 minutes ago near Jerusalem, Israel"*
5.	T	*ich bin nich near jerusalem aber egal gib mir mal die ganzen sachenm morgen*
6.	Nick	*okok*

Die Ereignisse in den Beispielen (13) und (14) beginnen jeweils mit einem initiativen Beitrag ohne eigene Spracheingabe. In Beispiel (13) setzt Nick als Hintergrundbild die Golden Gate Bridge in San Francisco, die er im letzten Urlaub besuchte. Sein „Freund" T identifiziert den Ort, „Freund" R kommentiert mit einer Anspielung auf Plagiarismus, vermutlich Bezug nehmend auf die Herkunft des Bildes. Nick reagiert zurückweisend. Dabei verwenden R und Nick das vom Kurznachrichtendienst Twitter bekannte Präfix # in der Funktion eines Schlagwortmarkers.[21] Nick reagiert durch die Stilisierung einer regionalen, womöglich als „grob" gedachten Aussprache, die sich durch die Abbildung der Palatalisierung (*laberscht*) von seiner norddeutschen standardnahen Umgangssprache deutlich abhebt. In Beispiel (14) bindet Nick einen Medienbericht mit dem Titel „Chinesisch lernen in Taiwan: Entspannt auf der Schatzinsel" auf seiner Seite ein, welchen sein „Freund" C aus Taiwan auf Englisch kommentiert. Man sieht hier, dass Nicks Rückgriff auf das Englische der Sprachenpräferenz des Partners folgt, ohne dass dies metasprachlich thematisiert wird.

Beispiel (15) zeigt, wie eine Sprachmeldung der Plattform dialogisch rekontextualisiert wird. Aus unbekanntem Grund wird hier die Phrase *near Jerusalem, Israel* als Standort des Dialogpartners von Nick angezeigt, und zwar auf Englisch; vermutlich ist dies der Fall, weil entweder „Freund" T und/oder Nick die Spracheinstellung ihres Profils auf Englisch gesetzt haben. Die Standortinformation wird von Nick in genau dieser Form zitiert (Zeile 4) und von T wiederaufgenommen und in das deutsche Prädikativ (*ich bin nich...*) eingebettet (Zeile 5). Dadurch wird eine englische Äußerung in den ansonsten auf Deutsch gehaltenen Austausch inseriert. Ansonsten zeigt auch dieses Ereignis den unauffällig-kolloquialen Schreibstil von Nick und seinen „Freunden" – durchgehende Kleinschreibung, Elisionen und die Anrede *digga*, die im Raum Hamburg lokale Identität kontextualisiert.

Insgesamt sind sich beide Jugendlichen in ihren Sprachpräferenzen recht ähnlich. Bei Ingo findet man mehr Vorkommen typisch jugendsprachlicher Ausdrücke (*chillen, checken, liken, bocken*), auf Nicks Profil taucht Derartiges

---

21 Vgl. http://de.wikipedia.org/wiki/Hashtag, http://support.twitter.com/articles/314917-was-sind-hashtags-symbole#

nur in den Freundesbeiträgen auf. Englisch ist bei beiden die zweite Sprache der Wahl. Ingo neigt dazu, einzelne englische Lexeme in deutschsprachige Äußerungen zu inserieren, während Nick auch ganze englische Äußerungen verwendet. Chinesisch taucht fast nur responsiv auf, vor allem dann, wenn „Freunde" aus Taiwan auf die Profilseiten schreiben oder wenn Ingo und Nick ihr gesamtes translokales Publikum erreichen wollen.

8. Türkisch-deutsche Daten

Der dritte Datensatz stammt von zwei jungen türkischstämmigen Akademikerinnen. Buket (21) ist in Bremen, Melda (22) in Hamburg geboren und aufgewachsen. Buket gehört der dritten, Melda der zweiten Generation an. Beide Frauen sind praktizierende Musliminnen und stellen sich auf Facebook wie im Offline-Alltag nur mit Kopftuch dar.[22] Die beiden sind sich nicht bekannt. Die an Daten aus dem gesamten Jahr 2011 erstellte Übersicht über die Sprachrepertoires (Tabelle 4) zeigt, dass Buket und Melda initiativ wie responsiv weit weniger aktiv sind als die anderen Informanten, wobei bei Melda die responsiven Beiträge sogar hinter den initiativen zurückbleiben.[23]

---

22 Sie gehören einer größeren Gruppe von Kopftuch tragenden jungen Musliminnen, deren Selbstdarstellung im Netz derzeit von Reyhan Şahin untersucht wird. Die Tatsache, dass Buket nicht aus Hamburg stammt, ist praktischen Umständen geschuldet. Da Melda die Veröffentlichung ihrer Daten nicht genehmigt hat, werden in diesem Abschnitt nur Beispiele von der Profilseite Bukets angeführt.

23 Auch hier wurden jeweils N=16 Beiträge ohne eigene Spracheingabe (vor allem hochgeladene Fotos) von der Auswertung ausgeschlossen.

Tabelle 4. Sprachrepertoires von Buket und Melda (1.-12.2011)

	DE	TR	EN	DE/TR	DE/EN	DE/TR/EN	Rest	N
Buket								
initiativ	15	9	4	0	1	1	1	31
in %	*48*	*29*	*13*	*-*	*3*	*3*	*3*	
responsiv	30	9	1	2	0	0	7	49
in %	*61*	*18*	*2*	*4*	*-*	*-*	*14*	
Melda								
initiativ	0	33	0	1	0	0	0	34
in %	*-*	*98*	*-*	*2*	*-*	*-*	*-*	
responsiv	2	24	0	0	0	0	0	26
in %	*8*	*92*	*-*	*-*	*-*	*-*	*-*	

Die kommunikative Zurückhaltung Meldas geht mit einer Beschränkung ihrer digital eingesetzten Sprachressourcen auf das Türkische einher. Obwohl sie im Alltag selbstverständlich auch Deutsch spricht und schreibt (zumal sie Rechtswissenschaften studiert), meidet sie auf Facebook das Deutsche fast vollständig, verwendet außerdem kein Englisch und schreibt (bis auf eine Ausnahme) keine mehrsprachigen Beiträge. Auch nur aus Emotikons oder Lachausdrücken bestehende Beiträge (Kategorie „Rest") sind bei ihr nicht vorzufinden. Auf Bukets Profilseite dominiert das Deutsche, gefolgt vom Türkischen und dem Englischen, wobei die Anteile der drei Sprachen nach dem Beteiligungsmodus variieren. Bukets Beiträge auf Deutsch nehmen im responsiven Modus zu, die auf Türkisch und Englisch sind häufiger im initiativen Modus.

Auch thematisch und intertextuell unterscheiden sich die Facebook-Beiträge der beiden Frauen deutlich. Melda zitiert Koranstellen und dokumentiert islamspezifische Sachverhalte wie z. B. ihre Teilnahme an einer muslimischen Pilgerfahrt nach Medina, ihre Zugehörigkeit zur muslimischen Organisation *Milli Görüş* oder das tägliche Fasten im Ramadan. Bukets Beiträge drehen sich um säkulare Sachverhalte wie z. B. ein Flug nach London. Obwohl sie ein Kopftuch trägt, zeigt sie sich in Selbstportraits mit auffälligem Make-Up und westlicher Kleidungsmode. Das bedeutet allerdings nicht, dass religiöse Inhalte von Bukets Profil ganz abwesend wären (vgl. Bsp. 16).

Bukets fließender Englischgebrauch wird durch ihr Hochschulstudium des Faches Englisch gefördert. Buket betrachtet Englisch aber auch als Ausdruck ihres Strebens nach einer weltweiten islamischen Gemeinschaft (*Umma*), welche im Zuge der Globalisierung für junge MuslimInnen Bedeutung gewinnt.

Mit der Verwendung der englischen Sprache zielt sie – wie sie in einem mit Reyhan Şahin durchgeführten Interview hervorhebt – darauf ab, auch Musliminnen und Muslime aus anderen Ländern zu erreichen. An einer Stelle postet Buket zum Beispiel eine Statusmeldung mit dem folgenden englischen Aphorismus: *a strong woman doesn`t follow, she leads!* Der Gebrauch englischer Sprachmittel zur Kommunikation islamspezifischer Inhalte konnte auch auf anderen Profilseiten von Musliminnen in Deutschland beobachtet werden, die respondierenden Kommentare sind allerdings mehrheitlich auf Deutsch verfasst. In dieser Aushandlung der Interaktionssprache im Kommentarfeld des Ereignisses unterscheiden sich die mehrsprachigen Praktiken auf Bukets Profil kaum von denen anderer Facebook-Nutzerinnen in Deutschland, die weder durch muslimischen Glauben noch durch Migrationshintergrund geprägt sind.

Die beiden nachfolgenden Beispiele auf Bukets Profilseite zeigen Deutsch als dominante Interaktionssprache, werden aber im initiativen (Bsp. 16) bzw. responsiven (Bsp. 16 und 17) Beitrag durch Elemente aus anderen Sprachen angereichert.

Beispiel 16:   Buket, „Freund" T und „Freundin" A am 21.09.2012

1.	Buket	*Es reicht! Veröffentlicht den Muhammed-Film, tut es! Als würde euch es jucken, was wir denken oder davon halten!!!! [Drei ausgelassene Sätze] JAAA, DAS IST EURE WESTLICHE SCHEINDEMOKRATIE!!! UND ICH KANN DAZU NOCH EINS SAGEN: FUCK YOU!!!!!!!!!!*
2.	T	*Amin!! Bääm, in ya face!*
3.	A	*buket ist sauer!* ☺
4.	Buket	*Ohja, A, das bin ich!!!:@*

Beispiel 17:   Buket und Freundinnen N, M und S am 28.09.2012 (Links: Original, rechts: Übersetzung der türkischen Anteile)

1.	Buket	*Meine Mutter sucht nach Schafen für das Opferfest...auf ebay!*
2.	N	*Hahaha und ist sie fündig geworden* ☺*?*
3.	M	*hahahaha also wenn sie es finden sollte, sag mir bescheid, dann kaufe ich auch hahahaha* ☺
4.	Buket	*M, meine mutter ist mafia*

| 5. | M | *belli* ☺ *ebaydan kurban arıyor* *hahaha* ☺ *(ama laf aramızda,* *deine mutter ist voll süß)* | ‚man merkt`s ☺ : sie sucht nach Schafen auf ebay ha- haha☺ (aber mal unter uns, deine mutter ist voll süß)' |
| 6. | S | *Hahahaha* ☺ | |

Beispiel (16) ist der erste Teil eines längeren Kommunikationsereignisses zum umstrittenen Film „Innocence of Muslims", der Herbst 2012 unter weltweiten Protesten ausgestrahlt wurde. Im initiativen Beitrag lässt sich Buket über die Entscheidung, den Film auch in Deutschland auszustrahlen, aus. Der Beitrag ist als Abfolge von Ausrufesätzen und rhetorischen Fragen strukturiert. Die fast durchgehende, für Buket ungewöhnliche Großschreibung (die im Netz konventionell als „Schreien" gelesen wird) und die mehrfache Interpunktion kontextualisieren Bukets Aufregung. Beitragsfinal setzt sie eine formelhafte englische Beschimpfung ein, die sich an nicht näher bestimmte Adressaten richtet. Die sequenzielle Position und Diskursfunktion dieses Ausrufs – eine abschließende emotionale Abwertung, mitunter auch Euphemisierung des Tabuausdrucks durch den Wechsel ins Englische – ist für die Insertion englischer Formeln allgemein typisch. Der von einem männlichen „Freund" verfasste, erste responsive Kommentar greift das Englische des Vorbeitrags auf (vgl. Diskussion in Abschnitt 1), die weiteren Kommentare folgen auf Deutsch.

Im Beispiel (17) wird in einer auf Deutsch ausgetragenen Thematisierung eines komischen Sachverhaltes in das Türkische gewechselt. Alle hier Beteiligten beherrschen das Türkische – die „Freundinnen" M und S sind türkischer, „Freundin" N ist arabischer Abstammung. Der initiative und die ersten responsiven Beiträge thematisieren die Mutter der Profileignerin. Der zweisprachige Beitrag Ms (Zeile 5) wiederholt zunächst den Inhalt der Statusmeldung auf Türkisch, wechselt dann die Perspektive auf die Mutter selbst und wechselt auf das Deutsche, um sie zu bewerten. Der metapragmatische Hinweis (‚mal unter uns') ist dabei noch auf Türkisch. Die Passung von Sprach- und Perspektivwechsel lässt sich hier als diskursorganisatorische Leistung des Sprachwechsels beschreiben.

9. Diskussion und Schlussfolgerungen

Mit dem Konzept der vernetzten Mehrsprachigkeit stellt dieser Beitrag einen theoretischen und empirischen Zugang vor, der die Spezifik von digitalen mehrsprachigen Praktiken unter drei Gesichtspunkten herausarbeitet: medial grafische Realisierung, kommunikative Orientierung an Netzwerk-Öffentlichkeiten, Rückgriff auf Netzressourcen. Dabei plädieren wir für einen nicht technologisch determinierten Zugang zu digitalen sprachlichen Praktiken. Die techno-semiotischen Möglichkeiten und Einschränkungen des Sozialen Netzwerks liefern lediglich eine Folie ab, vor der die vernetzten Partner ihre lokal und sozial kontextualisierten Interaktionen durchführen. Das Konzept der vernetzten Mehrsprachigkeit schließt Gemeinsamkeiten zwischen digitalgeschriebenen und sprechsprachlichen Praktiken nicht aus, plädiert aber dafür, solche Gemeinsamkeiten nicht vorauszusetzen, sondern bei geeigneter Datenlage empirisch zu untersuchen. In methodischer Hinsicht entwirft und erprobt dieser Beitrag ein empirisches Verfahren, das die auf den ersten Blick unüberschaubare Vielfalt der Facebook-Profile analytisch zugänglich und vergleichbar macht. Die nun zusammenzufassenden Ergebnisse dieser vergleichenden Untersuchung sind daher lediglich als Hinweise auf differenziertere Forschungsfragen zu verstehen, die in weiterführenden Untersuchungen zu verfolgen wären.

Im Hinblick auf die Sprachrepertoires der beforschten Nutzer ist zunächst festzuhalten, dass mehrsprachige Kommunikation nahezu durchgehend den Normalfall darstellt. Mit Ausnahme von Melda ziehen alle Nutzer drei Sprachen und verschiedene Sprachkombinationen (sowie nicht einzelsprachlich klassifizierbare Zeichen) für ihre Facebook-Beiträge heran. Zweisprachige Beiträge sind recht häufig, dreisprachige Beiträge kommen seltener vor. Gleichzeitig ist auf der Ebene des einzelnen Beitrags eine weitgehend einsprachige Orientierung festzustellen. Das bedeutet allerdings nicht, dass jegliches Vorkommen von zwei- oder mehrsprachigen Beiträgen pragmatisch markiert, also auffällig wäre. Je nach Nutzer, Beteiligungsrolle und Ereignis können mehrsprachige Beiträge durchaus als Basisoption fungieren (vgl. Sharma 2012, Androutsopoulos 2013b); allerdings ist ihre Distribution auf die gesamte Datenmenge gering. Trotzdem hinterlassen die untersuchten Facebook-Ereignisse aufs Ganze betrachtet einen ausgesprochen vielfältigen Eindruck, was auf ihre stilistische Differenzierung „innerhalb" der Einzelsprachen einerseits, die durch beitragsübergreifendes Code-Switching erreichte Mehrsprachigkeit auf Ereignisebene andererseits zurückgeht.

Sprecher- und beteiligungsrollenübergreifend ist das Deutsche (mit Ausnahme von Melda und Dema) die Sprache der ersten Wahl. Bei den in Deutschland aufgewachsenen Probanden (alle außer Dema) gibt es keine Anzeichen, dass Deutsch als ihre Zweitsprache zu betrachten wäre. Zwar gilt dies zunächst für die digital-schriftlichen Daten, für die meisten Probanden kann dieser Vorzug des Deutschen aber auch im direkten Alltag bestätigt werden. Auch die Schreibstile (hier besonders bei Ingo und Nick diskutiert) zeigen in die gleiche Richtung. Als frequentativ teils dritte und teils zweite Sprache erfüllt Englisch aufs Ganze betrachtet sowohl transnationale als auch lokale Funktionen. So benutzen Nick, Zach und auch Buket Englisch einerseits dazu, ihr gesamtes Netzwerk anzusprechen oder mit spezifischen translokalen Adressaten zu kommunizieren. Gleichzeitig wird Englisch im bilingualen Modus eingesetzt und zwar in thematische bzw. Handlungsrahmen, die primär an lokale Netzwerke adressiert sind und von eben diesen aufgegriffen werden. In unseren Daten sind englische Sprachmittel weder aus einer Fremdperspektive markiert noch auf eine Verwendung als Verständigungssprache eingeschränkt, sondern gehören zu den rhetorischen Mitteln des polylingualen Handelns, was bei bestimmten Code Switching-Mustern deutlich wird (vgl. Bsp. 16). Unsere Ergebnisse bestätigen daher aktuelle Forschung, die das herkömmliche Verständnis von Englisch als „Fremdsprache" in Frage stellt (vgl. Sharma 2012, Sergeant et al. 2012).

Gruppenübergreifend ist es so (mit Ausnahme Meldas), dass das Interaktivitätspotenzial der responsiven Beteiligungsrolle mehrsprachige Praktiken fördert – anders gesagt: In responsiven Beiträgen sind sowohl mehr Einzelressourcen als auch mehr Vorkommnisse zwei- und mehrsprachiger Beiträge zu verzeichnen. Deutlich wurde dies beispielsweise bei Nick und Ingo, deren spärlicher Chinesisch-Gebrauch durch digitale Interaktion mit „Freunden" aus Taiwan veranlasst wird. Ebenfalls gruppenübergreifend ist die diskursfunktionale Verwendung von Code Switching, das als Ressource für rhetorische Emphase genauso wie für das interpersonale Beziehungsmanagement an den Tag tritt. Obwohl dieser Beitrag keine Klassifizierung nach Diskursfunktionen erzielte, können an den diskutierten Beispielen mehrere solche Funktionen erkannt werden. Interessant ist dies auch als Gemeinsamkeit über Individuen und Gruppen hinweg, die sich in ihren Diskursen und Orientierungen deutlich unterscheiden. So ist Bukets Einsatz des Englischen trotz der religiös geprägten Redegegenstände von anderen in diesem Beitrag beschriebenen Code Switching-Fällen kaum zu unterscheiden.

Schließlich zeigt unsere Untersuchung die Grenzen einer undifferenzierten, von außen herangetragenen Passung von Sprachigkeit und soziobiographischem Hintergrund auf. Anders formuliert: Unterschiede innerhalb der drei Probandenpaare fallen aufs Ganze betrachtet mehr ins Gewicht als ihre Gemeinsamkeiten. Dies ist nach Fallstudie verschieden. So ähneln sich die Repertoires und Praktiken von Ingo und Nick viel mehr als die zwischen Dema und Zach, Melda und Buket. Vor allem der Umgang mit den Herkunftssprachen ist im Paarvergleich verschieden. Erklärungen, die auf den Abstand zwischen den Kontaktsprachen und die Größe der ethnischen Community abheben, sind in der zweiten Fallstudie tragfähig; in der ersten und insbesondere der dritten Fallstudie müssen aber auch individual-biographische und lebensstilistische Umstände herangezogen werden. Vor allem fällt die insgesamt beschränkte Relevanz des „Migrationshintergrundes" auf. Zwar liefert die Migrationsgeschichte der Eltern bzw. einzelner Elternteile die Folie für die lebensweltliche Mehrsprachigkeit unserer Probanden und die Formung ihrer transnationalen Netzwerke. Dies kann aber den synchronen Sprachgebrauch der Probanden nicht restlos erklären. In ihrem aktuellen Diskurs ist Migration als solche kaum ein Thema, umso mehr jedoch ihre durch eigenständige Mobilität hervorgebrachte Transnationalität. Bei den türkischen Frauen ist Religiösität ein wichtiges unterscheidendes Moment von der Mehrheitsgesellschaft. Bei den männlichen Jugendlichen tritt die globale Unterhaltungskultur (Musik, Digitalisierung) viel deutlicher als soziolinguistischer Kontext des mehrsprachigen Handelns hervor. Eine voreilige Zurückführung mehrsprachiger Praktiken auf einen nicht weiter spezifizierten „Migrationshintergrund" stellt sich also als irreführend heraus. Dafür tritt Individualisierung – im Sinne einer individuellen Ausdifferenzierung digital-sprachlicher Praktiken – deutlich an den Tag. Vor allem die Binnenunterschiede innerhalb der drei Paare zeigen, wie individualisiert ihre Kommunikationsstile sind und wie sich biographische Umstände auf synchrone und mikrodiachrone Sprachgebrauchsunterschiede niederschlagen. Vor allem am Beispiel Demas sieht man, wie Mobilität und Lebensentwurf sich auf das Online-Sprachverhalten auswirken können. Im Gegensatz zu Demas Konzentration auf Griechisch und Englisch im Jahr 2010 gab es 2011 und 2012 immer mehr Momente des Deutschgebrauchs auf ihrem Facebook-Profil. Dema probiert ihre neu erworbenen Sprachkompetenzen auf Facebook gewissermaßen aus und macht damit ihr Soziales Netzwerk nicht einfach zum Spiegel einer anderswo erprobten und praktizierten Sprachlichkeit, sondern zu einem halb-öffentlichen Schauplatz ihres Sprachlern- und Akkulturationsprozesses. In dieser individualisierten Betrachtung liegt die Chance, vernetzte Kommunikation als Raum informellen Sprachlernens zu begreifen.

Literatur

Androutsopoulos, J. (2006). Mehrsprachigkeit im deutschen Internet: Sprachwahl und Sprachwechsel in Ethno-Portalen. In P. Schlobinski (Hrsg.), *Von *hdl* bis *cul8r*. Sprache und Kommunikation in den Neuen Medien*, 172–196. Mannheim: Dudenverlag.

Androutsopoulos, J. (2008). Potentials and limitations of discourse-centered online ethnography. *Language@Internet*, 5. URL: www.languageatinternet.org/articles/2008

Androutsopoulos, J. (2013a). Code-switching in computer-mediated communication. In S. C. Herring, D. Stein & T. Virtanen (eds.), *Pragmatics of computer-mediated communication*, 659–686. Berlin: Mouton de Gruyter.

Androutsopoulos, J. (2013b). Networked Multilingualism: Some language practices on Facebook and their implications. *International Journal of Bilingualism*.

Blommaert, J., Backus, A. (2012). Superdiverse Repertoires and the Individual. *Tilburg Papers in Cultural Studies*, 24. URL: www.tilburguniversity.edu/research/institutes-and-research-groups/babylon/tpcs/

Bolander, B., Locher, M. A. (2010). Constructing identity on Facebook: Report on a pilot study. *SPELL Swiss Papers in English Language and Literature*, 24, 165–185.

Boyd, D. (2011). Social network sites as networked publics: affordances, dynamics, and implications. In Z. Papacharissi (ed.), *A networked Self. Identity, Community, and Culture on Social Network Sites*, 39–58. New York: Routledge.

Boyd, D., Ellison, N. B. (2007). Social network sites: definition, history, and scholarship. *Journal of Computer-Mediated Communication*, 13(1). URL: http://jcmc.indiana.edu/vol13/issue1/boyd.ellison.html

Clyne, M. (2003). *Dynamics of language contact*. Cambridge: University Press.

Danet, B., Herring, S. (eds.) (2007). *The multilingual Internet. Language, culture and communication online*. Oxford: Oxford University Press.

Dirim, I., Auer, P. (2004). *Türkisch sprechen nicht nur die Türken. Über die Unschärfebeziehung zwischen Sprache und Ethnie in Deutschland*. Berlin: de Gruyter.

Hinnenkamp, V. (2008). Deutsch, Doyc or Doitsch? Chatters as Languagers – The Case of a German-Turkish Chat Room. *International Journal of Multilingualism*, 5(3), 253–275.

Hinnenkamp, V. (2012). Polylinguale Alltagserzählungen. Soziolinguistische Aspekte gemischtsprachiger Narrationen. *Sociolinguistica*, 26(1), 72–86.

Hymes, D. (1979). *Soziolinguistik. Zur Ethnographie der Kommunikation*. Frankfurt am Main: Suhrkamp.

Jørgensen, J. N., Karrebæk, M. S., Madsen, L. M., Møller, J.S. (2011). Polylanguaging in Superdiversity. *Diversities* 13(2), 23–37.

Keim, I. (2011). Form und Funktion ethnolektaler Formen: türkischstämmige Jugendliche im Gespräch. In L. M. Eichinger, A. Plewnia & M. Steinle (Hrsg.), *Sprache und Integration. Über Mehrsprachigkeit und Migration*, 157–187. Tübingen: Narr.

Kouzina, J. (2011). Alltägliche digitale Medienpraktiken als Ort von Mehrsprachigkeit: Eine medienethnografische Untersuchung am griechischen Lyzeum Hamburg.

Lee, C. (2011). Texts and practices of micro-blogging: Status updates on Facebook. In C. Thurlow & K. Mroczek (eds.), *Digital Discourse: Language in New Media*, 110–128. Oxford: Oxford University Press.

Li, W. (2011). Moment analysis and translanguaging space: Discursive construction of identities by multilingual Chinese youth in Britain. *Journal of Pragmatics*, 43, 1222–1235.

Locher, M. (2010). Introduction: Politeness and impoliteness in computer-mediated communication. *Journal of Politeness Research*. 6, 1–5.

Marwick, A., Boyd, D. (2011). ‚I Tweet Honestly, I Tweet Passionately': Twitter Users, Context Collapse, and the Imagined Audience. *New Media and Society*, 13, 96–113.

Petkova, M. (2012). Der Kreislauf der Kontaktphänomene. *Sociolinguistica* 26(1), 1–17.

Seargeant, P., Tagg, C., Ngampramuan, W. (2012). Language choice and addressivity strategies in Thai-English social network interactions. *Journal of Sociolinguistics*, 16(4), 510–531.

Sharma, B. K. (2012). Beyond social networking: Performing global Englishes in Facebook by college youth in Nepal. *Journal of Sociolinguistics*, 16(4), 483–509.

Siebenhaar, B. (2005). Varietätenwahl und Code Switching in Deutschschweizer Chatkanälen. *Networx*, 43. URL: www.mediensprache.net/de/websprache/networx/docs/index.asp?id=43. Retrieved June 26, 2005.

Trester, A. M., West, L. (2013). Facework on Facebook: Conversations on Social Media. In D. Tannen & A. M. Trester (eds.), *Discourse 2.0. Language and New Media*, 133–154. Washington, DC: Georgetown University Press.

Wich-Reif, C. (2012). I (g)frei mi so – In welchen Kontexten (g)frein si Schreiber im Netz? In B. M. Schuster & D. Tophinken (Hrsg.), *Andersschreiben. Formen, Funktionen, Traditionen*, 199–218. Berlin: Erich Schmidt.

Bernhard Brehmer, Roland Kießling, Angelika Redder

Praxis städtischer Mehrsprachigkeit – exemplarische Ansätze einer Komparatistik

Zusammenfassung

Mit Bezug auf städtische Handlungsräume der Konsumtions- und der damit verknüpften Zirkulationssphäre werden Grundlagen für eine Komparatistik städtischer Mehrsprachigkeit in verschiedenen Gesellschaftsformationen und historisch unterschiedlichen Etappen der Entwicklung erarbeitet. Das erforderliche Tertium comparationis orientiert sich an einem funktionalen Sprachkonzept. Mehrsprachiges Handeln wird daher unter den Aspekten von sprachlicher Form und Handlungszielen bestimmt. Als mögliche systematische Grundlagen werden Praxeogramm und Handlungsmuster erwogen. Anvisiert wird ein Vergleich von Mehrsprachigkeit in Städten wie Hamburg, Kiew und Yaoundé, die jeweils Konstellationen traditioneller Einsprachigkeit, politischen Sprachenwechsels und postkolonialer Mehrsprachigkeit repräsentieren.

1. Komparatistik städtischer Mehrsprachigkeit als Herausforderung

Wie nimmt sich der Forschungsstand zur Komparatistik städtischer Mehrsprachigkeit aus? Lassen sich derart verschiedene Städte wie Hamburg, Kiew und Yaoundé überhaupt einem linguistischen, genauer noch: einem pragmatischen Vergleich unterziehen? Ist das mehrsprachige Handeln auf gesellschaftlicher Ebene überhaupt empirisch rekonstruierbar? Das Vorhaben mag auf den ersten Blick in der Sache ebenso kühn wie hinsichtlich der Methode herausfordernd sein. Ein vergleichender Blick auf die Praxis der Mehrsprachigkeit in diesen Städten hat (i) stadträumliche, (ii) sozialgeschichtliche, (iii) sprachpolitische und (iv) linguistisch-systematische Dimensionen zu berücksichtigen.

Stadträumlich liegen, bei allen topologischen Unterschieden (Hafenstadt versus Binnenlandmetropolen), einige Parallelen vor. Hamburg, Kiew und Yaoundé sind zwar Millionenstädte[1], jedoch deutlich keine Mega-Cities wie

---

1 Stadt Hamburg: 1,8 Mio. (2012); Kiew: 2,8 Mio. (2012); Yaoundé: 1,3 Mio. (2005)

London, New York, Bombay oder Singapur, São Paulo oder Mexiko City. Insofern darf die Handlungspraxis in ihnen durchaus noch als eine Einheit mit bestimmter „Eigenlogik" (Löw 2008) erwartet werden. Solche Städte sind von den Einwohnern noch mobil zu durchmessen und sinnlich als Ganzes erfahrbar. Der städtische Raum entzieht sich den Menschen nicht in Form reiner Potentialität oder Virtualität. Vielmehr bleibt er makrostrukturell ein Handlungsraum, der ihnen Orientierung in ihm erlaubt – sei es durch mehr oder minder gute Kenntnis sowie Selektion von Ansteuerung und Meidung. Einzelne städtische Räume weisen für die verschiedenen städtischen Akteure konkrete Bezüge und reale Überlappungsbereiche auf, trotz vorhandener sozialer und wirtschaftlicher Binnendifferenzierung. Kommunikative Kontakte finden in solchen Städten noch an wirklichen Orten statt, denn ihre zeiträumliche Dimension lässt handlungspraktisch noch face-to-face-Begegnungen aller Stadtbewohner zu. Ihr kommunikativer Verkehr gerät nicht zum bloß verwaltungstechnisch bestimmten oder medial vermittelten. Die Quantität der Einwohnerzahl schlägt noch nicht qualitativ derart um, dass anstelle einer städtischen Einheit zahlreiche Fragmente gegeneinander isolierter Handlungsräume zu verzeichnen wären und die megastädtische Potenzierung von Diversität nach sich zögen. Vielmehr sind in den betrachteten Millionenstädten die von Rehbein (2010, 87) rekonstruierten „Sprachenkonstellationen" nicht nur möglich, sondern wirklich, und zwar als „Ketten mehrsprachiger Sprecher und Hörer". Daran wird analytisch anzusetzen sein.

Die recht spärlichen komparativen Analysen zu städtischer Mehrsprachigkeit sind, wie der Überblick von Mackey (2005) dokumentiert, bislang nicht auf Fragen der sprachlichen Handlungspraxis, der linguistischen Pragmatik, ausgerichtet. Das gilt trotz wachsender Stadtforschung noch immer; eine Ausnahme bildet der Vergleich von Hamburg, Barcelona und Istanbul durch Rehbein (2010), dem es allerdings an empirischem Material breiteren Ausmaßes mangelt. Die überwiegende Forschung konzentriert sich auf sprachpolitische oder semiotische Dimensionen wie das Landscaping[2] oder, etwa in den Untersuchungen zu Stockholm (Kotsinas 1994) und København (Quist 2000), auf kontaktinduzierte Varietätenentwicklungen innerhalb der jeweiligen au-

---

2 Das Landscaping ist eine semiotische Methode zur Erfassung einer „Sprachenlandschaft", wie sie etwa in Form von Schildern, Bildern, Wandzeitungen, Aushängen etc. visuell präsent ist; seit den frühen Studien von Landry & Bourhis (1997) wird sie international erfolgreich durchgeführt (vgl. Jaworski & Thurlow 2010). Bezogen auf Hamburg machen Scarvaglieri et al. (2013) breitere empirische Ausführungen in diesem Rahmen.

thochthonen Sprache („Rinkeby Schwedisch" bzw. „Kopenhagener Multiethnolekt"). Beobachtete Effekte sind ein veränderter Umgang mit Sprache im
Sinne des „multilanguaging" (Jørgensen 2008) und eine bewusste Mischung
infolge ethnisch basierter Identitätsvariation im Sinne des „crossing" (Rampton 1995); im deutschen Sprachraum wurde durch die frühen Mannheimer
Studien (Kallmeyer 1994) und wird in den aktuellen „Kiez-Deutsch"-Darle-
gungen (Wiese 2012) oder in den Wiener Untersuchungen (vgl. Busch 2013)
Entsprechendes thematisiert. Vergleiche gesellschaftlicher Mehrsprachigkeit
zwischen Städten erfolgen demnach eher kursorisch und beziehen sich dann
primär auf Entwicklungen im jeweiligen Sprachsystem sowie soziolinguistisch auf soziale Aspekte in Form von Korrelationsanalysen. Die Methodik
der landscape-basierten Studien ist, auch im Falle von Stadtvergleichen, mit
wenigen Ausnahmen dominant statistisch und semiotisch-deskriptiv angelegt
sowie besonders auf sprachpolitische Aspekte orientiert. Kenntnisse aus all
diesen Forschungen sollen hier aufgegriffen, jedoch um eine stärker herme-
neutisch verfahrende Handlungsanalyse konkreter mehrsprachiger Praxis
ergänzt werden.

Different sind mehrsprachige Städte gemäß der Überblicksdarstellung in
Mackey (2005, 1306) vor allem in folgenden Aspekten: in ihrer Glottographie
(Anzahl der gesprochenen Sprachen, Anzahl der jeweiligen Sprecher, stadträumliche Verteilung der Mehrsprachigen), in ihrer Demographie mit sozioökonomischen und sprachpolitischen Daten (sozio-ökonomischer Status der
Mehrsprachigen, spezifische kulturelle Institutionen und Dienstleistungsan-
gebote, relativer politischer Status) sowie in ihren soziolinguistischen Daten
bezüglich Sprachkontakt und Bilingualität. Wir wollen durch empirische
Forschungen versuchen, dem eine „diskursive Topographie der Mehrsprachigkeit" (Redder 2013) zur Seite zu stellen, in welcher die mehrsprachige
Handlungspraxis als solche sowie pragmatisch differenziert verortet wird.

2. Die drei Stadträume in ihren Grundkonstellationen

2.1 Hamburg – städtische Mehrsprachigkeit bottom-up

Sozialgeschichtlich ist die „Freie und Hansestadt Hamburg" ein Produkt des
Hafenausbaus mit daran geknüpftem Handel im Nord- und Ostseeraum sowie
über den Atlantik in die Welt hinaus. Klessmann (2002) zeichnet sorgfältig die
Geschichte vom Beginn der Hanse bis zum Zweiten Weltkrieg auf; Hempel
& Schröder (2012) bieten einen aktuellen kulturgeschichtlichen Einblick in

die Jahre zwischen der nicht erfolgten deutschen Revolution und dem Beginn der nationalsozialistischen Herrschaft; Kokot et al. (2008) liefern eine vergleichende Ethnographie als Hafenstadt heute. Unter all diesen Perspektiven wird deutlich: Hamburg ist von Beginn an durch Migration und daran gebundene faktische Multikulturalität und Mehrsprachigkeit gekennzeichnet, soweit die Arbeit (und Arbeiterschaft) im und um den Hafen sowie der (groß-) bürgerlich geprägte Handel betroffen sind – einschließlich der (vergleichsweise kurzen) Erscheinungsformen kolonialer Ausbeutung[3]. Quer dazu liegen einerseits die religiös bedingten Migrationsschübe portugiesischer Juden im 17. Jahrhundert und andererseits die politische Herrschaft der Dänen in Altona und Umgebung bis kurz vor der Reichsgründung sowie die zähe Unabhängigkeit gegenüber Preußen bis zum späten Beitritt der Freien und Hansestadt zum Zollverein. In der Gegenwart zieht Hamburg als ökonomisch boomende Metropole wiederum zahlreiche Migranten sehr diverser sozialer und geographischer Provenienz neben Aussiedlern aus den Ländern des ehemaligen Ostblocks an. Relativ zu den anderen deutschen Millionenstädten Köln und München weist Hamburg einen deutlich eigenen Schwerpunkt mit Herkunftsländern aus Osteuropa auf – und ist darin eher mit der Metropole Berlin vergleichbar.

Das Hochdeutsche in Hamburg ist sozialgeschichtlich nicht gleichermaßen ungebrochen in eine nationalsprachliche Monolingualität eingespannt wie in anderen Städten Deutschlands. Erfahrungen im Umgang mit Mehrsprachigkeit waren und sind gleichsam alltäglich – und das gilt linguistisch auch nach innen, indem bis weit ins 19. Jahrhundert hinein das Niederdeutsche, die überregionale Sprache der Hanse, dominierte und erst im 20. Jahrhundert dem Hochdeutschen wich. Wir haben es insofern mit einer eindeutig deutschsprachigen Stadt – und zugleich einem Stadtstaat – zu tun, welche ohne eine spezifische Sprachpolitik, wohl aber in Kontinuierung ihrer weltläufig orientierten Geschichte und mit einer eigenen Kultur- und Bildungspolitik[4] vergleichsweise offen ist für den Umgang mit Fremdem. Die politische Geschichte der Stadt mit markanter Arbeiterorganisation (z. B. als „Bildungsverein" in Kooperation mit der Patriotischen Gesellschaft 1846) und ebenso prägnanter

---

3 Die Gründung der Hamburger Universität 1919 verdankt sich bekanntlich dem Vorläufer eines Kolonialinstituts mit entsprechend engagierten ethnographischen und linguistischen Forschungen (Paul 2008).

4 Derzeit vor allem durch das integrale Konzept der „Stadtteilschulen" in der bundesrepublikanischen Diskussion.

Formierung ökonomischer Interessensgruppen der Kaufmannschaft und des Handwerks grundiert diese Eigenheit, einschließlich der inhärenten Widersprüche.[5] Der gemeinsame Zweck einer funktionierenden Handelswirtschaft mit flankierendem Versicherungs- und Bankenwesen bestimmt, so könnte man resümieren, die Bewegungsformen der Widersprüche. Die Lebensform in Städten bietet im Unterschied zu derjenigen in Dörfern charakteristische Integrationsfunktionen bezogen auf soziale, ethnische und sprachliche Differenzen (Ehlich 2011). Hamburgs Motto als „Tor zur Welt" ist über die geographische, welträumliche Perspektive des Integrationsangebotes hinaus gewachsen. Heute versucht sich die Stadt auch als offenes „Tor zur Welt der Sprachen" zu konfigurieren – sichtbar durch vielsprachige Begrüßung und Verabschiedung am Hamburger Flughafen (Redder 2013). Die „kommunitäre", d. h. gemeinschaftsstiftende Funktion von Sprache[6] wird insofern politisch als Mittel des städtischen Divergenzintegrals erkannt. Eine These ist daher, dass am Beispiel Hamburg die Entwicklung gesellschaftlicher Mehrsprachigkeit in statu nascendi erfasst werden kann.

Welche glottographischen Daten bietet Hamburg? Im Jahre 2012 haben laut Statistischem Amt für Hamburg und Schleswig-Holstein[7] 29,2% der Einwohner (1,8 Mio.) einen Migrationshintergrund. Sie stammen primär aus der Türkei (18%) sowie aus Polen (13%). Relevant sind neben Staaten der ehemaligen Sowjetunion (v.a. Russland und Kasachstan) besonders die Herkunftsländer Afghanistan, Iran, Serbien, Ghana, Portugal, Italien und Griechenland (in dieser Folge). Zwar sagen die Länder bekanntlich noch nichts über die sprachlichen Zugehörigkeiten aus, wie insbesondere Brizić (2007) durch ihre beeindruckenden biographischen Studien gezeigt hat, doch sind neben Türkisch, Kurdisch und Polnisch oder anderen Slavinen Sprachen wie Dari, Paschtu oder Twi neben den klassischen südeuropäischen Migrantensprachen in Hamburg durchaus breit präsent, wie wir durch Landscaping-Daten für St. Georg nachweisen konnten (Scarvaglieri et al. 2013). Hinsichtlich der Verteilung über das Stadtgebiet heißt es in „Statistik informiert ... spezial" von 2012:

---

5 Einige Aspekte werden in Steiger & Richter (2012) beleuchtet.

6 Ehlich (2007/I, 158ff.) hebt zu rein analytischen Zwecken sowie mit Blick auf die sprachtheoretischen Fokusverschiebungen im Laufe der Wissenschaftsgeschichte drei Funktionen des „Mediums Sprache" hervor: „die Erkenntnisstiftung" („gnoseologische" Funktion), „die Praxisstiftung" („teleologische" Funktion), „die Gesellschaftsstiftung" („kommunitäre" Funktion).

7 Quelle: Statistik informiert ... spezial, Nr. III/2012 vom 6. August 2012; methodisch basieren die Angaben explizit auf Hochrechnungen, d. h. Schätzungen, nicht auf Erhebungsdaten.

„Ein Viertel aller Hamburger Einwohnerinnen und Einwohner mit Migrationshintergrund lebt im Bezirk Hamburg-Mitte; ihr Anteil an der Bevölkerung dort
liegt bei 45 Prozent. In den Bezirken Hamburg-Nord und Eimsbüttel sind es hingegen nur 22 bzw. 23 Prozent."

Zwar gibt es auch Stadtteile mit ca. 70% Migrantenanteil in der Bevölkerung
(Veddel und Billbrook), doch liegt insgesamt keine Struktur vor, die als Segre-
gation oder Ghettoisierung zu charakterisieren wäre. Vielmehr korrelieren die
Verteilungen mit den sozialen Daten.

Quelle: Melderegister 31.12.2010 (nur Hauptwohnsitze) ergänzt um
Schätzungen mit MigraPro durch das Statistische Amt für Hamburg und Schleswig-Holstein

© Statistisches Amt für Hamburg und Schleswig-Holstein

Abbildung 1:   Lokale Bevölkerungsverteilung mit Migrationshintergrund in Hamburg
              2010

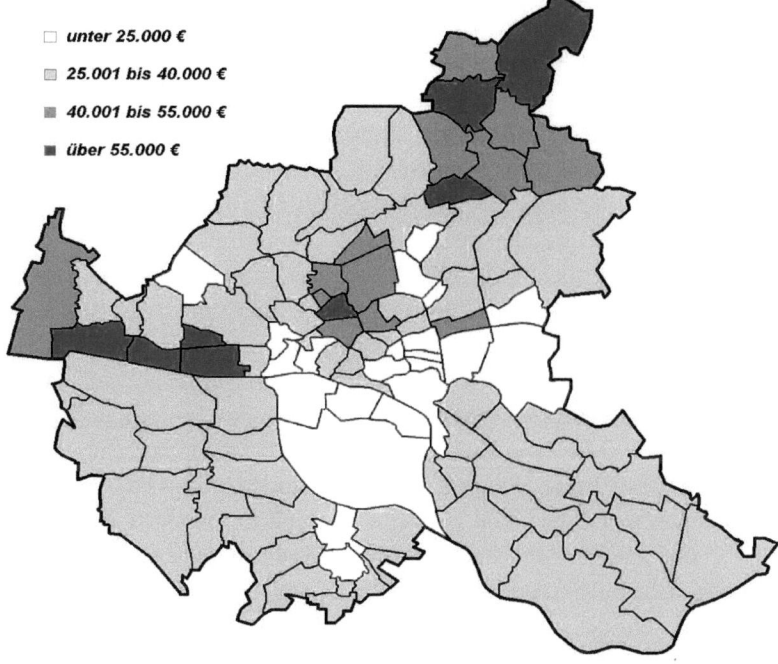

□ *unter 25.000 €*

▨ *25.001 bis 40.000 €*

▨ *40.001 bis 55.000 €*

■ *über 55.000 €*

Abbildung 2:   Einkommensstruktur in Hamburg 2010

Vergleicht man in den beiden Abbildungen 1 und 2 (s.o.) die Bevölkerungsverteilung mit Migrationshintergrund und die Verteilung der Einkommensstruktur im gleichen Jahr 2010 (Quelle: Statistisches Amt für Hamburg und
Schleswig-Holstein), so sind die Gebiete mit hohem Migrantenanteil in HH-
Mitte deckungsgleich mit denen geringster Einkommen. Zugleich ist bemerkenswert, dass die „Elbvororte" mit den höchsten Einkommensstrukturen
durchaus nicht die geringsten Migrantenanteile aufweisen, vor allem Othmar-
schen und das angrenzende Groß-Flottbek nicht. Hier dürfte es sich teilweise
um die sogenannten Elite-Migranten handeln, zumal in Groß-Flottbek viele
Studentenwohnheime sowie das Kernforschungszentrum DESY lokalisiert
sind. Die jeweils präsente Mehrsprachigkeit wird sich also unterschiedlich
konkretisieren, liegt aber im alltäglichen Erfahrungsbereich, unabhängig von
den jeweiligen Bezirken.

Sprachpolitisch ist für Hamburg zweierlei hervorzuheben. Erstens gibt es
zahlreiche mehrsprachige Schulen und zweitens bieten die sehr differenzier-
ten religiösen Einrichtungen ein erstaunlich breites Angebot an sprachlichen

Zugängen und mehrsprachigen Handlungsräumen. In städtischen Einrichtungen wie dem Hamburger Verkehrsverbund (HVV) und den Sozialämtern wird einerseits explizit mit der Offerte multilingualer Kommunikation geworben – partiell bis in die Personaleinstellung hinein –, diese aber andererseits weitgehend auf Flyer oder Merkblätter reduziert und somit lediglich auf den Austausch von Standardinformationen vor einem Zustandekommen realer Kommunikation (oder aber in der Nachbereitung). Detailliertes Handeln nach Eintritt in die wirkliche institutionelle Kommunikation funktioniert nur bei entsprechend mehrsprachigen Agenten der Institution, keineswegs aber selbstverständlich, wie Einzelbeobachtungen ergaben. Dieser Befund ist dem von Moyer (2011) in medizinischen Institutionen vergleichbar. Lediglich die Fahrkartenautomaten der HVV funktionieren durchgehend und an allen Stationen in sechs Sprachen: Deutsch, Englisch, Französisch, Italienisch, Spanisch, Türkisch. Mit dem Türkischen ist in der Tat die sprecherstärkste Migrantengruppe vertreten, während Italienisch und Spanisch zwar frühe Migrantensprachen in Deutschland darstellen, jedoch in Hamburg keineswegs in entsprechend starker Zahl; Französisch repräsentiert eine vergleichsweise starke EU-Sprache mit entsprechendem Handel und Tourismus, das Englische die aktuelle Sprache des internationalen Austauschs und der „Globalisierung" mit Ambitionen auf eine sogenannte Lingua Franca, wiewohl von der genuinen Sprecherzahl in Europa her keineswegs die primäre; dies sind Russisch und Deutsch. Für Hamburg sprecherstarke Migrantensprachen wie Russisch oder Polnisch fehlen, auch grenznahe Sprachen wie das Dänische.

Wie sieht im Vergleich zu den Verkehrsbetrieben die Situation bei den beiden anderen integrativ ambitionierten Institutionen aus, Schule und Kirche? Hamburg weist 2011 offiziell 3 Schulen mit einem nicht standardisierten Europa-Titel im Sinne der KMK-Europa-Bildung auf: die Stadtteilschule am Hafen, das Gymnasium Hamm sowie das Immanuel-Kant-Gymnasium. Die Hamburger Schulpolitik zielt auf eine Weiterung. Es handelt sich um „Europaschulen" im konzeptionellen Sinne, also nicht um europäische Installationen wie etwa die seinerzeit in Karlsruhe gegründete Schule für die Kinder von hochqualifiziertem Personal internationaler Einrichtungen und Firmen oder für Diplomatenkinder, sondern um Bildungseinrichtungen mit Modellcharakter und entsprechend breitem Einzugsbereich und hoher sozialer Heterogenität. Kennzeichnend ist die Einführung von Sprachen-Portfolios und einem breiteren Sprachenangebot als in sonstigen Schulen. Im Unterschied zu den sog. bilingualen, nämlich konkret deutsch-englischen Schulen sind hier Sprachen jenseits der sog. Lingua Franca im Fokus, insbesondere auch

Herkunftssprachen der Schülerinnen und Schüler. Parallel dazu gibt es Schulen mit besonderer Loyalität gegenüber Herkunftssprache und Herkunftsland sowie durchgehendem Fachunterricht in den jeweiligen Sprachen, z. B. fünf deutsch-türkische Schulen, eine portugiesische, griechische, italienische (Grund)Schule sowie eine japanische Schule vor den Toren Hamburgs in Halstenbek.

Die (im weiten Sinne) „Kirchen" Hamburgs – einschließlich der 5 großen und ca. 50 kleineren Moscheen[8] – bieten regelmäßig nicht nur vielsprachige Gottesdienste bzw. Glaubensveranstaltungen, sondern auch Gesprächskreise und Kulturveranstaltungen. Untersuchungen von Studierenden[9] ergaben eine lebendige Nachfrage und Konsequenz für die Vernetzung auch zwischen den Sprach- und Kulturgruppen. Während in den Schulen die erkenntnisstiftende, das Verhältnis von Sprache und Denken oder Wissen betreffende Funktion von Sprache multilingual zur Geltung kommt, ist es im religiösen Bereich insbesondere die gemeinschaftsstiftende, kommunitäre Funktion. Bemerkenswerterweise werden derartige Möglichkeiten auch von genuin Deutschsprachigen genutzt – ein Ansatz zum Typ „Intektion" von Sprachkontakt im

---

8 Vgl. H. Emam in ihrer Seminararbeit 2012; demnach rechnet man mit ca. 130 000 Muslimen in Hamburg. Hinsichtlich der Sprachenpräsenz ermittelte sie für die vier größten:
   - Centrum Moschee, St. Georg (türkisch-sunnitisch): primär Türkisch, Beschilderungen türkisch und deutsch; Gebete arabisch, Freitagsrede türkisch, erster Freitag im Monat Predigt auf Deutsch; Arabischkurse für Erwachsene, es gibt deutschsprachige Korankurse; primäres Herkunftsland: Türkei und Deutschland.
   - Muhajirin Moschee, St. Georg (arabisch-sunnitisch): Gebete arabisch, Freitagsrede erst arabisch, dann deutsch; primäres Herkunftsland der Mitglieder: Tunesien, ferner Marokko, Jordanien, Türkei und Deutschland.
   - Imam-Ali Moschee, Uhlenhorst (iranisch-schiitisch): Beschilderung persisch/deutsch; Gebete arabisch, Freitagsreden Persisch und Arabisch, simultan übersetzt auf Deutsch und Türkisch; Veranstaltungen sind auf Deutsch, z. T. übersetzt ins Arabische, Persische, Türkische; Mitglieder primär aus dem Iran und Afghanistan sowie dem Irak, der Türkei und dem Libanon und Deutschland; Bibliothek mit persischen, arabischen, deutschen und englischen Büchern.
   - Belal Moschee, Wandsbek (afghanisch-schiitisch): Beschilderung Farsi/Deutsch, Gebete arabisch, Freitagsrede auf Farsi; freitagsabends religiöse Veranstaltung auf Deutsch; Mitglieder fast alle aus Afghanistan, wenige mit türkischem Migrationshintergrund.

9 Machnik, Rycheva und Köneke untersuchten in ihrer Seminararbeit 2012 vor allem Kirchen mit primär polnischer, russischer, englischer und spanischer Sprachenorientierung, die gleichwohl allesamt immer auch deutschsprachige sowie reiche mehrsprachige Angebote bereithalten.

Sinne von Ehlich (1992), d. h. eines von beiden Seiten aus gesuchten und auf Mehrsprachigkeitsentwicklung hinsteuernden Sprachkontaktes.

2.2 Kiew[10] – städtische Mehrsprachigkeit top-down

Kiew hat eine jahrhundertealte mehrsprachige Tradition, die sich, ähnlich wie Hamburg, auf Handelskontakte und Zuwanderung gründet. Begünstigt wurde diese Entwicklung v.a. durch Kiews Lage am Ufer des Flusses Dnepr (ukr. Dnipro), an dem bereits seit dem frühen Mittelalter ein wichtiger Handelsweg von Skandinavien in die Schwarzmeerregion und nach Byzanz verlief. Im Unterschied zu Hamburg ist die sprachliche Situation aber immer stark von wechselnden politischen Konstellationen bzw. der Tatsache, dass es einen ukrainischen Nationalstaat faktisch erst seit 1991 gibt, geprägt worden (vgl. z. B. Hamm 1993, Magocsi 2007). So war die sprachliche Situation in der Vergangenheit durchaus mit der Situation in Kameruns Hauptstadt Yaoundé (s. Abschnitt 2.3.) vergleichbar. Lange Zeit dominierten slavische Kolonialsprachen wie Polnisch (v.a. in der Zeit der Zugehörigkeit zum Polnisch-Litauischen Königreich nach der Union von Lublin 1569 bis zu den Kosakenaufständen gegen die polnische Herrschaft Mitte des 17. Jhs.) und Russisch die öffentliche Kommunikation in der Stadt, die in mehr oder weniger starker Opposition zu den von den Bewohnern eigentlich gesprochenen Sprachen (Ukrainisch, Jiddisch, Armenisch, Griechisch, Deutsch etc.) standen. Insbesondere der Einfluss des Russischen ist seit der Einverleibung Kiews in das russische Zarenreich im 17. Jh. so gravierend, dass Kiew bis heute seinen Charakter als dominant russischsprachige Stadt bewahrt hat (s.u.). Das Ukrainische spielte dagegen bis zur Erlangung der nationalen Unabhängigkeit 1991, von kurzen Phasen des aktiven Sprachausbaus und der Förderung seiner Verwendung (v.a. in den 1920er Jahren[11]) abgesehen, nur eine marginale Rolle im öffentlichen Leben der Stadt: Die öffentliche Kommunikation war weitgehend vom Russischen

---

10 Durch die wechselnden Herrschaftsverhältnisse ist die Stadt unter verschiedenen Namen bekannt, wobei hier die in Deutschland gebräuchliche Namensform verwendet wird, die der russischen Form entspricht. Die heute offiziell gültige ukrainische Namensform lautet Kyjiv.

11 Hintergrund dieser als „korenizacija" („Verwurzelung") bezeichneten Phase der Förderung des Ukrainischen (wie auch anderer Sprachen im Vielvölkerstaat Sowjetunion) in dieser Periode waren Maßnahmen zum Kampf gegen den Analphabetismus in der frühen Sowjetunion, wobei zur Alphabetisierung auf die Volkssprachen der ortsansässigen Bevölkerung zurückgegriffen wurde.

geprägt, das Ukrainische wurde dagegen, wenn überhaupt, vorwiegend auf die private, informelle Kommunikationssphäre zurückgedrängt, sodass das Verhältnis der beiden Sprachen in der Sowjetzeit in der Literatur oft als Diglossie oder zumindest asymmetrische Zweisprachigkeit charakterisiert wird (vgl. z. B. Podolyan 2005). Dies war zum einen eine Folge der massiven Zuwanderung von Bevölkerung aus dem russischsprachigen Gebiet nach Kiew seit der Industrialisierung im 19. Jh. (vgl. Magocsi 2010), aber auch gezielter sprachpolitischer Maßnahmen zur Förderung des Prestiges des Russischen in der gesamten Sowjetunion (vgl. Pavlenko 2010, 144)[12].

Diese Situation ändert sich grundlegend mit der Erlangung der nationalen Souveränität durch die Ukraine im Jahre 1991. Ein bereits 1986 im Zuge der Perestrojka (ukr. Perebudova) verabschiedetes Sprachgesetz sah als Reaktion gegen die lang anhaltende Russifizierung der Ukraine eine Einführung des Ukrainischen in alle Sphären des öffentlichen Lebens vor (v.a. in Bildungsinstitutionen, staatliche Ämter und Organisationen wie Armee o.Ä., aber auch in die Medien, den Kulturbetrieb, die Unternehmenskommunikation, Beschriftungen des öffentlichen Raumes etc.). Faktisch wurde jedoch zunächst auch nach der Erlangung der Unabhängigkeit eine offizielle Zweisprachigkeit weiter toleriert, was v.a. realpolitischen Überlegungen angesichts der sprachlichen Situation in der Ukraine geschuldet war (vgl. Reuther 2006, 298). Die Erfolge der Propagierung des Ukrainischen hielten sich daher zunächst auch in Grenzen. Dieser Phase schloss sich eine Periode aktiver Ukrainisierung an[13], die ihren Ausdruck u.a. in der neuen Verfassung von 1996 fand, in der das Ukrainische explizit als einzige „Staatssprache" (deržavna mova) verankert wurde. Art. 10 der Verfassung garantiert aber weiterhin „die freie Entwicklung, Verwendung und den Schutz der russischen Sprache sowie der anderen Sprachen der nationalen Minderheiten der Ukraine". Besonders pikant ist dabei die Tatsache, dass auch Kiew als Sitz des Parlaments und der Regierung, wie oben aufgezeigt, jahrhundertelang besonders durch das Russische geprägt war und dies bis heute so geblieben ist, sodass eine Politik, die auf größtmögliche

---

12 Die Widerspiegelung dieser wechselnden sprachpolitischen Ausrichtungen im Verhältnis der im visuellen Stadtbild Kiews präsenten Sprachen ab dem frühen Mittelalter thematisiert ausführlich Pavlenko (2010).

13 Eine Diskussion aller politischen Maßnahmen und Programme, die zur Implementierung des Ukrainischen in den staatlich geregelten Lebensbereichen initiiert wurden, würde den Rahmen dieses Beitrags sprengen. Gleiches gilt für eine ausführliche Darstellung der ukrainischen Sprachpolitik seit der Unabhängigkeit. Dazu und zu den Erfolgen dieser Sprachpolitik in einzelnen Bereichen des öffentlichen Lebens (Schulwesen, Medien usw.) sei exemplarisch auf die Beiträge in Besters-Dilger (2009) verwiesen.

sprachliche Uniformität in Bezug auf die Nationalsprache Ukrainisch unter Zurückdrängung des Russischen als Mittel der Konsolidierung des jungen Staates setzte, hier auf Probleme stoßen musste. Podolyan (2005, o.S.) fasst die Folgen dieser offiziellen, auf eine Förderung des öffentlichen (ukrainischen) Monolingualismus ausgerichteten Politik prägnant zusammen: „A common sight is a top political or business executive giving a public speech or interview in Ukrainian, addressing alongside his/her assistants behind the camera in Russian. It is quite typical of a university professor to lecture in Ukrainian and interact in Russian with his/her students after classes. The same concerns a journalist daily contributing articles in Ukrainian and leading a Russian-speaking life out of duty."

In Bezug auf die Präsenz des Ukrainischen auf öffentlichen, von staatlichen Institutionen („top down") verantworteten Schildern war diese Politik aber durchaus erfolgreich: Hier hat das Ukrainische das Russische, zumindest in Kiew[14], weitgehend verdrängt (vgl. Shakh i.Dr.). Ähnliches konstatiert auch Pavlenko (2010, 148): „In today's Kyiv, official signs and commemorative plaques appear mainly in Ukrainian, commercial signs in Ukrainian, but also in Russian and English, and private signage, such as graffiti and advertisements posted on public billboards, in all three languages." Zumindest im kommerziellen, weniger vom Staat kontrollierten Sektor behauptet das Russische demnach eine gewisse Position im öffentlichen Raum, wobei hier in jüngster Zeit auch das Englische als globale Lingua Franca an Bedeutung gewinnt (nicht zuletzt auch gefördert durch internationale Großereignisse wie die Fußball-Europameisterschaft im Jahr 2012) (vgl. auch Pavlenko 2012, Reuther 2006, 302). Dass das Russische im öffentlichen Raum überhaupt noch sichtbar ist, begründet Pavlenko mit der Dominanz des Russischen in der mündlichen Alltagskommunikation der Stadtbewohner: Sie zieht daher das Fazit: „The ukrainianization efforts resulted in the rise in visibility, prestige and use of Ukrainian in Kyiv but not in language shift. The city's inhabitants remain bilingual and Russian retains its prestige and popularity even among members of the youngest generation educated in Ukrainian-language schools.

---

14 Shakh (i.Dr.) kann nachweisen, dass Russisch auf Schildern, die der amtlichen Kontrolle unterliegen, in der ostukrainischen Großstadt Charkow (ukr. Charkiv) quantitativ noch viel stärker präsent ist als in Kiew. Dies gilt nicht nur für alte Schilder als Relikte aus der Zeit der Sowjetunion, sondern auch für neuere Schilder. Reuther (2006, 302) bemerkt, dass das Russische im, wie er es nennt, „eingeschränkten öffentlichen Raum" (Türen in Universitätsgebäuden, Museen u.Ä.) auf Aufschriften durchaus häufiger auftritt, während der unbeschränkte öffentliche Raum diesbezüglich rein vom Ukrainischen beherrscht würde.

(...) For now, Kyiv remains unapologetically bilingual, and perhaps even tri-lingual and triglossic, with English functioning as a global language, Ukrainian as the official language, the language of administration and education, and Russian as the dominant language of everyday interaction, commerce and cultural consumption." (Pavlenko 2010, 148f.).

Ein ähnliches Bild vermitteln auch die Daten einer bereits im Jahre 2000 durchgeführten Umfrage unter 890 repräsentativ ausgewählten Bewohnern der Stadt Kiew, die im Hinblick auf ihre persönlichen sprachlichen Präferenzen und ihre Einstellungen zum Ukrainischen befragt wurden (Zaliznjak & Masenko 2001). Demnach gaben 52,5% aller Befragten an, in den meisten kommunikativen Situationen Russisch zu verwenden (davon 21,2% nur Russisch, 31,3% überwiegend Russisch), während das Ukrainische nur für 14,8% der Befragten die im Alltag funktional dominante Sprache darstellte (davon nur Ukrainisch 4,3%, vorwiegend Ukrainisch 10,5%). Keine genaue Präferenz für eine der beiden Sprachen gaben 32% der Befragten zu Protokoll (Zaliznjak & Masenko 2001, 8). In Bezug auf die Nationalität der Befragten[15] ergaben sich folgende Sprachpräferenzen:

Tabelle 1:   Sprachpräferenzen der Einwohner Kiews nach Nationalität (Zaliznjak & Masenko 2001, 23)

Nationalität	Russisch	Ukrainisch	Beide Sprachen
Ukrainer	44%	19%	37%
Russen	84%	2%	14%
Juden	73%	7%	20%
Andere	56%	0%	44%

Die Sprachpräferenzen variierten ebenfalls in Abhängigkeit vom Alter der Respondenten, wobei insbesondere die jüngeren Einwohner (und das trotz der forcierten Einführung des Ukrainischen als Unterrichtssprache an Schulen und Hochschulen!) stärker zum Russischen tendierten:

---

15 Im Jahre 2000 waren insgesamt 77% der Einwohner Kiews ukrainische Staatsbürger, 20% hatten die russische Staatsbürgerschaft (Zaliznjak & Masenko 2001, 23).

Tabelle 2:   Sprachpräferenzen der Einwohner Kiews nach Alter (Zaliznjak & Masenko 2001, 24)

Altersgruppe	Russisch	Ukrainisch	Beide
≤ 30	65%	6%	28%
31–40	53%	15%	31%
41–60	45%	18%	35%
> 60	53%	17%	30%

Auf die Frage, welche Sprache die Respondenten in amtlichen Institutionen in Kiew häufiger hören, nannten 22% das Russische, 37% das Ukrainische, und 34% gaben an, dort mit beiden Sprachen ungefähr gleich häufig konfrontiert zu werden (Zaliznjak & Masenko 2001, 15). Anhand der angeführten Daten sehen Zaliznjak und Masenko den asymmetrischen Charakter der Bilingualität in Kiew zugunsten des Russischen bestätigt.

Da diese statistischen Daten in einer Phase intensiver sprachpolitischer Bemühungen um die Hebung des Prestiges des Ukrainischen und seine Verbreitung in alle staatlich geregelten Kommunikationsbereiche hinein erhoben wurden, ist nicht ganz klar, wie genau sie die aktuellen Einstellungen und Sprachpräferenzen der Kiewer widerspiegeln. Allerdings deuten die oben zitierten Beobachtungen Pavlenkos an, dass sich an diesem Bild bis dato wenig geändert haben dürfte. Auch Reuther (2006, 300) konstatiert für die Zeit nach 2000 einen „pragmatischen Zugang zur Zweisprachigkeit" in den Zentren Kiew und Charkow. Noch ist jedoch unklar, wie sich die neuesten Tendenzen der ukrainischen Sprachpolitik auf die Situation in Kiew, aber auch in der gesamten Ukraine auswirken werden. In einer höchst umstrittenen und kontrovers diskutierten Entscheidung[16] verabschiedete das ukrainische Parlament im Juli 2012 ein neues Sprachgesetz, das zwar den verfassungsrechtlichen Status des Ukrainischen als einziger Staatssprache nicht antastet, aber umfassende Verbesserungen für das Russische (sowie die anderen 17 offiziellen Regional- und Minderheitensprachen der Ukraine) festschreibt. So wird jede Regional- und Minderheitensprache in Gebieten, in denen mehr als 10% der Bevölkerung der entsprechenden Minderheit angehören, regional dem Ukrainischen in offizieller Funktion gleich gestellt.[17] Daneben sollen auch alle Be-

---

16 Die Bilder von sich nach der Abstimmung prügelnden Parlamentariern sind auch in den deutschen Medien verbreitet worden.

17 Vgl. den Gesetzestext unter http://zakon2.rada.gov.ua/laws/show/5029–17. Das Russische profitiert dabei davon, dass es von der Europäischen Charta der Regional- und Minderheitensprachen, die von der Ukraine im Jahr 2003 ratifiziert wurde, zur offi-

schlüsse der höheren Staatsorgane zukünftig sowohl auf Ukrainisch als auch auf Russisch veröffentlicht werden. Inwieweit sich das z. B. auf die sprachliche öffentliche landscape und die Kommunikation in staatlichen Institutionen in der Hauptstadt auswirken wird, wäre zu untersuchen. Als Fazit kann festgehalten werden, dass aktuell die visuell zugängliche Sprachenlandschaft in Kiew mit der Dominanz des Ukrainischen in dezidiertem Kontrast zur auditiv wahrnehmbaren Sprachenlandschaft steht. Dies ist eine Parallele zu den Verhältnissen in Hamburg. Allerdings liegt in Hamburg eine migrationsbasierte Emergenz von Mehrsprachigkeit „von unten" vor, während in Kiew eine faktische Mehrsprachigkeit durch de jure „von oben" propagierte Einsprachigkeit zur Konsolidierung des jungen Nationalstaats zu beobachten ist. In welchen Formen, zu welchen Gelegenheiten und in welchen Funktionen sich mehrsprachige Kommunikationspraktiken beobachten lassen, muss für Kiew erst noch empirisch untersucht werden. Neben Arbeiten zum Landscaping (s.o.) liegen detailliertere Studien bislang nur für die Sprachpraktiken in Kirchen des byzantinischen Ritus (Buchmayer 2005) sowie einige mehr oder weniger systematisch gemachte Beobachtungen zur Kommunikation in einzelnen Institutionen (v.a. Kommunikation im universitären Bereich, vgl. Reuther 2006) und Medien (z. B. Fernsehsendungen, vgl. Reuther 2006, Internet-Kommunikation, vgl. Brehmer 2006) vor. Im Fokus einiger Arbeiten stehen insbesondere Sprachmischungsphänomene, die unter dem Terminus Suržyk[18] gefasst werden (vgl. dazu kurz in Abschnitt 4).

2.3 Yaoundé – post-koloniale städtische Mehrsprachigkeit

Yaoundé, Hauptstadt und nach Douala zweitgrößte Stadt Kameruns, blickt auf eine wechselvolle kolonial geprägte Geschichte zurück. 1888 im Auftrag der deutschen Kolonialverwaltung zunächst als wissenschaftliche Forschungsstation und Basislager für den Elfenbeinhandel gegründet, 1895 in eine Militärstation umgewandelt und Ausgangspunkt für die deutsche Okkupation des Kameruner Hinterlandes, wurde Yaoundé nach Ende des Ersten Weltkriegs Verwaltungshauptsitz des französischen Mandatsgebiets und nach Erlangung

---

ziellen „Minderheitensprache" in der Ukraine deklariert wird. Angesichts des hohen Bevölkerungsanteils von Menschen mit russischer Nationalität (in Kiew, wie erwähnt, 20%, und damit oberhalb der jetzt definierten Grenze), insbesondere im Süden und Osten der Ukraine, führt diese Entscheidung also zur faktischen Gleichstellung des Russischen mit dem Ukrainischen in weiten Landesteilen.

18 Wörtlich übersetzt ‚Getreidemischung', v.a. aus Weizen und Roggen.

der Unabhängigkeit 1960 Hauptstadt der Republik Kamerun, die sich aus dem ehemaligen französischen Mandatsgebiet und dem südlichen Teil des ehemaligen englischen Mandatsgebiets zusammensetzt.

Im Gegensatz zu Hamburg (traditionelle Einsprachigkeit, Mehrsprachigkeit durch transnationale Migration importiert) und Kiew (politisch bedingter Wechsel der offiziell propagierten Staatssprache) ist Yaoundé – wie viele Metropolen des subsaharanischen Afrika – geprägt von einem hohen Grad sprachlicher Diversität sowie Mehrsprachigkeit als Ergebnis sowohl binnenstaatlicher Migration (Chia 1992, 50; Franqueville 1984) als auch kolonialer sprachpolitischer Prägungen. In Fortsetzung der kolonialen Teilung des Landes in einen größeren frankophonen und einen kleineren anglophonen Teil, deklariert die Verfassung von 1972 (und 1996) eine bilinguale Exoglossie mit Französisch und Englisch als offiziellen Sprachen. Die gesellschaftliche Realität stellt sich dagegen als regional komplementäre offizielle Einsprachigkeit dar mit einer starken Dominanz des Französischen (Koega 2007, 70; Rosendal 2008). Neben den beiden elitären Ex-Kolonialsprachen in offizieller Funktion gibt es verschiedene Verkehrssprachen unterschiedlicher regionaler Verbreitung wie z. B. Kameruner Pidgin-Englisch (oder Kamtok), Beti und Fulfulde vor dem Hintergrund von mehr als 250 autochthonen Sprachen (Breton & Fohtung 1991, Lewis 2009) mit Sprecherzahlen, die zwischen wenigen hundert bis zu über einer Million rangieren. Somit präsentiert Kamerun ein sprachsoziologisches Profil, das typisch ist für exoglossische afrikanische Staaten ohne national dominierende einheimische Sprache und ohne aktive Status- und Korpusplanung seitens der Regierung (Reh & Heine 1982). Migrationsbedingter globalisierter städtischer Sprachkontakt und damit verknüpfte kommunikative Transformationsprozesse sind hier seit Beginn der Kolonialzeit etabliert, und die exoglossische Sprachpolitik konfrontiert die Majorität der eigenen BürgerInnen mit fundamentalen Kommunikationsproblemen, die in den europäischen Vergleichsstädten durch diverse MigrantInnen-Minoritäten erst allmählich ins Blickfeld rücken. Aufgrund des weitgehenden Fehlens staatlicher Infrastruktur zur kommunikativen Bewältigung der Komplexität urbaner Lebensbereiche haben sich – ähnlich wie in anderen subsaharanischen Metropolen – Kommunikationspraktiken der Mehrsprachigkeit herausgebildet und konsolidiert, die sich in vielen europäischen Städten teilweise gerade erst entwickeln, die dort teilweise aber auch durch staatliche Angebote in institutionellen Räumen kanalisiert und gezähmt werden. Mehrsprachige Kommunikationspraktiken dieser Art, z. B. Codeswitching als unmarkierte Wahl, tragen hier u.a. zur Entwicklung neuer urbaner sprachlicher Codes wie

z. B. Camfranglais (de Féral 1989, Kießling 2005, Stein-Kanjora 2008, 2013) bei.

Ähnlich wie in vielen anderen exoglossischen Ländern des subsaharanischen Afrika (Rosendal 2011), ist die multilinguale Realität von Yaoundé durch einen funktional weitgehend komplementären Gebrauch von drei Kategorien von Sprachen gekennzeichnet: (a) die nicht afrikanischen offiziellen Sprachen (Französisch und – in geringerem Maße – Englisch) übernehmen hauptsächlich gnoseologische Funktion und in offiziellen Domänen (z. B. Administration, Justiz, Gesundheit) teleologische Funktion. Sofern hier die Sprachkenntnisse der jeweiligen Klienten nicht ausreichen, wird auf (b) afrikanische Verkehrssprachen (Pidgin-Englisch, Beti, Fulfulde) umgeschaltet, die in unterschiedlichem Ausmaß in nicht offiziellen öffentlichen Handlungsräumen (Märkte, Straßenhandel, Garküchen, Bars) teleologische Funktion erfüllen. Die autochthonen afrikanischen Sprachen (c) sind auf städtische Enklaven beschränkt und dienen innerhalb dieser Kreise in erster Linie identitäts- und praxisstiftenden Zwecken. Aufgrund ihrer ethnischen Verankerung sind sie allerdings nicht für die Kommunikation in gemischt-ethnischen Gruppen geeignet. Profile individueller Mehrsprachigkeit der Bewohner von Yaoundé sind dementsprechend tendenziell mindestens trilingual und umfassen – in unterschiedlichen Graden – je einen Vertreter dieser drei Sprachtypen.

Französisch und Englisch sind „vertikale Medien" (Heine 1977), i.e. elitäre Sprachen des Ausschlusses und der Abgrenzung. Sie symbolisieren Aspirationen auf gesellschaftlich-ökonomischen Aufstieg und Fortschritt. Der Zugang zu ihnen ist erschwert aufgrund der Tatsache, dass sie nur durch formellen Spracherwerb erlernt werden können und von Seiten des Staats keine ausreichende Infrastruktur zum flächendeckenden Zweitspracherwerb bereitgestellt wird. Allenfalls eine kleine gesellschaftliche Elite definiert ihre Identität ausschließlich über sie.

Pidgin-Englisch ist eine Verkehrssprache, die in der interethnischen Kommunikation weit verbreitet ist. Aufgrund ihres Stigmas der Rückschrittlichkeit und des Bildungsmangels wird sie von Pädagogen und Eltern als Hindernis beim Erwerb von Standard-Englisch angesehen und ist explizit aus Schulen und Universitäten verbannt.

Alle autochthonen afrikanischen Sprachen haben in Yaoundé einen sehr ambivalenten Status. Dies liegt sowohl an der doppelt exoglossischen Sprachpolitik als auch am Fehlen einer dominierenden einheimischen Sprache (Koenig 1983, 38 und 41). Auf der Basis des Erhebungsstands von 1977 sind in Yaoundé 52 Kameruner L1 nachgewiesen, von denen Ewondo mit 30% L1-Sprechern und weiteren 30% L2-Sprechern vor Duala mit 12% L2-Sprechern demographisch die stärkste ist. Alle anderen einheimischen Sprachen besitzen für ihre L1-Sprecher in Yaoundé zwar nach wie vor ein hohes Identifikationspotential, doch ist ihr Gebrauch im urbanen Raum grundsätzlich von negativen Attitüden belastet, die vor allem durch zwei Motive begründet sind: Scham aufgrund der Assoziation mit Rückschrittlichkeit und Vermeidung des Vorwurfs, Gesprächspartner mit anderem ethnolinguistischen Hintergrund ausschließen zu wollen.[19] Trotz einer Tendenz zur sprachlichen Selbstzensur aufgrund des Kooperationsprinzips, das Rücksichtnahme auf (eventuell fehlende) Sprachkompetenzen der Gesprächspartner in gemischt-ethnischen Kommunikationssituationen gebietet, bleibt die ethnolinguistische Loyalität den Minoritätensprachen gegenüber auch in der Großstadt Yaoundé zum größten Teil ungebrochen, wie z. B. an der Tatsache abzulesen ist, dass in einer Umfrage unter Studierenden der Universität Yaoundé die große Mehrheit ihre eigene L1 für Ausbau und Entwicklung zum Gebrauch auf nationaler Ebene empfehlen (Koega 2008, 107), vgl. auch Ngefac (2010, 159).

Gemäß der unausgewogenen doppelt exoglossischen Sprachpolitik Kameruns und aufgrund der Lage im frankophonen Teil des Landes sind sämtliche Bereiche des öffentlichen Sprachgebrauchs in Yaoundé vom Französischen dominiert. Pidgin-Englisch prägt den informellen Sektor des öffentlichen Lebens. Im Bildungsbereich existiert neben frankophonen und anglophonen Schulen seit 1978 das „Projet de recherche operationelle pour l'enseignement des langues au Cameroun" (PROPELCA), das bei konzertierter Entwicklung von Programmen zum muttersprachlichem Unterricht auf den Aufbau eines extensiven Trilingualismus (L1, erste offizielle Sprache, zweite offizielle Sprache) abzielt (Tadadjeu 1984). Seit 2007 ist durch ein ministeriales Dekret der gesamte Bildungsbereich von der Grundschule bis zur Universität für den Einsatz einheimischer Sprachen geöffnet. Da dieser Schritt nicht durch geeignete staatliche Implementierungsmaßnahmen flankiert wird, kommen hier nur solche Sprachen in Frage, die durch die Aktivitäten von Privatpersonen

---

19 Eine gängige Diskursroutine in anglophonen Kreisen Kameruns ist der Vorwurf „don't bring rain!" – gedacht als Ermahnung an jemanden, der in einer gemischt-ethnischen Gruppe plötzlich zur L1 codeswitcht und dadurch die Mehrheit der übrigen GesprächsteilnehmerInnen ausschließt. Das zugrunde liegende Konzept basiert auf der Erfahrung mit Kameruner Wetterbedingungen: So wie der Regen in der Regenzeit den Transport über Land und jede öffentliche Aktivität empfindlich stört, als ebenso störend für die interethnische Kommunikation wird die Benutzung von Minoritätensprachen in der Stadt empfunden.

und NGOs (z. B. Summer Institute of Linguistics) standardisiert und hinreichend weit ausgebaut sind (Tamanji 2010).

Yaoundé ist wie viele afrikanische Städte (McLaughlin 2009, 6) außerhalb des Stadtkerns zum Teil in ethnolinguistisch definierbare Zonen gegliedert (vgl. Chia 1992, 50) – ein Phänomen, das als „re-ethnicization of African megacities" (Koffi 2012, 195) bekannt ist. MigrantInnen „typically cluster together in the same neighbourhoods for mutual support" (Cole & De Blij 2007, 144). Menschen, die in solchen Nachbarschaftsvierteln leben, besitzen oftmals ethnolinguistisch definierbare soziale Netzwerke, die als dicht, stark und multiplex beschrieben werden können (Koffi 2012, 200). Trotz der formellen Dominanz des Französischen und einer informellen Präsenz des Pidgin-Englischen existieren hier mehrsprachige Handlungsräume, die auch den Gebrauch von nationalen Minoritätensprachen ermöglichen, z. B. Verkaufsgespräche auf Märkten, die kommunikative Abwicklung von Gottesdiensten aller Konfessionen, Aktivitäten von Kleinkreditvereinen, die oftmals auf der Basis ethnolinguistischer Gruppenzugehörigkeit und innerhalb ethnisch definierter Kulturvereine (Kouega 2007, 76) organisiert sind. Der Gebrauch der jeweiligen Minoritätensprache ist hier von identitären und emotionalen Motiven sowie von „sécurité linguistique" (Mba 2012, 86ff.) gesteuert.

Der Gebrauch mehrerer Sprachen innerhalb kommunikativer Ereignisse in Kirchen und Moscheen ist jüngst einer systematischen Analyse unterzogen worden (Koega & Ndzotom 2012, Koega & Ndzotom 2011, Kouega 2008, Kouega & Baimada 2012), ohne allerdings konkrete Abläufe einzelner Ereignisse, z. B. in Praxeogrammen, transparent zu machen. Hier stellt sich heraus, dass der Gebrauch von autochthonen Minoritätensprachen in den christlichen Denominationen von folgenden Faktoren bestimmt wird: historischer Hintergrund der jeweiligen Kirche (z. B. Baptisten: Französisch, Duala, Tunen, Fulfulde), Anzahl bzw. numerische Dominanz der SprecherInnen einer bestimmten Minoritätensprache, besonderes Engagement bestimmter Sprechergruppen bei kirchlichen Aktivitäten. So ist z. B. jede Minoritätensprache, deren Sprecher einen Chor organisiert haben, in der Kirche präsent, zumindest in Liedern.

Zum „Linguistic landscaping" sind aufgrund fehlender Publikationen nur allgemeine Beobachtungen zu machen: Aufgrund der unausgewogenen doppelt exoglossischen Politik ist vor allem das Französische im Stadtbild von Yaoundé visuell präsent (Kouega 2007, 68), in geringerem Ausmaß auch das Englische – und überall dort, wo Botschaften der Fortschrittlichkeit und der Coolness vermittelt werden sollen (Werbung), auch das Camfranglais. Einheimische Sprachen bleiben unsichtbar. Diesem Gebrauchsprofil müssen andere Motivationen zugrunde liegen als rein kommunikative Abwägungen, d. h. die Sprachwahl ist weniger durch das Streben nach optimaler Übermittlung von Information motiviert als vielmehr durch das Streben nach Modernität, Fortschritt und Globalisierung, vgl. Rosendal (2011, 232) zu einem ähnlichen Befund in Rwanda und Uganda.

Ein entscheidender Unterschied zwischen einer postkolonialen Stadt wie Yaoundé und Hamburg besteht darin, dass es nicht transnational migrierende Minderheiten sind, die einen „kommunitären Identitätsverlust" (Ehlich 2011) erleiden, sondern die Mehrheit der Stadtbevölkerung, die ihren Alltag mit einer funktionalen Trilingualität bewältigen. Dies schlägt sich in einer hohen Frequenz mehrsprachiger Kommunikationspraktiken in teleologischer Funktion nieder, die alle weniger stark formalisierten Bereiche des öffentlichen Lebens, z. B. in der Sphäre der Konsumtion (Garküchen, Bars) und der Zirkulation (Märkte, Straßenhandel, öffentlicher Nahverkehr in Sammeltaxis) dominieren. Im religiösen Bereich, in der nachbarschaftlichen Finanzorganisation und den kulturellen Vereinen motiviert die kommunitäre Funktion Multilingualität. Praktiken im religiösen Bereich zeigen, dass hier oftmals eine hohe Bereitschaft zur Akkommodation und zur symbolischen Übernahme emblematischer Phrasen aus anderen Kameruner Sprachen besteht. Im gesamten Bildungssektor wird die gnoseologische Funktion von Sprache bisher nicht in ausreichendem Maße multilingual zur Geltung gebracht – aufgrund der fehlenden Berücksichtigung von autochthonen afrikanischen Sprachen und der Verbannung der weit verbreiteten Verkehrssprache Pidgin-Englisch (Kamtok) aus dem Bildungssystem.

Generell fehlt ein Medium, das für die Mehrheit der Stadtbevölkerung teleologische und kommunitäre Funktion vereint. Daher gerinnen multilinguale Praktiken wie z. B. der Import von Vokabular und syntaktischen Strukturen des Pidgin-Englischen sowie diverser Bantusprachen (z. B. Duala, Beti) in das Umgangsfranzösische zu Codes wie Camfranglais oder Francamglais, die aufgrund ihres Potentials, Ethnizität zu transzendieren, Progressivität und Urbanität zu signalisieren und gleichzeitig die als esoterisch empfundene Ex-Kolonialsprache zu appropriieren, enorme Popularität gewinnen (Kießling & Mous 2004).

3. Grundlagen für eine diskursive Topographie der Mehrsprachigkeit

Wie sieht die Praxis der Mehrsprachigkeit in Handlungsräumen Hamburgs relativ zu Kiew und Yaoundé aus? Wie verhält es sich insbesondere mit der gesellschaftlichen Mehrsprachigkeit bezüglich der praxisstiftenden, teleologischen Funktion von Sprache? Zur Beantwortung dieser Fragen bedarf es einer konsistenten Methodik und systematisch handlungsbezogener Kategorien. In den folgenden Ausführungen sei beides zielführend erläutert und hinsichtlich erwartbarer Brennpunkte von Diversität bzw. Vergleichbarkeit gekennzeichnet. Die allgemeinen Ausführungen finden sich gesondert im Beitrag von Bührig & Redder (in diesem Band).

Eine pragmatische Analyse städtischer Mehrsprachigkeit steht vor der Aufgabe, die Komplexität des Handlungsraums ‚Stadt' und sodann das sprachliche Handeln in diesem komplexen Handlungsraum strukturell zu erschließen. Deutschland, die Ukraine und Kamerun sind fraglos Gesellschaften unterschiedlicher historischer Entwicklung und inhomogener Strukturiertheit. Gleichwohl sind alle drei Länder als mehr oder minder ausgebaute kapitalistische Gesellschaftsformationen mit systematischer Arbeitsteilung und geldbasierter Warenzirkulation zu charakterisieren.[20] Großräumig bieten sich für den ersten Schritt also die sozialökonomischen Kategorien ‚Produktionssphäre', ‚Zirkulationssphäre', ‚Konsumtionssphäre' und ‚Reproduktionssphäre' an.

Diese gesellschaftlichen Handlungsräume sind unterschiedlich gut empirisch erschließbar und erschlossen. Aufgrund der außerordentlich schwierigen Feldzugänglichkeit wollen wir die Produktionssphäre für unsere komparativen Untersuchungszwecke ausschließen.[21] Die Reproduktionssphäre mit Teilbereichen wie Familie, Freizeit, Religionsausübung[22], Gesundheit oder Ausbildung ist eine für individuelle Biographien prägende Sphäre, so dass die Gesellschaften zu diesem Zweck hochentwickelte institutionelle Einrichtungen unterhalten, besonders in Städten. Vor allem Gesundheits- und Bildungsinstitutionen sind unter dem Aspekt der Mehrsprachigkeit seit länge-

---

20 Inwieweit einerseits der Umschlag vom Industrie- zum Finanzkapitalismus und andererseits eine gleichzeitige Präsenz ungleichzeitiger Entwicklungsstufen (z. B. in Form feudaler oder agrarwirtschaftlicher Elemente) strukturell auszumachen sind, wird bei konkreten Untersuchungen im urbanen Raum zu rekonstruieren sein.

21 Bis heute sind die interkulturellen Untersuchungen zur Wirtschaftskommunikation fast ausschließlich auf Fragebogenstudien oder Interviews konzentriert. Eine der wenigen Ausnahmen ist Hohenstein & Manchen Spörri (2012).

22 Zum religiösen Feld sind oben (Abschnitt 2) einige Bemerkungen gemacht worden.

rem Thema.[23] Unsere komparative Analyse soll, in relativer Ergänzung dazu, die stärker öffentlich konfigurierte *Zirkulationssphäre* an der *Schnittstelle zur Konsumtionssphäre* in den Blick nehmen.

Für eine Binnendifferenzierung auch dieser beiden Sphären sind Institutionen als Handlungsräume wesentlich. Nicht die Sphären als solche, sondern die für sie „gesellschaftlich ausgearbeiteten Apparate", wie Poulantzas (1974) ‚Institutionen' systematisch bestimmt, erlauben eine empirisch basierte Handlungsanalyse (Ehlich & Rehbein 1994). Wir wollen uns (1.) auf die Warenzirkulation, insbesondere die Lebensmittel-Zirkulation, in der Institution Einzelhandel konzentrieren und Ausprägungen wie (Wochen-)Markt, mobiler Verkaufswagen und Laden empirisch untersuchen sowie (2.) konsumtionsorientierte Institutionen des Typs (Speise-)Restaurant im weiten Sinne betrachten, im Einzelnen in Form von Imbissbude, Restaurant i.e.S. und Garküche.[24]

Das alltägliche sprachliche Handeln in solchen Institutionen soll mittels teilnehmender Beobachtung und ergänzender Interviews mit den Aktanten empirisch erhoben und komparativ analysiert werden. Fragen nach dem jeweiligen mehrsprachigen Handeln und Gründe für die Sprachenwahl lassen sich freilich nur dann vergleichen, wenn ein Tertium comparationis vorliegt. Wir wählen dafür die interaktive Handlungsstruktur in den betrachteten Institutionen. Ihre Modellierung erlaubt es, Gemeinsamkeiten und Unterschiede zu identifizieren. Auf vergleichsweise hoher Abstraktionsstufe und zugleich handlungssystematisch entwickelt bietet sich als Instrument dazu das Praxeogramm an. Es wurde am Beispiel der Institution „Das Speiserestaurant" entwickelt (Ehlich & Rehbein 1972) und bietet zugleich die Möglichkeit, besondere institutionelle Formate der Verköstigung aus dem Allgemeinen des Restaurants abzuleiten. Eine theoretische Bestimmung dieses Konzeptes und seiner Relation zu ähnlichen Konzepten wie ‚script', ‚schema' und ‚frame' bieten Bührig & Redder (in diesem Band).

Für das *Speiserestaurant* können wir folglich auf den standardisierten Handlungsablauf aus Ehlich & Rehbein (1972) zurückgreifen. Das Charakteristische eines Speiserestaurants besteht darin, dass die Produktion der Ware, eben bestimmter Speisen, in die Institution ebenso eingelagert ist wie deren

---

23 So unter anderem im SFB „Mehrsprachigkeit" der Universität Hamburg (vgl. Bührig i.Dr.). Andere Teilbereiche der Reproduktionssphäre wie Wohnen als Familie (Breckner et al.) und im Alter (Pauli et al.) oder mediale Kommunikation via Facebook (Androutsopoulos et al.) sind in diesem Band eigens präsent.

24 Personaltransport durch öffentliche Verkehrsmittel von der U-Bahn bis hin zu Sammeltaxi sollen die Zirkulationssphäre in einigen Ausblicken ergänzen.

Konsumtion, und dass der Kellner als Mittler zwischen beiden Sphären die Zirkulation der produzierten Speisen auf ihre Bestellung hin sichert.[25]

In einer *Imbissbude* besorgt der Kunde selbst die Zirkulation – er bringt den fertigen Teller selbst an seinen Platz; im Falle weitgehend vorgekochter und derart präsentierter Ware bedient er gar „sich selbst"; Koch und Kassierer sind bei weitgehendem Self-Service (z. B. in der Mensa) jedoch gewöhnlich noch verschiedene Aktanten[26]. Für den Imbiss ist das Praxeogramm in Redder & Scarvaglieri (in diesem Band, Abb. 1) abgeleitet. Dort kann für Hamburg bereits eine recht vielfältig differenzierte Mehrsprachigkeit festgestellt werden, die mit interner, zwischen den Agenten zu formellen Zwecken genutzter Geschäftssprache, versus externer Geschäftssprache zwischen Agenten und Klienten einhergeht.

Bei der *Garküche* entfällt diese Arbeitsteilung, indem die Speise direkt vom Hersteller vor Ort an den Konsumenten gereicht wird. Im Unterschied zu Restaurant, Imbiss oder Kiosk sind Garküchen nicht ortsfest, sondern beweglich; die Garküche kommt also zum Kunden. Diese Mobilität wird beispielsweise durch Anhänger an Fahrrädern oder durch kleine (Dreirad-) Wagen gesichert; die Speisen werden in großen Bottichen warmgehalten oder (z. B. im Wok) fertig gestellt. Garküchen sind für Städte wie Yaoundé sehr charakteristisch, während sie in Hamburg oder Kiew als solche nicht (mehr) existieren. Vergleichbar sind allenfalls kleine mobile Grillwurst- oder Crêpe-Wagen am Rande beliebter Hamburger Erholungsorte (z. B. an Flussufern, Parkeingängen), die erst in den letzten Jahren wieder vermehrt auftreten – abgesehen von campingwagenartigen Buden im Rahmen der Freizeit-Institution Kirmes oder auf Wochenmärkten. Auf derartige Verortungen im städtischen Handlungsraum wird eigens einzugehen sein, bestimmen sie doch auch die ethnische und soziale Vielfalt der erreichten Kundschaft. Die Garküche lässt sich handlungssystematisch folgendermaßen rekonstruieren:

---

25 Im Unterschied dazu werden in einer Bier- oder Weinwirtschaft die Getränke nicht innerhalb des Handlungsraums produziert, allenfalls in konsumfähigen Einheiten abgefüllt; anders als beim Kiosk mit Direktkonsum werden sie aber durch einen Kellner zirkuliert.

26 Dieser Umstand sowie das Ausmaß der Speisenzugänglichkeit für den Kunden sind – neben ablauforganisatorischen Gründen – nicht zuletzt durch Hygienebestimmungen bedingt.

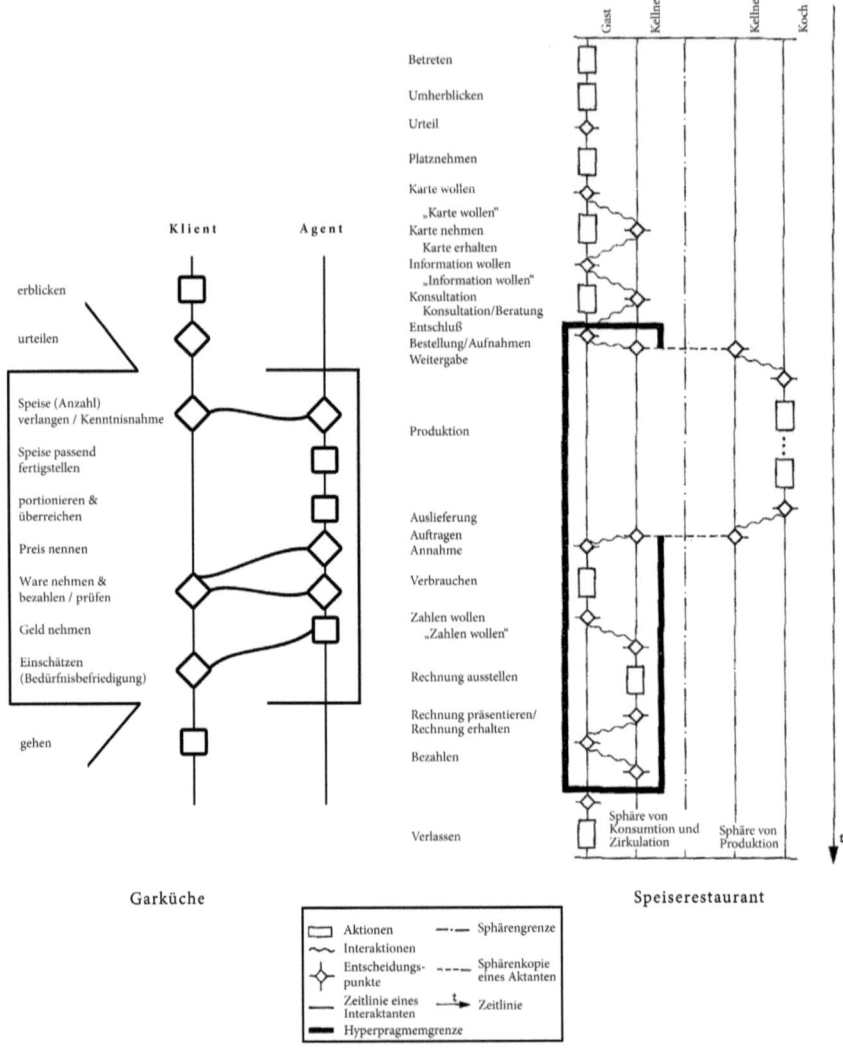

Abbildung 3: Praxeogramm „mobile Garküche" neben dem vom „Speiserestaurant" (aus: Ehlich & Rehbein 1972, 225), © Redder

Die Handlungsstruktur ist gegenüber derjenigen im Restaurant erheblich reduziert und nahezu auf eine gewöhnliche Kauf-Verkauf-Interaktion reduziert. Eine interne Geschäftssprache entfällt ebenso wie homileïscher Diskurs zwischen den Agenten, da nur einer präsent ist. Diesen institutionellen Agenten unterscheidet vom bloßen Verkäufer allerdings der Einbezug einer

Produktionstätigkeit. Finalisierung der Speise bzw. Portionierung und Abfüllung bilden das Minimum im Unterschied zum Verkauf von Lebensmitteln als Rohprodukten bzw. als transportable Ware in beliebiger Menge. Demgemäß variieren die Zeitspannen mit möglichen homileïschen Diskursgelegenheiten ebenso wie das Spektrum kleiner Modifikationen auf Wunsch des Kunden, die sprachlich verhandelbar sind. Systematisch dazwischen liegt die Konstellation des Verkaufs von fertig portionierter Speise „to go".[27] Auf Seiten des institutionellen Klienten reduziert sich die Auswahl gemäß eigener Bedürfnisse im Wesentlichen auf die Menge der mehr oder minder einzig angebotenen Speise einer Garküche. Daher wird nur bei kleinräumigen Alternativen eine namentliche Bestellung fällig, ansonsten lediglich die Mengenangabe; die illokutive Qualität der Äußerung verschiebt sich demgemäß von einer Bestellung i.e.S. zur einfachen Maßangabe der benannten Ware. Die Positionen der sprachlichen Interaktion sind dementsprechend reduziert und dürften daher mit anderen mehrsprachigen Befähigungen bzw. Präferenzen belegt sein als beim Imbiss und noch mehr beim Speiserestaurant.

Die hier angeführten systematischen Differenzen zwischen Speiserestaurant, Imbiss und Garküche bedingen somit eine differente Praxeogrammstruktur mit entsprechend unterschiedlichen Kommunikationspotentialen. Diese können je nach Kultur unterschiedlich mehrsprachig ausgestaltet werden.

Zum Zwecke komparativer Analysen wird daher grundsätzlich zunächst eine kulturvergleichende Prüfung des Praxeogramms nötig sein. Beispielsweise könnte man fragen, inwieweit die in der DDR charakteristischen Platzierungen in Speiserestaurants anstelle der freien Platzwahl durch den Gast heute noch irgendwo in sog. sozialistischen Staaten oder solchen mit entsprechender Vorgeschichte praktiziert werden – und worin der Unterschied zur Platzierung in hochpreisigen deutschen (und mittlerweile auch ukrainischen) Restaurants besteht. Entsprechende verbale Interaktionen könnten einen interessanten empirischen Teil der Untersuchungen ausmachen. Auch die Modifikationen des Praxeogramms für Familienunternehmen sowie für Fälle einer dezidierten Öffnung des Produktionsbereichs für den Gast zum Zwecke der Speisenwahl – etwa traditionell in Griechenland – wären relativ dazu vorzunehmen. Schließlich ist die strukturelle Organisation des Waren-Geld-Tausches in diversen Ableitungen darzustellen – vom amerikanisch inspirierten Kettenrestaurant über die italienische Kaffeebar mit einer dem Konsum vorgeschalteten Kasse bis hin zum Imbiss (s. Redder & Scarvaglieri, in diesem

---

27 Im Fall von Heißgetränken wie Espresso etc. ist noch ein maschineller Produktionsprozess eingeschaltet.

Band); in Yaoundé entfällt wiederum oft die Verbalisierung des Zahlenwollens, da die Bedienung nach dem Verzehr unaufgefordert kassiert etc. Auch Fälle mit systematischem Self-Service lassen sich klar ableiten. Insofern bietet das Praxeogramm eine probate Methode für die vergleichende Kultur- und Sprachanalyse. Zugleich kann das Ausmaß möglicher verbaler Kommunikationspositionen daran visualisiert und eingeordnet werden.

Einen anderen Gegenstand der komparativen Analyse können die jeweils zum Hyperpragmem parallel verlaufenden, nicht institutionellen, d. h. ‚homileïschen‘, Diskurse für die Komparation bieten: Ist z. B. ein sprachliches Handeln zu rein kommunitären Zwecken wie die Unterhaltung mit Kellner oder Wirt überhaupt möglich oder gar – etwa in den Wartezeiten der Essensproduktion – geradezu charakteristisch für ein Restaurant? Wie korrelieren diese Phänomene mit der Sozialstruktur bzw. Preisklasse einerseits und dem Stil des Restaurants andererseits? Was prägt die von Ehlich & Rehbein diskutierte „Gegenwelt“, welche ein Restaurantbesuch – jedenfalls beim ethnisch spezifizierten Typus – dem Gast via Atmosphäre und Ausstattung, aber eben auch mittels verbaler Interaktion parafunktional bietet? Inwiefern bedingt dies die (pseudo-)mehrsprachige Kommunikation in solchen Institutionen – etwa „beim Italiener“ oder „beim Griechen“[28] (vgl. Redder 2013)?

In engerer Konzentration auf das sprachliche Handeln selbst bietet die systematische Strukturanalyse von Handlungsmustern (vgl. Bührig & Redder, in diesem Band) eine geeignete Basis für die Komparation. Nehmen wir als Beispiel die Sprechhandlung der Aufforderung und eine ihrer Varianten, die Bitte, als einfache sprachliche Alltagshandlungen zur kooperativen Bearbeitung eines sprecherseitigen Handlungsdefizienz und setzen sie in Relation zum Bestellen im Speiserestaurant. Die Illokution Bestellung unterscheidet sich von Aufforderung und Bitte systematisch dadurch, dass (a) die Vorgeschichte der Identifikation einer Handlungsdefizienz beim Sprecher S gesellschaftlich erwartet wird, so dass bereits institutionelle Wege zur Suffizienzgewinnung ausgearbeitet und in die Praxis integriert sind – materialisiert in verfügbar gehaltenen Speisen und ihrer Zubereitung; (b) dass – im Falle einer Defizienz bezogen auf Speisenproduktion – lediglich eine bestimmte Auswahl an Speisen für S möglich ist, seitens H allerdings auch wiederum verbindlich (z. B. via Speisekarte) vorzuhalten ist; dass (c) das Ganze in einen Tauschprozess

---

28 Eine unterhaltsame quasi-ethnographische Studie liefert die biographische Erzählung „Beim Griechen: Wie mein Vater in unserer Taverne Geschichte schrieb“ von A. Stefanidis (2012).

Ware-Geld, im weiten Sinne also in eine Kauf-Verkauf-Struktur, eingelagert ist, so dass als Nachgeschichte die Bezahlung systematisch integriert ist. Bedingung (a) ist keineswegs in allen Gesellschaftsformationen entfaltet, so dass die Institution Speiserestaurant i.w.s. keineswegs selbstverständlich vorzufinden ist oder aber gesamtgesellschaftlich genutzt wird; Bedingung (b) ist unterschiedlich eng oder weit und verbindlich entfaltet, so dass Auswahl bzw. Angebotspalette und deren Sicherung different gehandhabt werden; Bedingung (c) ist an Geldwirtschaften gekoppelt und beispielsweise nicht im direkten Warentausch realisierbar – und erfordert entsprechende Ressourcen bei beiden Aktanten. Die Garküche ist z. B. auch in dieser Hinsicht des sprachlichen Handelns, eben des Bestellens, eigens zu betrachten. Die systematische Positionierung des sprachlichen Handlungsmusters im Praxeogramm einerseits und die unterschiedliche Intensität der sprachlichen Erschließung von mentalen Entscheidungsprozessen bei S und H andererseits dürften einen wesentlichen Faktor für die Frage nach der Sprachenwahl oder mehrsprachigen interaktiven Abwicklung der Praxis spielen.

Man kann – auch vor dem Hintergrund der Hamburger Beobachtungen (Redder 2013, Redder & Scarvaglieri, in diesem Band) folgende Vermutungen aufstellen:

- Die institutionellen Agenten können durch Angebote von Mehrsprachigkeit ihre Klienten zahlreicher und enger an sich binden;
- sie überlassen den Klienten jedoch die Sprachenwahl;
- die für den Ablauf entscheidenden Positionen im Praxeogramm bzw. im Handlungsmuster werden im Standardfall in einer gemeinsamen Verkehrssprache realisiert, alle Besonderheiten jedoch möglichst in klientenzentrierten Sprachen.

Die differenten Ausprägungen für Markt- versus Ladenverkauf oder mobilem Verkauf sind im Einzelnen ebenso zu bestimmen wie dies für das Speiserestaurant ausgeführt wurde. Einige Beobachtungsergebnisse für Hamburger „ethnisch" stilisierte Läden bieten Redder & Scarvaglieri (in diesem Band); ein Exempel für den Markt enthält Redder (2013). Die komparative Untersuchung soll zwar besonders auf Lebensmittelverkäufe konzentriert werden, doch sind ergänzend auch andere Verkäufe des täglichen Bedarfs von Interesse. Dadurch werden nämlich Differenzen von Einzelhandelsladen, Supermarkt und Shopping Mall (mit integriertem Lebensmittelverkauf) neben Markt-Formaten (mit integriertem Kleidungsverkauf) bestimmbar. Sozioökonomische und historische Divergenzen sind zu erwarten. Beispielsweise bieten Shopping Malls in Kiew oder Yaoundé sehr hochpreisige Waren und ziehen daher ein sozial höher stehendes Publikum an als in Hamburg. Demgemäß ist ein Diversitätspotential auch hinsichtlich der werbend, ordnend oder kaufend realisierten Sprachen zu erwarten.

Untersucht werden schließlich auch sprachliche Handlungen, die über solche Praxen als Interventionsformen operieren. Dazu gehört beispielsweise die Reklamation – im Restaurant oder in der (Einzelhandels)Kauf-Verkauf-Struktur. Schnieders' eingehende empirische Studie in Deutschland (Schnieders 2005) erlaubt ihm einen Vergleich mit Indonesien (2007); Ohama (1987) lieferte bereits sehr früh einen deutsch-japanischen Vergleich von Reklamationsgesprächen. In manchen Kulturen – so etwa in Indonesien – liegt ein solches Handlungsmuster lediglich als kontaktbedingte Hybridform vor, nicht jedoch als genuines Handlungsmuster. Ein interessanter Vergleichsaspekt dürfte – bezogen auf das Kauf-Verkaufs-Muster – auch das Verhandeln in industriellen Verkäufen einerseits und das Handeln auf Märkten mit oder ohne Preisbindung andererseits darstellen, bei dem mit mehrsprachiger Kommunikation zu rechnen ist, um etwa die Entscheidungsprozesse des Käufers im Sinne des Verkäufers zu befördern. Die komparative Analyse wird solche Handlungsstrukturen zweiter Stufe empirisch einzubeziehen suchen.

4. Komparative Perspektiven

Mit den Kategorien sprachlichen Handelns und den systematischen Darstellungsformen für Handlungsabläufe, insbesondere Praxeogramm und Handlungsmuster, ist eine Grundlage für die linguistische Komparation urbaner Mehrsprachigkeit gegeben. Hinsichtlich der Unterschiede im Entwicklungsstand und Entwicklungstyp gesellschaftlicher Mehrsprachigkeit ist mit deutlich unterschiedlichen Verortungen mehrsprachiger Kommunikation zu rechnen.

Die Konstellationen für die Sprachenwahl lassen sich exemplarisch für die Institution des Speiserestaurants in den drei Städten in erster Annäherung tabellarisch skizzieren (s. Tabelle 3).

Für Hamburg lässt sich generell vermuten, dass diese Stadt gerade dabei ist, von einer eher monolingual orientierten Kommunikationsstruktur zu einer mehrsprachigen überzugehen, so dass sich Entwicklungsformen gesellschaftlicher Mehrsprachigkeit hier direkt im Prozess erfassen lassen. Zu fragen ist im Besonderen, ob zu diesen Entwicklungsformen eher kommunikative Akkommodierung oder Codeswitching zählen. Bezogen auf die städtischen Handlungsräume einer sich entwickelnden Mehrsprachigkeit deuten erste empirische Auswertungen in Hamburg darauf hin, dass Institutionen

Tabelle 3: Das Speiserestaurant: Tabelle zu strukturellen Differenzen und Differenzen in der Verortung mehrsprachiger Kommunikation im Städtevergleich Hamburg – Kiew – Yaoundé

	Hamburg	Kiew	Yaoundé
Initiale Sprachwahl (unmarkiert):	Deutsch	Russisch	Französisch
Parameter, die andere Sprachwahl ermöglichen:	spezialisiertes Speiseangebot (obere Preisklasse: Italienisch, Französisch; mittlere bis untere: Portugiesisch, Spanisch, Griechisch, Türkisch)	spezialisiertes Speiseangebot regional markiertes Angebot an Speisen („typisch ukrainische Küche" > Ukrainisch); keine Bindung der Sprachwahl an Preisniveau	Preisklasse (obere: Englisch; mittlere bis untere: Pidgin, Ewondo)
Kundschaft	(a) tendenziell monolingual Deutsch; Ein- und Austritt sowie Standard-Bestellung partiell in spezialisierter Sprache, v.a. bei oberer Preisklasse; (b) mehrsprachige Kundschaft (v.a. mittlere bis untere Preisklasse): mit mehrsprachigen Agenten ggf. identische Herkunftssprache wählend, auch homileïsch	Tendenziell bilingual Russisch-Ukrainisch, unterschiedliche individuelle Präferenzen und Kenntnisse (v.a. des Ukrainischen), bei Bedarf Rückgriff auf Sprachmischungen & rezeptive Mehrsprachigkeit, auch bei Homileïk	tendenziell mehrsprachig (unterschiedliche Konstellationen in Abhängigkeit von Preisklasse); bei L1-Übereinstimmung zwischen Kundschaft und Agenten Codeswitching Französisch bzw. Englisch bzw. Pidgin und Kameruner L1, in diesem Fall ausgeprägte Homileïk
Agenten inkl. Kellner	Obere Preisklasse: (a) spezialisiertes Angebot: entsprechende Sprachenwahl des Kunden bedienend (kommunitär); (b) international: englisch (c) ethnische Identität bedienend Geschäftssprache intern versus extern versus Homileïk intern	Prinzipiell bilingual, Ausrichtung ggf. an vom Kunden präferierter Sprache; auch Praktizieren rezeptiver Mehrsprachigkeit; bei ausländischen Kunden ggf. Rückgriff auf Englisch Möglicher Kontrast zwischen interner und externer Geschäftssprache	Generell mehrsprachig: in allen Preisklassen tendenziell die Sprachwahl des Kunden bedienend evtl. diverse Typen je nach sprachlicher Zusammensetzung des Personals tendenzieller Kontrast zwischen interner und externer Geschäftssprache

mit mehrsprachigen Agenten ihren Klienten eine wirkliche Mehrsprachigkeit über das Gate-Opening hinaus zu bieten in der Lage sind – und dass diese mehrsprachigen Räume von den Klienten auch gern genutzt werden (Scarvaglieri & Redder, in diesem Band). Innerhalb der Praxeogramme erweisen sich die standardisiert abwickelbaren Pragmeme eher für die Verkehrssprache Deutsch geeignet, während die Pragmeme oder sprachlichen Handlungen, die besonderer Bearbeitung bedürfen, etwa hinsichtlich zu treffender Wahlen oder besonderer Bedürfnisstrukturen, als Orte erkennbar werden, an denen bevorzugt mehrsprachige Kommunikation stattfindet. Insofern wird Mehrsprachigkeit den besonderen Handlungszielen der Aktanten gemäß gewählt, wobei die Klienten für die Sprachenwahl initiativ sind. Fälle des Dolmetschens wurden in den untersuchten Institutionen an der Schnittstelle von Konsumtions- und Zirkulationssphäre in Hamburg bislang nicht gefunden.

Für Kiew sind die Erwartungen angesichts der weitgehenden Zweisprachigkeit aller Akteure im Russischen und Ukrainischen anders zu formulieren. Als Verkehrssprachen stehen demnach sowohl das Russische (als default) als auch das Ukrainische zur Verfügung. Hier dürfte die initiale Sprachwahl für die Interaktion sehr wahrscheinlich von individuellen Sprachpräferenzen der Akteure (bedingt z. B. durch ihre regionale Herkunft) sowie gegebenenfalls von bestimmten Merkmalen der Kommunikationssituation (z. B. Spezialisierung des Speiserestaurants auf typisch ukrainische oder russische Gerichte o.Ä.) bestimmt werden. Eine stabile Funktionszuordnung der beiden involvierten Sprachen auf bestimmte Bereiche (z. B. teleologisch vs. kommunitär) ist nicht zu erwarten, tendenziell können beide Sprachen alle Funktionen abdecken. Anders sieht es möglicherweise in Bereichen der Konsumtionssphäre aus, die von Ausländern frequentiert werden. Hier ist zu untersuchen, welche Rolle dem Englischen als globaler Lingua Franca zukommt, oder ob eher mit gedolmetschten Interaktionen zu rechnen ist.

Durch die Zweisprachigkeit der Akteure, aber auch die enge sprachliche Verwandtschaft des Russischen und Ukrainischen sind Formen der rezeptiven Mehrsprachigkeit denkbar, d. h. jeder der Kommunikationsteilnehmer kommuniziert in der persönlich präferierten Sprache, ohne dass es zu einem Sprachwechsel einzelner Akteure oder zu Verständigungsschwierigkeiten kommt. Reuther (2006, 301) beobachtete für die Kommunikation im universitären Bereich, dass bei Interaktionen zwischen mehreren SprecherInnen, von denen einige eine Präferenz für das Ukrainische zeigten, eine anfängliche Praktizierung rezeptiver Mehrsprachigkeit erfolgte, wobei im weiteren Gesprächsverlauf zunehmend Codeswitching-Muster innerhalb eines Gesprächsbeitrags auftraten und am Ende sich die Kommunikation in einer Sprache (in der Regel Russisch) konsolidierte. Ähnliches könnte auch für die hier zu untersuchenden Institutionen zutreffen. Von Interesse wäre dabei die Frage, welche der beteiligten Akteure (Kellner vs. Klient, Verkäufer vs. Klient) dabei eher zur Akkommodation neigt bzw. ob für die Richtung der Akkommodation die institutionellen Rollen der Akteure ausschlaggebend sind oder tendenziell die Sprachen (mit Ukrainisch in der, zumindest für Kiew, prospektiv schwächeren Position, trotz des Status als Staatssprache). Eine zentrale Bedeutung dürfte Formen der Sprachmischung zukommen, die sich, bedingt durch die genetische Nähe der beiden Sprachen, auf allen sprachlichen Ebenen manifestieren. Über diese Formen der Sprachmischung, deren Ergebnis als Suržyk bezeichnet wird, wird aktuell intensiv diskutiert, wobei die bisherigen Studien weniger die kommunikativen Funktionen des Suržyks beleuchten, sondern eher seine strukturellen Eigenschaften (z. B. Flier 1998, Moser 2000, Brehmer 2006, del Gaudio 2010) oder seine Stellung im Varietätensystem des Ukrainischen (z. B. Trub 2000, Masenko 2011), wobei präskriptive Charakterisierungen des Suržyks als Bedrohung für die „echte, reine, unverfälschte" ukrainische Standardsprache überwiegen. Aus pragmatischer Sicht betrachtet müsste hier beleuchtet werden, welche Funktionen die Elemente aus den beiden in Kontakt stehenden Sprachen bei der Mischung der Codes übernehmen. So fällt auf, dass insbesondere Gruß- und Verabschiedungsformeln, d. h. kommunitäre Funktionen bedienende Elemente, bei vielen jungen Einwohnern Kiews, die sich normalerweise des Ukrainischen bedienen, aus dem Russischen übernommen werden, zumindest in informellen Kontexten (vgl. Podolyan 2005). Daher könnte das hier methodisch angewendete Instrumentarium aus Praxeogramm, Pragmem und Handlungsmuster wichtige zusätzliche Erkenntnisse liefern, an welchen Stellen in der Interaktion bevorzugt Sprachmischungsphänomene auftreten, die über die bisher in der Literatur zu findenden pauschalen Aussagen hinausgehen. Prinzipiell ist davon auszugehen, dass, ähnlich wie das Deutsche in Hamburg, sich das Russische bevorzugt bei den standardisiert ablaufenden Pragmemen im Praxeogramm nachweisen lässt, während das Ukrainische (in mehr oder minder russifizierter Form, je nach Kompetenzen des Adressaten in der Staatssprache), fallweise bei sprachlichen Handlungen auftreten wird, in denen zusätzlicher Informationsbedarf besteht, der in der (z. B. vom Klienten) besser beherrschten bzw. aus ideologischen Gründen präferierten Sprache abgewickelt werden muss.

Für Yaoundé sind die Erwartungen aufgrund der Spannung zwischen exoglossischen Sprachregelungen und vorhandenen Sprachkenntnissen wieder anders zu formulieren. Als Verkehrssprachen stehen in Yaoundé grundsätzlich das Französische, das Pidgin-Englische und – in geringerem Maße – Ewondo und das Standard-Englische zur Verfügung (Jikong & Koenig 1983, 65 und 70). Aufgrund deutlich divergierender glottographischer Profile sind diese Sprachen tendenziell komplementär in einem Spannungsfeld verteilt, das von Parametern wie Formalität vs. Informalität, Solidarität vs. Abgrenzung, Internationalität und globale Aspirationen vs. Lokalität beherrscht wird. Es stellt sich also – im Gegensatz sowohl zu Hamburg als auch zu Kiew – die Frage, inwieweit wo und aufgrund welcher Parameter ein Spielraum zur Abweichung vom Französischen als unmarkierter Sprachwahl im öffentlichen Bereich besteht – zum einen zu den Kameruner Verkehrssprachen Pidgin-Englisch und Ewondo – zum anderen zum Standard-Englischen als der zweiten offiziellen Sprache, die allerdings im frankophonen Bereich, in dem sich Yaoundé befindet, wesentlich schwächer verankert ist als im anglophonen Bereich.

Für die Situation im Speiserestaurant steht zu erwarten, dass vor dem Hintergrund der Grundeinstellung des Französischen als unmarkierter Sprachwahl die sprachlichen Optionen tendenziell nach Prestige und Anspruch des Restaurants variieren. In der obersten Preisklasse kann aufgrund einer angemessenen Ausbildung des Servicepersonals in beiden offiziellen Sprachen (Französisch und Englisch) die initiale Sprachwahl vermutlich weitgehend tatsächlich von individuellen Sprachpräferenzen seitens der Kunden gesteuert werden. In mittleren Preisklassen ist davon auszugehen, dass das Französische dominiert, während in den unteren Preisklassen in größerem Ausmaß sowohl das Pidgin-Englische als auch das Ewondo in teleologischer Funktion zur Verfügung stehen. Zu überprüfen wäre hier, inwieweit der Spielraum für homileïsche Diskurse in multilingualer Ausprägung zwischen Klienten und Servicepersonal in ähnlicher Weise mit Anspruch und Preisklasse des Restaurants korreliert.

Eine kulturelle Besonderheit in Speiserestaurants der mittleren und unteren Preislagen betrifft die Bestellungsaufnahme und ihr unmittelbares Vorfeld. Das Vorlegen einer Speisekarte entfällt oftmals – entweder weil es keine Speisekarte gibt oder weil das Speiseangebot auf Tafeln im Eingangsbereich des Restaurants verkündet wird oder aber weil die auf einer vorliegenden Standardspeisekarte verzeichneten Gerichte zum größten Teil nicht (mehr) bereitgehalten werden und nur eine stark reduzierte Auswahl zur Verfügung steht. Dies schlägt sich im Praxeogramm in Form kommunikativer Verwicklungen am Entscheidungspunkt der Bestellungsaufnahme nieder, die dazu geeignet sind, den institutionellen Charakter des Hyperpragmems aufzubrechen und somit als Einfallstor für eine multilinguale Interaktion zu fungieren. Klienten mögen ihrer Enttäuschung durch sarkastische Kommentare Luft verschaffen und dabei vom Französischen ins Pidgin, Camfranglais oder Ewondo wechseln. Dem Servicepersonal wiederum verlangt die kommunikative Bewältigung solcher Situation ein hohes Maß an Geschick ab, da es plausible Gründe für das Fehlen der verlangten Speise(n) vermitteln und gleichzeitig durch apologetische Sprechakte den Unmut der Klienten auffangen sollte – was sowohl einen Wechsel vom Französischen in andere Sprachen als auch umgekehrt einen Wechsel von der vom Klienten gewählten Sprache zurück zum Französischen bewirken könnte.

Trotz einer hohen Anzahl von Sprachen, die im Stadtgebiet von Yaoundé verbreitet sind, und trotz eines hohen Grades individueller Mehrsprachigkeit steht zu erwarten, dass sich für die Konsumtionssphäre eine Situation ergibt, die zwischen der von Hamburg und der von Kiew steht: weitgehende Monolingualität (Französisch) im teleologischen Funktionsbereich mit von kontextuellen Parametern gesteuerter Möglichkeit der Diffusion von Solidaritätssprachen (Pidgin-Englisch, Ewondo) aus dem kommunitären Funktionsbereich in das Hyperpragmem. Die (vermutete) Abwesenheit weiterer Kameruner Sprachen in der Konsumtionssphäre ist auf ihre beschränkte Verbreitung in der Großstadt zurückzuführen.

Eine zentrale Frage betrifft den Spielraum der potentiellen Akkommodation seitens des Servicepersonals an vorhandene Sprachkenntnisse der Klienten. Maximales Entgegenkommen in der Sprachwahl vor dem Hintergrund des französischen Defaults ist ein in Kamerun weit verbreitetes kommunikatives Ideal, das sich durch die plakative Äußerung eines Einwohners von Kribi (frankophoner Bereich) auf den Punkt bringen lässt: „I speak Hausa to the Hausa, Duala to the Duala, Ewondo to the Ewondo, and French to the rest." (Jikong & Koenig 1983, 59). Inwieweit wird dieser Geist durch den institutionellen Charakter des Hyperpragmems der Bestellungsentgegennahme und der Speiseauslieferung auf Seiten des Servicepersonals zugunsten einer Festlegung auf das Französische unterbunden oder durchbrochen – eventuell in Abhängigkeit vom Charakter des Restaurants? Ebenfalls interessant wäre zu untersuchen, in welchem Ausmaß die Tendenz zum Codeswitching mit der Preislage und dem Anspruch des Restaurants korreliert. Inwiefern verhindert ein normativ-puristischer Anspruch in den oberen Preisklassen trotz einer weitgehend balancierten Zweisprachigkeit in Französisch und Englisch ein Codeswitching?

5. Zusammenfassung

Jenseits der individuellen Frage der Sprachenwahl erlaubt die Strukturanalyse der Handlungsabläufe mittels Praxeogramm und Handlungsmuster eine systematische Verortung der erwarteten bzw. empirisch erhobenen Mehrsprachigkeit (Kap. 3). Auf diese Weise lässt sich eine diskursive Topographie mehrsprachigen Handelns erstellen und vergleichen. In Kap. 4 ist dies exemplarisch für das Restaurant dargestellt worden. Die historischen Entwicklungen von Mehrsprachigkeit in den drei betrachteten Städten (Kap. 2) finden, wie es scheint, in unterschiedlichen Mehrsprachigkeitsspektren bei der externen und internen Geschäftskommunikation ihren Niederschlag. Erst empirische Detailanalysen können weiteren Aufschluss dazu geben.

Literatur

Besters-Dilger, J. (ed.) (2009). *Language Policy and Language Situation in Ukraine. Analysis and Recommendations.* Frankfurt/M.: Peter Lang.

Brehmer, B. (2006). Cyber-Suržyk: Sprachmischung in ukrainischer computervermittelter Kommunikation. In T. Berger, J. Raecke & T. Reuther (Hrsg.), *Slavistische Linguistik 2004/2005*, 9–39. München: Sagner.

Breton, R., Fohtung, B. G. (1991). *Atlas administratif des langues nationales du Cameroun.* Yaoundé & Paris: CREA, ISH, MESIRES.

Brizić, K. (2007). *Das geheime Leben der Sprachen.* Münster: Waxmann.

Buchmayer, M. (2005). Soziolinguistische Aspekte der aktuellen Sprachenfrage in den ukrainischen Kirchen des byzantinischen Ritus. In M. Moser (Hrsg.), *Das Ukrainische als Kirchensprache*, 243–306. Wien: LIT-Verlag.

Bührig, K. (ed.) (in press). *Transferring Linguistic Know-How into Institutional Practice.* Amsterdam: Benjamins.

Bührig, K., Redder, A. (in diesem Band). Praxeogramm und Handlungsmuster als Methoden der Mehrsprachigkeitsanalyse.

Busch, B. (2013). *Mehrsprachigkeit.* München: UTB.

Chia, E. (1992). Les langues des marchés au Cameroun. In L. J. Calvet (ed.), *Les langues des marchés en Afrique*, 47–63. Aix-en-Provence: Institut d'Études Créoles et Francophones.

Clyne, M. (2004). Towards an agenda for developing multilingual communication with a community base. In J. House & J. Rehbein (eds.), Multilingual Communication, 19–39. Amsterdam: Benjamins.

Cole, R., De Blij, H. J. (2007). *Survey of Subsaharan Africa: a regional geography.* New York: Oxford University Press.

de Féral, C. (1989). Pidgin-English du Cameroun. Description linguistique et sociolinguistique. Paris: Peeters/Selaf.

Del Gaudio, S. (2010). *On the nature of Suržyk: a double perspective.* München: Sagner.

Ehlich, K. (1983). Text und sprachliches Handeln. Die Entstehung von Texten aus dem Bedürfnis nach Überlieferung. In A. Assmann, J. Assmann & C. Hardmeier (Hrsg.), *Schrift und Gedächtnis. Beiträge zur Archäologie der literarischen Kommunikation,* 24–43. München: Fink.

Ehlich, K. (1992). Kommunikationsbrüche. Von Nachteil und Nutzen des Sprachkontakts. *Zielsprache Deutsch* 23(2), 64–74.

Ehlich, K. (2007). *Sprache und sprachliches Handeln.* 3 Bände. Berlin: de Gruyter.

Ehlich, K. (2011). Stadt/Sprachen/Spektrum: Von der sprachlichen Folge der ,Globalisierung' im urbanen Raum. In M. Messling, D. Läpple & J. Trabant (Hrsg.), *Stadt und Urbanität. Transdisziplinäre Perspektiven,* 131–145. Berlin: Kulturverlag Kadmos.

Ehlich, K., Rehbein, J. (1972). Zur Konstitution pragmatischer Einheiten in einer Institution: Das Speiserestaurant. In D. Wunderlich (Hrsg.), *Linguistische Pragmatik,* 209–254. Frankfurt a.M.: Athenäum.

Ehlich, K., Rehbein, J. (1977). Wissen, kommunikatives Handeln und die Schule. In H. C. Goeppert (Hrsg.), *Sprachverhalten im Unterricht,* 36–114. München: Fink.

Ehlich, K., Rehbein, J. (1994). Institutionsanalyse. Prolegomena zur Untersuchung von Kommunikation in Institution. In G. Brünner & G. Graefen (Hrsg.), *Texte und Diskurse. Methoden und Ergebnisse der Funktionalen Pragmatik,* 287–327. Wiesbaden: Westdeutscher Verlag.

Flier, M. (1998). Suržyk: The rules of engagement. *Harvard Ukrainian Studies* 22, 114–136.

Franqueville, Á. (1984). *Yaoundé: construire une capitale.* Paris: Editions de l'Office de la recherche scientifique et technique outre-mer (ORSTOM).

Hamm, M.F. (1993). *Kiev: A Portrait, 1800–1917.* Princeton: Princeton University Press.

Heine, B. (1977). Vertical and horizontal communication in Africa. *Afrika Spectrum* 77, 231–238.

Hempel, D., Schröder, I. (Hrsg.) (2012). *Andocken: Hamburgs Kulturgeschichte 1848 bis 1933.* Hamburg: DOBU-Verlag.

Hohenstein, C., Manchen Spörri, S. (2012). Englisch als Lingua Franca in Unternehmen. Herausforderungen und Chancen von Sprachdiversität in interkulturellen Arbeitsteams. *BWP – Berufsbildung in Wissenschaft und Praxis,* 41(2), 32–36.

Jaworski, A., Thurlow, C. (eds) (2010). *Semiotic Landscapes: Language, Image, Space.* London: Continuum.

Jikong, S., Koenig, E. L. (1983). Language usage in Cameroon urban centers. In E. Koenig, E. Chia & J. Povey (eds.), *A sociolinguistic profile of urban centers in Cameroon,* 55–77, Los Angeles: University of California.

Jørgensen, J. N. (2008). Polylingual Languaging Around and Among Children and Adolescents. *International Journal of Multilingualism* 5(3), 161–176.

Kallmeyer, W. (Hrsg.) (1994). *Exemplarische Analysen des Sprachverhaltens in Mann-heim*. Berlin: de Gruyter.

Kießling, R. (2005). Bàk mwà mè dó – Camfranglais in Cameroon. *Lingua Posnaniensis* 47, 87–107.

Kießling, R., Mous, M. (2004). Urban Youth Languages in Africa. *Anthropological Linguistics* 46(3), 303–341.

Klessmann, E. (2002). *Geschichte der Stadt Hamburg*. Hamburg: Die Hanse.

Koenig, E. L. (1983). Sociolinguistic profile of the urban centers. In E. Koenig, E. Chia & J. Povey (eds.*), A sociolinguistic profile of urban centers in Cameroon*, 33–53. Los Angeles: University of California.

Kokot, W. et al. (eds.) (2008). *Port Cities as Areas of Transition: Ethnographic Perspectives*. Bielefeld: transcript.

Kotsinas, U.-B. (1994). *Ungdomsspråk*. Uppsala: Hallgren & Fallgren.

Kouega, J.-P. (2007). The Language Situation in Cameroon. *Current Issues in Language Planning (CILP)* 8, 1.

Kouega, J.-P. (2008). Language, religion and cosmopolitanism: language use in the Catholic Church in Yaounde – Cameroon. *International Journal of Multilingualism* 5 (2), 140–153.

Kouega, J.-P., Baimada, F. G. (2012). Language use in the Islamic faith in Cameroon: The case of a Mosque in the city of Maroua. *Journal of Language and Culture* 3(1), 10–19.

Kouega, J.-P., Ndzotom, A.W. M. (2011). Multilingual Practices in Presbyterian Churches in Cameroon. *International Journal of Innovative Interdisciplinary Research* 1, 44–58.

Kouega, J.-P., Ndzotom, A. W. M. (2012). Multilingualism in religious settings in Cameroon: the case of the UEBC-Espérance parish in Yaoundé. *International Journal of the Sociology of Language* 218. 121–143.

Koffi, E. (2012). *Paradigm shift in language planning and policy*. Boston: Mouton de Gruyter.

Landry, R., Bourhis, R. (1997). Linguistic landscape and ethnolinguistic vitality: an empirical study. *Journal of language and Social Psychology,* 16 (1), 23–49.

Lewis, M. P. (2009). *Ethnologue*. Dallas: SIL.

Löw, M. (2008). *Soziologie der Städte*. Frankfurt/M.: Suhrkamp.

Mackey, W. F. (2005). Multilingual Cities/Mehrsprachige Städte. In U. Ammon (Hrsg.), *Sociolinguistics/Soziolinguistik. An International Handbook of the Science of Language and Society/Ein internationales Handbuch zur Wissenschaft von Sprache und Gesellschaft. Vol 2/Bd. 2.*, 1304–1311. Berlin: de Gruyter.

Magocsi, P. R. (2007). *Ukraine: An Illustrated History*. Seattle: University of Washington Press.

Magocsi, P. R. (2010). *A History of Ukraine: The Land and Its Peoples*. 2, rev. and exp. ed. Toronto: University of Toronto Press.

Masenko, L. T. (2011). *Suržyk: miž movoju i jazykom*. Kyïv: Vydavnyčyj Dim Kyjevo-Mohyljanska Akad.

Mba, G. (2012). Langues de moindre diffusion et transmission intergénérationelle en milieu urbain plurilingue: le cas de la ville de Yaoundé au Cameroun. In G. Mba & E. Sadembouo (eds.), *De l'exploration du multilinguisme dans les villes africaines/ Exploring multilingualism in African urban cities*, 81–99. Paris: L'Harmattan.

McLaughlin, F. (2009). Introduction to the languages of urban Africa. In McLaughlin, F. (ed.), *The languages of urban Africa*, 1–18, London: Continuum.

Moser, M. (2000). Koexistenz, Konvergenz und Kontamination ostslawischer Sprachen in Weißrussland und in der Ukraine. *Zeitschrift für Slawistik* 45, 185–199.

Moyer, M. G. (2011). What multilingualism? Agency and unintended consequences of multilingual practices in a Barcelona health clinic. *Journal of Pragmatics* 43(5), 1209–1221.

Ngefac, A. (2010). Linguistic choices in postcolonial multilingual Cameroon. *Nordic Journal of African Studies* 19(3), 149–164.

Ohama, R. (1987). Eine Reklamation. In A. Redder & J. Rehbein (Hrsg.), *Arbeiten zur interkulturellen Kommunikation*. (OBST 38). Bremen: OBST, 27–51.

Paul, L. (Hrsg.) (2008). *Vom Kolonialinstitut zum Asien-Afrika-Institut: 100 Jahre Asien- und Afrikawissenschaften in Hamburg*. Gossenberg: Ostasien-Verlag.

Pavlenko, A. (2010). Linguistic landscape of Kyiv, Ukraine: A diachronic study. In E. Shohamy, E. Ben-Rafael & M. Barni (eds.), *Linguistic Landscape in the City*, 133–150. Bristol: Multilingual Matters.

Pavlenko, A. (2012). Transgression as the norm: Russian in linguistic landscape of Kyiv, Ukraine. In D. Gorter et al. (eds.), *Minority Languages in the Linguistic Landscape*, 36–56. Basingstoke: Palgrave-Macmillan.

Podolyan, I.E. (2005). How do Ukrainians communicate? Observations based upon youth population of Kyiv. *Journal of Intercultural Communication* 9 [ohne Paginierung]. URL: http://www.immi.se/intercultural/. (letzter Abruf 27.02.2013)

Poulantzas, N. (1974). Les classes sociales dans le capitalisme aujourd'hui. Paris: Seuil

Quist, P. (2000). Ny københavnsk „multietnolekt". Om sprogbrug blandt unge i sprogligt og kulturelt heterogene miljøer [Ein neuer Kopenhagener ‚Multiethnolekt'. Der Sprachgebrauch Jugendlicher in sprachlich und kulturell heterogenen Milieus]. *Danske Talesprog* 1, 143–211.

Rampton, B. (1995). *Crossing: language and ethnicity among adolescents*. London: Longman.

Redder, A. (1984). *Modalverben im Unterrichtsdiskurs. Pragmatik der Modalverben am Beispiel eines institutionellen Diskurses*. Tübingen: Niemeyer.

Redder, A. (2008). Functional Pragmatics. In G. Antos & E. Ventola (eds.), *Interpersonal Communication*, 133–178. Berlin: de Gruyter.

Redder, A. (2013). Multilingual Communication in Hamburg – A Pragmatic Approach. In P. Siemund, I. Gogolin, M. E. Schulz & J. Davydova (eds.), *Multilingualism and*

Language Diversity in Urban Areas. Acquisition, identities, space, education, 257-286. Amsterdam: Benjamins.

Redder, A., Scarvaglieri, C. (in diesem Band). Verortung mehrsprachigen Handelns im Konsumbereich – ein Imbiss und ein Lebensmittelgeschäft.

Reh, M., Heine, B. (1982). *Sprachpolitik in Afrika*. Hamburg: Helmut Buske.

Rehbein, J. (1995). International sales talk. In K. Ehlich & J. Wagner (eds.), *The discourse of business negotiation*, 67–102. Berlin: de Gruyter.

Rehbein, J. (2010). Llengües, immigració, urbanització: elements per a una lingüística dels espais urbans del plurilingüisme – Sprachen, Immigration, Urbanisierung – Elemente zu einer Linguistik städtischer Orte der Mehrsprachigkeit. In P. Comellas & C. Lleó (Hrsg.), *Plurilingüisme en ciutats europees: convivència i conservació de la diversitat – Mehrsprachigkeit in europäischen Städten: Zusammenleben unter Wahrung der Vielfalt*, 44–111. Münster: Waxmann.

Reuther, T. (2006). Zur sprachlichen Situation in der Ukraine: Ukrainisch und Russisch in der Ostukraine und in Kiev 1991–2005. In J. Reinhart & T. Reuther (Hrsg.), *Ethnoslavica. Festschrift für Herrn Univ. Prof. Dr. Gerhard Neweklowsky zum 65. Geburtstag*, 295–313. Wien: Kubon & Sagner.

Rosendal, T. (2008). Multilingual Cameroon: policy, practice, problems and solutions. Gothenburg Africana Informal Series No.7.

Sadembouo, E. (2012). Langue et identité en contexte multilingue: le problème de dénombrement des langues. les cas du Cameroun. In G. Mba & E. Sadembouo (eds.), *De l'exploration du multilinguisme dans les villes africaines/Exploring multilingualism in African urban cities*, 145–154, Paris: L'Harmattan.

Scavaglieri, C., Redder, A., Pappenhagen, R., Brehmer, B. (2013). Capturing Diversity: Linguistic Land- and Soundscaping. In J. Duarte & I. Gogolin (eds.), *Linguistic super-diversity in urban areas – research approaches*, 45-73. Amsterdam: Benjamins.

Schnieders, G. (2005). *Reklamationsgespräche: eine diskursanalytische Studie*. Tübingen: Narr.

Schnieders, G. (2007). Eine indonesische Reklamation. In A. Redder (Hrsg.), *Diskurse und Texte: Festschrift für Konrad Ehlich zum 65. Geburtstag*, 655–664. Tübingen: Stauffenburg.

Shakh, S. (i. Dr.) The linguistic landscape of Ukraine at the crossroads of nationalism and regionalism. In A. Koll-Stobbe & S. Knospe (eds.), *Language Contact in Times of Globalization*. Frankfurt a.M.: Lang.

Stefanidis, A. (2010). *Beim Griechen: wie mein Vater in unserer Taverne Geschichte schrieb*. Frankfurt a.M.: Fischer.

Steiger, J. A., Richter, S. (Hrsg.) (2012). *Hamburg: eine Metropolregion zwischen Früher Neuzeit und Aufklärung*. Berlin: Akademie Verlag.

Stein-Kanjora, G. (2013). *The power to exclude? – A sociolinguistic study of gender-based differences in exposure to and usage of Camfranglais in Cameroon*. Hamburg: Dissertationsmanuskript.

Stein-Kanjora, G. (2008). „Parler comme ça, c'est vachement cool!" or How Dynamic Language Loyalty can Overcome „Resistance from Above". *Sociologus* 58(2), 117–141.

Tadadjeu, M. (1984). *Pour une integration linguistique Camerounaise: Le trilinguisme extensive*. Ms.

Tamanji, P. N. (2010). *Language Policy in Cameroon*. Yaoundé: Ms.

Trub, V. (2000). Javyšče suržyku jak forma prostoričč'ja v sytuaciji dvomovnosti. *Movoznavstvo* 1, 46–58.

Wiese, H. (2012). *Kiezdeutsch: ein neuer Dialekt entsteht*. München: Beck.

Zaliznjak, H., Masenko, L. (2001). *Movna sytuacija Kyjeva: den' s'ohodnišnij ta pryjdešnij*. Kyjiv: KM Akademija.

Zifonun, G., Hoffmann, L., Strecker, B. (1997). *Grammatik der deutschen Sprache*. Berlin: de Gruyter.

Autorinnen und Autoren

Androutsopoulos, Jannis, Prof. Dr.
Medienlinguistik/Linguistik des Deutschen
Universität Hamburg
Institut für Germanistik
Von-Melle-Park 6
20146 Hamburg
jannis.androutsopoulos@uni-hamburg.de

Breckner, Ingrid, Prof. Dr.
Stadt- und Regionalsoziologie
HafenCity Universität Hamburg
Stadt- und Regionalsoziologie
Winterhuder Weg 31
22085 Hamburg
ingrid.breckner@hcu-hamburg.de

Brehmer, Bernhard, Prof. Dr.
Slawische Sprachwissenschaft
Ernst Moritz Arndt Universität Greifswald
Institut für Slawistik
Domstraße 9/10
17489 Greifswald
brehmerb@uni-greifswald.de

Bührig, Kristin, Prof. Dr.
Germanistische Linguistik/Deutsch als Fremd- und Zweitsprache
Universität Hamburg
Institut für Germanistik
Von-Melle-Park 6
20146 Hamburg
kristin.buehrig@uni-hamburg.de

Dafateri-Moghaddam, Nima
HafenCity Universität Hamburg,
Wiss. Mitarbeiter LiMA (iNet2) bis 2012

Egetmeyer, Lena
Universität Hamburg,
Studentische Hilfskraft LiMA bis 2012.

Hsieh, Yin Feng
Albert-Ludwigs-Universität Freiburg;
Studentische Hilfskraft im Jahr 2012 (LiMA, Hamburg)

Kießling, Roland. Prof. Dr.
Afrikanistik
Universität Hamburg
Asien-Afrika-Institut
Edmund-Siemers-Allee 1, Flügelbau Ost
20146 Hamburg
roland.kiessling@uni-hamburg.de

Kouzina, Joanna
Universität Hamburg,
Wiss. Mitarbeiterin LiMA im Jahr 2012

Meisel, Ráhel
Universität Hamburg,
Studentische Hilfskraft LiMA bis 2012.

Pappenhagen, Ruth
Universität Hamburg,
Wiss. Mitarbeiterin iNet2 (LiMA) 2009–2013

Pauli, Julia, Prof. Dr.
Ethnologie
Universität Hamburg
Institut für Ethnologie
Edmund-Siemers-Allee 1, Flügelbau West
20146 Hamburg
julia.pauli@uni-hamburg.de

Radt, Susanne Lea
Universität Hamburg,
Studentische Hilfskraft LiMA bis 2012.

Redder, Angelika, Prof. Dr.
Germanistische Linguistik und Allgemeine Sprachwissenschaft
Universität Hamburg
Institut für Germanistik
Von-Melle-Park 6
20146 Hamburg
angelika.redder@uni-hamburg.de

Şahin, Reyhan, Dr.
Universität Hamburg,
Post-Doc-Stipendiatin der Nachwuchsinitiative
der Universität Hamburg von 2012–2013.

Scarvaglieri, Claudio, Dr.
Université de Neuchâtel
Institut de langue et littérature allemandes
Espace Louis-Agassiz 1
CH – 2000 Neuchâtel
Wiss. Mitarbeiter iNet2 (LiMA) bis 2013

MEHRSPRACHIGKEIT

HERAUSGEGEBEN VON WILHELM GRIESSHABER
UND JOCHEN REHBEIN

BAND 25

Pere Comellas, Conxita Lleó (Hrsg.)

**RECERCA I GESTIÓ DEL MULTILINGÜISME /
MEHRSPRACHIGKEITSFORSCHUNG UND
MEHRSPRACHIGKEITSMANAGEMENT**

Algunes propostes des d'Europa /
Europäische Ansichten

2010, 314 Seiten, br., 29,90 €, dt. u. katal.
ISBN 978-3-8309-2325-1

BAND 26

Claudia Benholz, Gabriele Kniffka,
Elmar Winters-Ohle (Hrsg.)

**FACHLICHE UND SPRACHLICHE
FÖRDERUNG VON SCHÜLERN MIT
MIGRATIONSGESCHICHTE**

Beiträge des Mercator-Symposions im Rahmen
des 15. AILA-Weltkongresses
„Mehrsprachigkeit: Herausforderungen und
Chancen"

2010, 204 Seiten, br., 24,90 €, ISBN 978-3-8309-2323-7

BAND 27

Michael de Jong

**DAS KONZEPT DER MENTALITÄT IM
SPRACHLICHEN HANDELN**

Diskursanalytische Untersuchungen von
Gesprächen mit deutschen Auswanderern
in Brasilien und Malaysia

2010, 246 Seiten, br., 32,90 €, ISBN 978-3-8309-2361-9

BAND 28

Susanne Lippert

**SPRACHUMSTELLUNG IN BILINGUALEN
FAMILIEN**

Zur Dynamik sprachlicher Assimilation bei
italienisch-deutschen Familien in Italien

2010, 352 Seiten, br., 29,90 €, ISBN 978-3-8309-2338-1

BAND 29

Alexandra Wojnesitz

„DREI SPRACHEN SIND MEHR ALS ZWEI"

Mehrsprachigkeit an Wiener Gymnasien im
Kontext von Migration

2010, 244 Seiten, br., 24,90 €, ISBN 978-3-8309-2411-1

BAND 30

Lirim Selmani

DIE GRAMMATIK VON *UND*

Mit einem Blick auf seine albanischen und
arabischen Entsprechungen

2012, 278 Seiten, br., 29,90 €, ISBN 978-3-8309-2550-7

BAND 31

Galia Datcheva

***MAL, WOHL* UND IHRE BULGARISCHEN
ENTSPRECHUNGEN**

Eine kontrastive Untersuchung aus funktional-
pragmatischer Sicht

2011, 274 Seiten, br., 44,90 €, ISBN 978-3-8309-2551-4

BAND 32

Susanne Prediger, Erkan Özdil (Hrsg.)

**MATHEMATIKLERNEN UNTER
BEDINGUNGEN DER MEHRSPRACHIGKEIT**

Stand und Perspektiven der Forschung und
Entwicklung in Deutschland

2011, 240 Seiten, br., 32,90 €, ISBN 978-3-8309-2602-3

BAND 33

Yazgül Şimşek

**SEQUENZIELLE UND PROSODISCHE
ASPEKTE DER SPRECHER-HÖRER-
INTERAKTION IM TÜRKISCHDEUTSCHEN**

2012, 328 Seiten, br., 32,90 €, ISBN 978-3-8309-2633-7

BAND 34

Catherine Nanjala Agoya-Wotsuna

**DIE SPRACHSITUATION KENIAS ALS
VORAUSSETZUNG FÜR DIE VERMITTLUNG
DES DEUTSCHEN ALS FREMDSPRACHE**

2012, 336 Seiten, br., 34,90 €, ISBN 978-3-8309-1488-4

BAND 35

Elmar Winters-Ohle, Bettina Seipp, Bernd Ralle
(Hrsg.)**SEQUENZIELLE UND PROSODISCHE
LEHRER FÜR SCHÜLER MIT
MIGRATIONSGESCHICHTE**

Sprachliche Kompetenz im Kontext
internationaler Konzepte der Lehrerbildung

2012, 336 Seiten, br., 29,90 €, ISBN 978-3-8309-2733-4

BAND 36

Marine Lalayan

**DEUTSCHSPRACHIGE
HOCHSCHULKOMMUNIKATION IN
ARMENIEN**

Deutschsprachige Hochschulkommunikation
in Armenien

2013, 312 Seiten, br., 39,90 €, ISBN 978-3-8309-2917-8

Weitere Informationen zu den Bänden und
zu Neuerscheinungen finden Sie unter
www.waxmann.com